행정유형론

구본충 · 윤석환 · 양승일

박영사

머리말

 실현 가능성에 의문을 제기했던 '요람에서 무덤까지'라는 1942년 베버리지 보고서가 현실이 되고 있다. 행정의 영역은 거침없이 넓어지고 있다. 미끄러져 넘어져도, 교통사고가 나도 책임은 정부로 돌아가고 있으며 자연재해나 재난이 발생해도 그 책임은 정부의 몫이다. 전통적인 국가안보, 치안에서 환경복지로, 그리고 개인생활영역으로 행정은 끊임없이 팽창하고 있다. 각종 시위를 통하여 행정의 책임은 무한대로 확대되고 있다.

 최소한의 정부가 최고의 정부라고 외치던 목소리는 들리지 않는다. 계약자유의 원칙이 질서유지를 위한 가장 좋은 방법이며 정부의 역할은 치안유지라는 최소한의 간섭이어야 한다는 야경국가의 원리는 행정학에서 사라진지 오래된 유물처럼 느껴진다. 행정이 확대되며 개인이 자유가 제약을 받을 수밖에 없다는 자유주의 논리는 교과서에서나 찾아볼 수 있는 이론이 되었다.

 보육비의 지급은 당연한 것이고, 국비에서 지급하여야 할 것인가? 지방비에서 지급하여야 할 것인가?가 쟁점이 되고 있다. 태어나면서 정부에서 수당을 받고 늙어서도 일정액의 수당을 받는다. 백세시대의 도래와 함께 직장 없이 살아야 하는 노인들에게 생활수당은 필수불가결한 것이 되었다. 수명의 경제회복을 위해서 전 국민에게 일정금액의 수당을 지급하는 방안도 정치권에서 논의되고 있다. 돈을 받는 것은 좋은 일이긴 하지만 가끔 행정의 범위는 어디까지인가? 생각해 본다.

IT시대의 도래와 함께 행정의 업무처리방식도 변화하고 있다. 모든 국민들에게 적용되는 획일적인 업무처리에서 행정서비스가 필요한 사람들에게 필요한 서비스를 전달하는 맞춤형으로 진화하고 있다. 이러한 서비스를 전달하는데 있어서 담당자의 시각이 가장 중요하다. 시각이 모이면 행정에 대한 태도가 되고 태도들이 모이면 행정에 대한 유형이 된다.

행정에 대한 유형을 분석하는 기법은 오래된 분야이다. 유형에는 행정을 집행하는 행정인들의 시각이 들어 있다. 또한 행정환경의 변화에 대처하는 행정인들의 태도가 들어 있다. 행정유형을 분석하는 작업은 행정서비스를 필요한 국민들에게 맞춤형으로 제공할 수 있는 단초가 될 수 있다. 행정유형이라고 하지만 시대에 따라 담당하는 사람에 따라 유형이 달라진다. 하지만 행정서비스는 필요한 국민들에게 필요한 서비스가 전달될 수 있도록 하여야 한다.

본 저서에서는 지금까지 연구된 행정에 대한 각종 유형에 관한 이론을 제시하였다. 이를 근거로 이론별로 행정사례를 제시하여 행정이 어떤 의도와 어떤 과정을 가지고 정책을 추진하였으며, 제시된 행정은 당초 의도된 행정과 어떤 차이가 있는지를 분석하였다.

본 저서는 행정유형의 총론, 각론, 응용론으로 대별했는데, 총론은 행정유형론에 대한 배경부분을 전반적으로 조명함으로써 본 분야의 이해를 제고시키는데 도움을 주기 위한 파트이고, 각론은 현대행정에 있어 중요하고 독창적이라고 판단되는 기존 이론 및 자체개발 이론 등 각종 행정유형론을 정책, 행정조직, 인사행정, 재무행정, 지방행정, 일반행정으로 분류하여 반영시켰으며, 응용론은 행정유형론을 행정사례에 적용하여 이론을 검증하고 이해를 높이기 위한 부분으로 조명하였다.

기본적으로, 행정유형론의 집필목적은 복잡한 행정행태의 정체성을 명확히 하기 위한 것이고, 각종 연구에 있어 유용한 분석틀을 제공하기 위한 것인데, 행정유형론을 단행본으로 제시한 책은 국내외를 불문하고 아직은 없었던 것으로 판단된다. 본 저서를 통하여 행정유형을 다시 한 번 분석해 보고 국민들에게 다가가는 맞춤형 행정을 위한 행정의 길을 찾는 이정표가 될 수 있기를 기대해 본다.

끝으로, 이 책이 나오기까지 지원해주신 박영사 회장님과 임직원 여러분들께 진심으로 감사를 드린다.

공저자 일동

차 례

제1장 행정유형의 총론 • 5

제 1 절 행정유형의 의의 ————————————————————— 5
　　1. 행정유형의 개념　　　　　　　　　　　　　　　　　6
　　2. 분류와 유형　　　　　　　　　　　　　　　　　　　6

제 2 절 행정유형의 형태 ————————————————————— 8
　　1. 유형의 형태　　　　　　　　　　　　　　　　　　　8
　　2. 행정유형의 형태　　　　　　　　　　　　　　　　　10

제 3 절 행정유형의 정립과정과 정립사례 ———————————— 11
　　1. 행정유형의 정립과정　　　　　　　　　　　　　　　11
　　2. 행정유형의 정립사례　　　　　　　　　　　　　　　13

제 4 절 행정유형 연구의 가치와 한계 ——————————————— 16
　　1. 행정유형 연구의 가치　　　　　　　　　　　　　　16
　　2. 행정유형 연구의 한계　　　　　　　　　　　　　　17

제2장 행정유형의 각론 • 23

제 1 절 정책 관련 행정유형론 ———————————————————— 23

　　1. 기획유형론 23

　　2. 의사결정유형론 26

　　3. 정책갈등의 3×3 유형론 29

　　4. 정책네트워크유형론 32

　　5. 정책오차유형론 35

　　6. 참여반영성의 3×3 유형론 39

　　7. 확장된 Wilson의 규제정치유형론 41

　　8. Freidson의 참여수용성 유형론 46

　　9. Hogwood와 Peters의 정책변동유형론 49

제 2 절 행정조직 관련 행정유형론 ———————————————————— 52

　　1. Blau & Scott의 조직유형론 52

　　2. Etzioni의 조직유형론 54

　　3. Hassenfeld의 조직유형론 56

　　4. Mintzberg의 조직유형론 58

　　5. Parsons의 AGIL 조직유형론 60

　　6. Savas의 공공서비스공급유형론 63

　　7. 9×2 조직유형론 65

제 3 절 인사행정 관련 행정유형론 ———————————————————— 68

　　1. 공직유형론 68

　　2. 의사소통유형론 70

　　3. Barber의 리더십유형론 72

　　4. Blake & Mouton의 리더십유형론 73

　　5. Carlisle의 리더십유형론 75

제 4 절   재무행정 관련 행정유형론 —————————————————— 77

1. 기업의 사회역할유형론   77

2. 복지정책의 급여유형론   79

3. 예산모형유형론   82

4. Esping-Andersen의 탈상품화국가유형론   85

5. Kramer의 역할분담유형론   87

제 5 절   지방행정 관련 행정유형론 —————————————————— 88

1. 공공전달체계유형론   88

2. 사무유형론   91

3. 정부 간 갈등유형론   92

4. 지방정부유형론   94

5. Percy의 시민공동생산유형론   96

제 6 절   일반행정 관련 행정유형론 —————————————————— 98

1. 국가유형론   98

2. 행정문화유형론   101

3. Furniss & Tilton의 국가유형론   105

4. George & Wilding의 이데올로기유형론   106

5. Mishra의 복지국가유형론   108

6. Wilensky & Leveaux의 2분 유형론   110

제3장 행정유형의 응용론 • 115

제 1 절   행정유형과 행정사례의 결합 A: 확장된 Wilson의 규제정치유형론을
         활용한 종합부동산세정책 분석 ———————————————— 115

    1. 서론   115

    2. 이론적 배경 및 분석틀   117

    3. 종합부동산세정책의 규제정치 분석   126

    4. 결론   149

제 2 절   행정유형과 행정사례의 결합 B: 정책과정에서 나타나는 정책오차의
         요인유형론을 활용한 사립학교정책의 분석 ———————————— 150

    1. 서론   150

    2. 이론적 배경 및 분석틀   152

    3. 개방형이사제의 정책오차 분석   163

    4. 결론   179

제 3 절   행정유형과 행정사례의 결합 C: 참여반영성의 3×2 유형론을 활용한
         정권별 로스쿨제도 관련 자문위원회 분석 ———————————— 180

    1. 서론   180

    2. 이론적 배경 및 분석틀   182

    3. 정부별 로스쿨제도 자문위원회에 대한 민간부문의 참여반영성 분석   192

    4. 결론   214

참고문헌 —————————————————————————————— 216

찾아보기 —————————————————————————————— 224

ADMINISTRATIVE
TYPOLOGY

행정유형의 총론

ADMINISTRATIVE
TYPOLOGY

제1장

행정유형의 총론

행정유형의 총론은 행정유형론에 대한 배경부분을 전반적으로 조명함으로써 본 분야의 이해를 제고시키는데 도움을 주기 위한 장이다.

제1절 행정유형의 의의

행정이라고 해서 모두 동일한 것은 아니다. 행정조직을 관료제적 조직, 탈관료제적 조직으로 나눌 수 있듯이 행정도 나눌 수 있고, 유형화 할 수 있다. 그리고 행정의 유형화는 행정현상을 이해하고, 설명하고, 예측하는데 유용하게 활용된다.

행정유형을 개념화하기 위해서는 유형과 유형의 유사개념인 분류를 이해하는 것이 필요하다. 유형과 분류는 연구대상 또는 연구자료를 체계적인 기준에 근거하여 동질적인 것들로 범주화(category)시킨다는 점에서는 동일하다. 그러나 분류기준의 복합성 여부 등 양자 간에는 분명히 구별되는 측면이 존재한다. 다음에서는 행정유형의 개념을 살펴보고, 유형과 분류에 대한 논의를 통해 행정유형을 좀 더 이해하도록 한다.

1. 행정유형의 개념

행정유형이라는 용어는 "행정(administration)"과 "유형(typology)"이라는 두 개념의 합성어이다. 행정은 유형의 대상이며, 행정의 범주에는 공공문제의 해결과 관련된 모든 공공부문과 민간부문의 활동이 포함된다. 따라서 정책유형과 조직유형, 인사제도 유형 등이 행정유형의 대표적인 예가 된다.

현실에서 행정유형을 정립하고자 했던 연구는 행정의 전 영역에서 상당수 존재하지만, 행정유형의 개념 정의를 직접적으로 시도한 연구는 발견하기 어렵다. 행정유형이라는 용어 자체가 행정현상을 대상으로 하는 모든 유형화를 포괄하고 있어서 구체적으로 특정하여 개념화하는데 한계가 존재하기 때문이다.

따라서 행정유형의 개념은 뒤에 설명하는 유형(typology)의 개념을 적용하여 이해하는 것이 바람직하다. 개념을 정의하면, 행정현상을 체계적으로 비교 분석하기 위하여 선정된 속성기준들을 의미 있게 융합하거나, 교차 분류하여 구성하는 동일한 속성들의 범주로 정의할 수 있다.

2. 분류와 유형

(1) 분류

분류(classification)에 대한 사전적 의미로 국립국어원은 "종류에 따라서 나눔"으로 정의한다(http://stdweb2.korean.go.kr). 이지훈(1993: 154)은 "연구대상을 구성하는 각 사례 또는 개체들을 일정한 분석기준에 입각하여 동질적인 류(類)의 범주(category)로 나누어 묶는 것을 가리킨다"고 정의하고 있다. 분류를 위한 핵심적인 요소는 분류기준이다. 분류기준은 분류대상을 일정한 동질적인 범주로 묶어지게 하는 속성적 특징이며, 분류대상들의 구성조건을 규정하는 필요충분조건이 된다(이지훈, 1993: 155-156). 분류를 함에 있어서 분류기준으로는 '하나'만 활용되는 것이 일반적이다(Hempel, 1965: 138). 따라서 분류의 핵심은 분류기준에 입각하여 분류대상을 정확하게 구분하는 것이다.

분류는 하나의 기준에 근거하여 연구대상을 일정한 범주들로 개괄적으로 분류한다는 측면에서 분류된 각 범주들은 서로 독립적이다. 따라서 범주들 간의 어떤 관계를 규명하거나 제시하는 등의 시도는 하지 않는 것이 일반적이다.

분류의 예로는 정당의 수를 분류기준으로 하여 정당제도를 구분하는 것이다. 단일정당제, 양당제, 다당제로 구분하는 것이 그 예가 된다. 또한 설문조사의 문항을 구성할 때, 응답의 범주로 '좋다, 나쁘다, 모르겠다' 등으로 구성하거나, 설문응답자를 구분하기 위하여 성별을 기준으로 '남성, 여성'으로 범주화하는 것이 분류에 해당한다.

(2) 유형

유형에 대한 사전적 의미로 국립국어원은 "성질이나 특징 따위가 공통적인 것끼리 묶은 하나의 틀"로 정의하고, "단순한 추상 개념이 아니고 어떤 현상의 공통적 성질을 형상으로 나타내며, 추상적인 보편성과 개별적인 구체성이 통일되어 있는 것을 이른다"고 설명하고 있다(http://stdweb2.korean.go.kr). Wikipedia의 경우도 이와 유사하다. 즉, 유형을 "공통된 특성에 따라 무언가를 체계적으로 분류하는 것(the systematic classification of the types of something according to their common characteristics)"으로 정의하고 있다.

사전적 의미와 유사하게 Lazarsfeld & Barton(1951: 169)도 유형(typology)을 "속성의 특징적 융합(special compound of attributes)"으로 정의한다. 종합하면, 유형은 연구대상을 체계적으로 비교 분석하기 위하여 일정하게 선정된 기준, 즉 기본속성 또는 변수들을 의미있게 융합하거나 교차 분류하여 유도되는 조합이라고 할 수 있다(이지훈, 1993: 156). 김해동(2000: 540)에 의하면, 유형은 일련의 타입(type)들로 구성되는데, 이 타입들은 연구대상인 현상의 속성 혹은 차원의 조합이다.

유형은 분류기준으로 두 개 이상의 기준을 갖는다는 점에서 분류와 구별된다. 단일차원에 기초하여 범주화되는 분류와 달리 복수의 차원에 기초하여 범주화가 이루어진다. 분류기준들을 교차분석하거나 또는 융합하여 적용한다는 점에서도 분류와 구별된다.

Tönnies가 사회를 공동사회와 이익사회(Gemeinschaft & Gesellschaft)로 구분

한 것은 유형에 관한 대표적인 예이다. M. Weber가 관료제에 관한 이상형을 설명하면서 제시한 가산관료제, 카리스마적 관료제, 근대적 관료제 구분도 유형의 대표적인 사례에 해당한다.

제2절 행정유형의 형태

1. 유형의 형태

(1) Hempel의 유형

Hempel(1965: 156-171)은 유형의 형태를 연구목적을 전제로 유형이 수행하는 기능에 따라 세 가지로 제시하고 있다(이지훈, 1993: 162-164).

첫째, 분류유형(classificatory types)이다. 분류유형은 경험적인 연구대상의 각 사례들을 일정한 기준에 의하여 범주화해서 하나의 유형으로 정립하고 가능한 범위 내에서 설명적 일반화의 기반을 모색하는 것이다.

둘째, 극단유형(extre types)이다. 이 유형은 유형정립을 위한 기준(기본 속성 또는 개념)을 주로 대립되는 극단으로 양분해서 만들어지는 유형으로 일명 순수유형(pure types)이라고도 한다. 유형을 순수한 양극으로 나누는 양극유형인 만큼, 각 순수양극 유형에 그대로 부합하는 실제 연구사례를 분류하기 보다는 가능한 그에 접근되는 사례를 가려서 분류하는데 초점을 두고 있다.

셋째, 이상적 유형이다. 이상적 유형은 비록 원초적으로는 구체적인 경험적 현상에 의존하지만 그 현상을 확대 추상화하는 해석적 이론체계(interpreted theoretical system) 또는 모형을 형싱함으로써 연구현상에 대한 설명과 해석적 기능을 수행할 수 있도록 만드는 유형이다. 일명 구성적 유형(constructed types)이라고 하며, 상상적 실험에 유용하게 활용될 수 있다.

분류유형과 극단유형은 경험적이며 구체적인 기술적 연구를 위한 개념체계라면, 이상적 유형은 과학적인 일반화와 설명적 연구를 위한 이론적 개념체계라고 할 수 있다.

(2) Mckinney의 유형

Mckinney(1967: 231-242)는 유형의 형태를 인지적 경험, 추상성, 목적, 시간적 범위, 공간적 범위, 일반화 가능성 등을 기준으로 하여 6가지 형태를 제시하고 있다(이지훈, 1993: 164-166).

첫째, 이상적 유형과 경험적 유형이다. 이상적 유형은 M. Weber의 관료제에 관한 이상적 유형이 대표적이다. 이러한 유형이 갖는 특징으로는 ① 분석을 위한 교시적 기제(heuristic device)로서의 성격을 가지며, ② 일종의 규범적 성격도 있으며, ③ 보편적 추상성을 갖기도 한다. 경험적 유형은 연구현상이 갖는 구체적인 경험적 근거에 입각해서 만들어지는 것이다. N. Polsby가 제2차 세계대전 이후 미국의 정책형성 사례 분석을 통해 도출한 정책형성 유형(속결형, 배양형)이 이에 해당한다.

둘째, 일반적 유형과 한정적 유형이다. 일반적 유형은 연구현상이 갖는 보편적인 일반적 속성에 대한 전체적 파악을 위하여 만들어진다. 한정적 유형은 연구현상이 갖는 구체적이고 한정적인 속성만을 자세히 파악하기 위하여 정립되는 것이다. 일반적 유형은 구체적이고 한정적인 명백성이 부족한 반면에, 한정적 유형은 전체적인 보편성을 상실할 가능성이 높다. 일반적 유형의 예로는 사회를 공동사회와 이익사회(Gemeinschaft and Gesellschaft), 도시와 농촌(urban and rural)으로 구분한 사례가 해당하며, 한정적 유형의 예로는 리더십 등에 관한 유형구분이 해당한다.

셋째, 과학적 유형과 역사적 유형이다. 과학적 유형은 연구현상이 갖는 반복성 또는 규칙성 탐구를 위한 것이고, 역사적 유형은 역사적 현상에 있어서 개별성, 실제성 또는 구체성 등을 탐구하기 위한 유형이다. 역사적 유형은 시·공간적 제약을 받는데 비하여, 과학적 유형은 비교적 시·공간적 제약을 받지 않는다.

넷째, 시간제약적 유형과 비시간제약적 유형이다. 시간제약적 유형은 역사적 유형과 같이 시간적인 제약을 받는 유형이고 비시간제약적 유형은 과학적 유형과 같이 시간적 제약을 받지 않는 유형이다.

다섯째, 전체적 유형과 국지적 유형으로 공간적 기준을 중심으로 한 유형이다. 전체적 유형은 연구대상의 적용범위를 넓고 일반적으로 규정해서 그 범위에 속하는 모든 대상에 대하여 적용하는 것이며, 국지적 유형은 연구대상의 적용범위를 한정하여 한정된 범위 내의 대상에만 국한하는 유형이다. 예를 들어, 노동자 유형을 구분할 때 도시의 노동자형이 전체적 유형에 해당한다면, 사무노동자형이라고 하면 국지적 유형이라고 할 수 있다.

여섯째, 일반화 유형과 개별화 기능이다. 이 유형의 속성적 기초는 앞서 설명한 일반적·한정적 유형과 다르지 않다. 다만 유형화의 기능에 있어서 적용대상의 일반화에 초점을 두느냐 또는 구체적인 개별화에 초점을 두느냐에 있어서 차이가 존재한다.

2. 행정유형의 형태

행정유형은 행정을 구성하는 핵심요소인 조직, 인사, 재무, 정책, 지방정부 영역별로 다양한 요소들을 대상으로 유형화가 이루어졌고, 이들은 앞에서 설명한 유형의 다양한 형태에 준거하여 분류가 가능하다. 그러나 분류의 실익이 없다는 측면에서 아래에서는 행정유형의 형태를 정책유형을 대상으로 살펴보도록 한다. 유형정립을 위한 분류기준에 따라서 정책이라는 동일한 연구대상임에도 불구하고 얼마나 다양하게 유형화가 가능한 지를 확인할 수 있을 것이다.

〈표 1-1〉은 정책의 유형화를 시도한 다수 학자들의 분류기준과 유형화 내용이 제시되어 있다. Lowi는 정책의 유형화를 위한 분류기준으로 '강제의 가능성'과 '강제의 적용형태'라는 복수의 기준을 선택하고 융합하여, 분배정책, 규제정책, 재분배정책, 구성정책이라는 4가지의 정책유형을 제시하였다. Salisbury는 정책의 결정체제와 요구 방식이라는 두 가지 분류기준에 근거하여 4가지의 정책유형을 제시한 바 있으며, 후에는 정책결정 비용과 요구방식이라는 분류기준의 변화를 통해 정책유형을 제시하고 있다. 이와 같이 동일한 연구대상에 대해서도 연구대상의 속성을 대표하는 분류기준은 다양하게 선택될 수 있으며, 그 결과로 다양한 유형화 시도가 가능한 것이다.

표 1-1   정책유형 정립의 다양성

학자	분류기준	유형화
Lowi (1964)	강제의 적용형태, 강제의 가능성	분배정책, 규제정책, 재분배정책, 구성정책
Almond & Powell (1978)	정치체제의 기능	추출정책, 규제정책, 분배정책, 상징정책
Salisbury (1968)	정책결정방식과 요구방식	분배정책, 재분배정책, 규제정책, 자율규제정책
Salisbury & Heinz (1970)	정책결정비용과 요구방식	분배정책, 재분배정책, 규제정책, 자율규제정책
Ripley & Franklin (1980)	정부관료제가 달성하려는 사회적 목적의 특성	분배정책, 경쟁적 규제정책, 보호적 규제정책, 재분배정책, 외교국방정책(구조, 전략, 위기정책)
Mitchell & Mitchell (1969)	정책결정자가 해결, 개선, 방지하려는 문제의 특성	자원의 동원·배분정책, 분배정책, 코스트분담정책, 규제·통제정책, 적응·안정정책, 정치적 분업·역할배분정책
Champney (1988)	공공재의 발생원인, 공공재 공급방식, 정책대상집단	8개 정책유형

제3절   행정유형의 정립과정과 정립사례

1. 행정유형의 정립과정

연구대상 또는 연구자료를 대상으로 한 유형정립은 유형화를 위한 필요조건이 구비되고 일련의 과정을 거쳐 이루어지게 된다(이지훈, 1993: 166-177).

(1) 유형정립의 필요조건

유형정립을 위해서는 기본적으로 분류를 위한 필요조건이 충족되어야 한다. 유형정립은 분류과정을 통해서 이루어지기 때문이다. 따라서 분류를 위한 조건을 반영하여 유형정립에 필요한 조건을 설명하면 다음과 같다.

첫째, 유형은 연구대상 및 사례들을 각 유형별로 구분할 수 있는 기준들을 구비하여야 한다. 유형화 기준은 연구대상 또는 연구자료의 중요하고 기본적인 속성에 근거하여 선택되어야 한다. 연구대상의 기본속성 중에서 어떤 속성을 선택하는 것은 연구목적 및 연구문제, 연구가설 등에 근거하여야 한다. 유형정립을 위한 기준은 적어도 두 개 이상은 가져야 한다.

둘째, 유형정립을 위한 분류기준에 의해 구성되는 각 범주는 소진적(exhaustive)이고 상호 배타적(mutually exclusive)이어야 한다. 범주의 소진성은 연구대상 또는 연구자료를 구성하는 모든 개체나 사례들은 빠짐없이 어느 범주에는 포함되어야 한다는 것이다. 달리 말하면, 분석대상에 포함되는 모든 사례들은 반드시 분류되어야 한다는 것이다. 범주의 배타성은 분류를 위해 구성된 각 범주들은 서로 독립적이며 어떤 중복도 있어서는 안 된다는 것이다. 만약 연구대상이 사람인 경우, 성별기준으로 분류하는 것은 범주의 소진성과 배타성을 확보하기가 용이하겠지만, 정치적 선호를 기준으로 분류하는 것은 타당성 확보에 한계가 있다.

셋째, 유형정립을 위해서는 적용대상 범위를 결정하여 주는 개념 또는 기준이 제시되어야 한다. 기본적으로 어떤 연구대상 또는 자료를 분석대상으로 하고 그들의 범위와 한계를 어디까지 할 것인가를 분명히 규정하는 논리적 근거를 가지고 있어야 한다.

넷째, 유형화 개념 또는 기준들은 분류대상의 속성적 특성에 따라 그들에 대한 명목, 서열 등의 관계를 명백히 구별하여 제시할 수 있는 논리적 진술들도 포함하고 있어야 한다. 필요한 경우 서열관계 등을 교차시킴으로써 유도되는 보다 정교한 행렬적 관계도 제공할 수 있어야 한다.

(2) 유형정립의 과정

Lazarsfeld & Barton(1955)이 제시하고 있는 유형정립과정은 다음과 같다(이지훈, 1993: 173-175 재인용).

첫째, 연구대상 또는 자료에 대한 충분한 검토와 그에 대한 이해이다. 연구자가 연구대상 또는 자료의 특징적 성격을 많이 알면 알수록 좋은 것이다.

둘째, 연구대상에 대해 예비적으로 유형적 범주화, 즉 잠정적인 예비적 유형들을 구성한다.

셋째, 예비적 유형들을 연구대상의 구체적 실상 등과 연결시켜 검토하고 본격적인 유형화를 위한 기본적 기준 및 속성들을 주의 깊게 선정한다. 유형화의 기본속성을 구성하는 개념 또는 변수들에 대한 분명한 정의를 수립한다.

넷째, 유형화의 기본속성들을 분할한다. 기본속성의 분할은 그 성격에 따라서 양분화를 위한 명목적인 것, 등급 및 순위화를 위한 서열적인 것, 연속적인 등간적인 것으로 구분할 수 있다.

다섯째, 일정한 범주로 나누어진 유형화의 기본속성, 즉 변수들을 배열하거나 또는 교차분석하여 다차원체계(multidimentional system) 내지 속성공간(attribute space)을 유도한다.

여섯째, 유형화 기본속성들의 다차원체계 또는 속성공간으로부터 유도 가능한 모든 조합을 도출한다. 이렇게 유도된 조합 자체들은 이른바 속성의 융합(attribute compound)으로써 유형이 된다. 그러나 가능한 속성들의 모든 융합이 유형으로 되는 것은 아니다.

일곱째, 보다 의미 있는 유형화를 위해서는 속성범주들의 모든 조합들 중에서 일부를 다시 선택하거나, 또는 일정한 범주의 조합을 통합해서 재조합하는 감축(reduction)을 시도한다. 감축은 각종 속성범주들 간에 가능한 조합들을 다시 묶어 분류하는 것으로써 최종적인 유형정립과정이다.

여덟째, 유도 정립된 유형체계에 대한 재검토와 필요한 경우 다시 수정하는 유형의 전환(transformation)이 진행될 수 있다. 유형의 전환은 그 유형을 유도하였던 속성의 다차원체계 또는 속성공간을 다른 것으로 바꾸거나 감축하는 방법을 달리함으로써 유형체계를 수정하거나 재조정하는 것을 뜻한다.

2. 행정유형의 정립사례

(1) 속성공간과 속성융합

속성공간은 종축과 횡축으로 구분되는 좌표에다 어떤 특성이 부여되는 평면상의 공간을 의미하며, 유형화 과정에서 만들어지게 된다. 속성공간에는 유형정립을 위한 기준들의 상호관련성이 반영되며, 유형화 기준들의 속성이 융합되면서 논리적인 속성융합으로 발전하게 된다. 속성융합은 그대로 각각의 유형으로 채택되고 각각의 속성융합에 개념적 용어를 부여함으로써 유형이 만들어진다.

공공서비스의 유형화 사례에 적용해 보면 다음과 같다. 먼저 공공서비스의 유형화 기준으로 비배제성과 비경합성이라는 두 가지 기본속성(또는 기준, 개념)이 선택되었고, 비배제성과 비경합성이라는 두 가지 기본속성은 각각 양분된 범주로 구분하였다. 즉, 배제가능과 배제불가능, 경합가능과 경합불가능으로 각각 양분하여 범주화하였는데, 그런 속성이 있는 것을 (+)로 하고, 없는 것을 (−)로 교차분석하여 평면상의 속성공간을 구성하였다(<그림 1-1> 참조).

그림 1-1 **공공서비스의 유형화: 속성공간의 구성**

		비경합성	
		비경합적(+)	경합적(−)
비배제성	비배제적(+)	(+) (+)	(−) (+)
	배제적(−)	(+) (−)	(−) (−)

기본속성의 교차분석을 통해 논리적으로 도출된 네 개의 조합, 즉 속성융합을 유형으로 채택하여 각각 집합재, 공유재, 요금재, 시장재라는 개념적 용어를 부여하여 공공서비스의 유형화가 완성되는 것이다(<그림 1-2> 참조).

그림 1-2 **공공서비스의 유형화: 속성공간의 융합**

		비경합성	
		비경합적(+)	경합적(−)
비배제성	비배제적(+)	집합재	공유재
	배제적(−)	요금재	시장재

(2) 속성융합과 감축

보다 의미 있는 유형화를 시도하기 위해서는 속성기준들의 조합으로 나타
난 속성융합들을 대상으로 다시 선택하거나, 또는 속성융합들을 통합하여 재조
합을 시도하는 감축(reduction)이 나타나게 된다.

속성융합이 감축되어 유형화되는 과정을 정당가입과 정치적 관심도라는
두 가지 기본속성을 통해서 살펴보면 다음과 같다(Barton, 1955; 김경동·이온죽,
1998: 346-347). 일차적으로 유형정립을 위해서 선택되어진 기본속성들을 각각
세 가지 범주로 구분하였다. 그리고 이 세 가지 범주는 연구대상을 포괄하여야
하며, 동시에 상호배타적이어야 한다. 이 과정을 통해 만들어진 속성공간은 다
음과 같다(<그림 1-3> 참조).

그림 1-3 정치적 성향과 속성공간

		정당가입		
		자유당	공화당	무소속
정치적 관심도	높다			
	중간			
	낮다			

[출처] 김경동·이온죽(1998: 347)

속성공간이 구성되고 두 속성기준에 대한 교차분석을 진행하면서 통합 또
는 감축 가능한 새로운 속성융합의 발견이 가능하다(<그림 1-4> 참조). 즉, 특정
정당에 대한 소속여부와 관계없이 정치참여에 대한 유형발견이 가능한 것이다.
따라서 속성공간을 활용하면 기본속성의 범주를 줄이거나 간소화하고 동시에
유도된 속성융합들의 상호관련성을 검토함으로써 의미있는 유형화로의 발전을
가능하게 한다.

그림 1-4 속성융합의 축소

정당가입

		자유당	공화당	무소속
정치적 관심도	높다	(열성당원)		(독립, 무소속자)
	중간	(보통당원)		(무관심자)
	낮다			

[출처] 김경동·이온죽(1998: 347)

제4절 행정유형 연구의 가치와 한계

1. 행정유형 연구의 가치

유형은 연구대상의 여러 요소들을 배열하고 요소들의 특성을 구분하여 간소화함으로써 대상의 속성을 밝혀보는 것이다. 따라서 유형은 서로 구분이 되는 대상이나 서로 관련이 없는 대상이나, 혹은 서로 이질적인 대상들이 안고 있는 혼란을 제거하여 질서를 창조해 준다(김광웅, 1981: 148-149).

연구대상을 조직화함으로써 유형정립을 시도하는 연구자들은 현상 간의 관계를 규명하고 예측할 수 있게 된다. 현상에 대한 유형을 발견하는 것은 질서정연한 통제와 예측의 시작이며, 분류를 위한 근거를 발견하는 것은 분류대상인 어떤 현상의 숨겨진 의미와 중요성을 밝혀주는 것이 된다(한석태, 2017: 40). 이것은 유형이 구분할 수 없는 실체의 집합이 아니라 특성의 집합체로서 구성되기 때문이다.

행정유형 연구는 행정이론의 일반화에도 기여한다. 정책유형 연구가 정책이론의 일반화에 기여한다는 평가적 의견이 이를 뒷받침한다. 하나의 정책이슈가 구체적인 내용을 가진 하나의 정책으로 발전하는 과정에서 참여자들은 과거의 정부의 행위나 결정행태 등을 근거로 어떤 기대감을 가지게 되며, 비슷한 이슈에 대해서는 참여자들 간에 비슷한 형태의 상호작용이 있을 수 있다. 불연속적인 다양한 정책사례나 정책이슈들을 몇 가지 범주로 묶을 수 있다면 정책범주별로 나타날 수 있는 정치현상의 공통된 특징이나 패턴을 밝혀냄으로써 정책에 관한 일반이론을 얻을 가능성이 높아지는 것이다(한석태, 2017: 39).

실질적으로 행정유형 연구의 가치는 행정대상의 특성에 부합하는 맞춤형 정책을 수립하고 집행하는데 기여할 수 있다. 최근 동일지역 내에서도 다른 특징을 보이는 작은 단위로서의 동질지역들이 나타나고 있다(김화환 외, 2015: 229-230). 이런 경우, 행정구역에 의한 단순 구분만으로는 실질적 정책입안 및 실행을 하는데 있어서 비효율적이다. 따라서 지역발전을 위한 지방정부 정책이 보다 효과적으로 실현되기 위해서는 일률적으로 구분된 지역을 특성별로 분류하고 유형화시켜 정책적 지원방향을 차별적으로 강구할 필요가 있다. 지역의 특성을 반영하여 지역을 구분하고 유형화하여 필요한 통계를 수집·작성하고, 이를 근거로 맞춤형 정책을 수립하고 집행할 수 있다면 지역정책의 성과 창출은 분명하기 때문이다.

2. 행정유형 연구의 한계

유형연구는 연구대상이 되는 다양한 사례 또는 개체들을 일정한 기준에 의하여 유사한 것들을 같이 묶어 통합하고 단순화하는 것이다. 특히 유형화의 과정에서 유형의 분화 또는 극단화(極端化), 지나친 집약(overreduction)은 유형의 지나친 단순화(oversimplification)를 초래하여 유형에 대한 신뢰를 저해할 우려가 있다. 유형연구의 문제점을 제시하면 다음과 같다(이지훈, 1993: 181-182).

첫째, 유형화 과정에서 연구대상들이 갖고 있는 구체적인 정보가 상실될 수 있다. 분석대상의 범주화로 인해서 중요한 정보로 활용될 수 있는 개별 사례들의 특징적 개체성 상실이 발생할 수 있다. 둘째, 유형화를 위한 분류기준 그 자체가 하나의 변수로 활용될 수 있다. 분류기준에 집착하는 과정에서 실제로는 매우 유사한 분석대상임에도 불구하고 다른 범주로 분류될 수 있기 때문이다. 셋째, 양분화와 같은 유형의 지나친 단순화는 유형의 대표성을 상실시킬 수 있다. 넷째, 양분화 유형에 포함되지 않고 양극의 중간에 위치하는 사례들의 유형화가 배제될 가능성이 크다. 중간에 위치하는 사례들이 배제됨으로써 오차의 개입가능성이 확대될 수 있는 것이다.

따라서 유형화 과정에서는 유형화의 목적에 적합한 기본 변수의 선정이 이루어져야 하며, 변수의 선정과정에는 연구자 및 실무자 등의 충분한 검토가 진행되어야 한다.

ADMINISTRATIVE
TYPOLOGY

제2장

행정유형의 각론

ADMINISTRATIVE
TYPOLOGY

제2장

행정유형의 각론

행정유형의 각론은 현대행정에 있어 중요하고 독창적이라고 판단되는 기존 이론, 자체개발 이론 등 각종 행정유형론을 정책, 행정조직, 인사행정, 재무행정, 지방행정, 일반행정으로 분류하여 반영시키는 장이다.

제1절 정책 관련 행정유형론

1. 기획유형론

(1) 개념

일반적으로 기획(planning)은 목표를 달성하기 위한 장래의 행동에 관하여 일련의 결정을 하는 과정이라고 할 수 있다. 기획과 유사한 개념에 계획(plan)이 있다. 이 둘은 상당부분 혼용되어 사용되고 있는데 좀 더 구체적으로 살펴보면 다소 다른 의미를 지니고 있다. 즉, 기획은 계획을 세워가는 활동과 과정을 가리키며, 계획은 구체적인 사업에 대한 연속적인 의사결정의 결과라는 점에서, 기획에서 도출된 최종적인 결론을 의미하는 것이다.

이러한 기획은 일정한 유형으로 도출할 수 있는데, 제 학자들이 제시한 유형 중 공통된 부분으로 접근하여 자원기획, 프로젝트기획, 개인기획 등으로 조명하고자 한다.

자원기획(resource planning)은 인적 및 물적자원 등과 관련된 기획으로서, 재정에 관한 기획, 시설 및 장비에 관한 기획, 소비물자에 관한 기획, 그리고 인적자원에 관한 기획 등 4가지로 구분할 수 있다.

재정에 관한 기획은 조직이나 프로그램의 재정상태를 예측하기 위한 기획이다. 성공적인 재정기획을 위해서는 특정한 기획기관을 통하여 프로그램의 재정상태를 예측하는 능력이 필요하다. 조직이나 프로그램의 재정모델은 이러한 목적을 위하여 중요하며, 전산화된 회계제도는 그러한 모델이 될 수 있다. 또한 신속한 자료운용을 위해서는 회계의 전산화도 요청된다.

시설 및 장비에 관한 기획은 조직의 목표달성을 위해 필요한 시설이나 장비의 구매·임대 등에 관한 기획이다. 오늘날 시설이나 장비에 관련된 기술은 비교적 잘 개발되어 있으며, 대부분 조사방법의 체계적 적용이나 네트워크 장비, OR기법 등으로 발전하였다.

소비물자에 관한 기획이란 서류용지, 필기용구, 기록보관철 등과 관련된 기획이다. 이러한 품목들을 구매하는 일은 일상적인 업무가 되어야 하며 이를 위한 구매자금이 필요할 때에는 언제든지 이용할 수 있도록 항상 고려해야 한다.

인적자원에 관한 기획은 인적자원관리에서 다루어지는 기획으로서 인적자원의 확보, 인적자원의 개발, 인적자원의 보상, 유지관리, 노사관계 등에 관련된 기획이다. 여기에는 첫째, 기관의 목표를 달성하기 위하여 필요한 최소한의 직원(전문직, 준전문직, 서기 등)의 수, 둘째, 매 기획연도에 충원되어야 할 직원의 수, 셋째, 새로 고용된 직원이 배치되어야 할 부서나 프로그램 등에 관한 내용을 포함한다.

프로젝트기획(project planning)은 지속성, 반복성 등의 특성을 갖는 일상적 기획과는 달리 한시성, 유일성, 점진적 구체화 등을 갖는 기획을 말한다. 개별적인 프로젝트이든 집단적인 프로젝트이든 미리 계획을 세우지 않으면 활동연결이 잘 되지 않을 뿐만 아니라 각 단계에 필요한 시간도 제대로 할당할 수 없게 된다. 특히, 집단적인 프로젝트의 계획을 세우지 못하면 노력의 중복, 성취 불능, 접근방법 중복 등의 결함이 부가된다. 적절하게 계획된 프로젝트가 주어진 시간 안에 최소의 비용으로, 성공적으로 달성되기 위해서는 다음과 같은 일련의 단계에 따라 진행되어야 한다.

1단계로 프로젝트 요구사항의 인식과 명확화, 2단계 이전의 경험, 조사, 견해 등과 같은 기술을 사용한 자료수집, 3단계 기본적인 접근방법에 관한 잠정적인 결정, 4단계 기본적인 활동계획의 설계, 5단계 프로젝트 계획의 검토, 6단계 집단적인 프로젝트의 경우, 과업할당과 프로젝트 시작일자의 결정, 7단계 종료일자와 보고서 전달방법의 결정 등이 그것이다.

개인기획(individual planning)은 자신의 목표를 설정하고 취해야 할 활동과정을 기술하는 것으로, 관리자는 조직의 프로그램과 프로젝트에 관한 전반적인 기획책임도 있지만 자신의 개인적인 과업도 계획해야 한다. 따라서 개인기획이란 개인적인 목표를 성취하기 위하여 계획을 수립하는 것으로, 고려해야 할 요소는 다음과 같다.

첫째, 시간적 요소, 가용한 자원, 장애물, 자신이 하는 일에 영향을 미칠 수 있는 타인의 기대되는 행동 등의 요소를 이해하고 계획을 수행하면서, 일어날 수 있는 불가피한 변화들을 예상할 수 있어야 한다.

둘째, 유사한 과업이나 프로젝트를 가진 다른 사람들의 이전 경험을 활용하여 계획을 설계해야 한다.

셋째, 계획이 실현 가능한지를 알아보아야 한다. 실현 가능성 여부는 다음 질문에 대한 대답을 통해 알 수 있다. 가용한 자원과 시간을 고려할 때 목표달성이 가능한가?, 필요한 시간과 자원이 있다면 목표를 성취할 능력이 있는가? 등 이 두 질문 가운데 하나라도 부정적인 대답이 나온다면 목표를 수정하거나 다른 목표를 계획해야 한다.

넷째, 계획 속에 점검지점을 확인해 두어야 한다. 점검지점에 도달할 때마다 정보를 평가하고 필요한 경우 계획을 수정해야 한다.

(2) 평가

제 학자들의 공통된 의견을 근거로 기획의 유형을 자원기획, 프로젝트기획, 개인기획으로 유형화했다는 점에서, 일정부분 본 분야에 의미를 가질 수 있다. 하지만 유형의 구분기준이 미비하고, 사례적용을 통한 검증이 낮은 수준이라는 점에서, 본 유형은 일정부분 한계를 갖는다.

2. 의사결정유형론

(1) 개념

의사결정(decision-making)은 조직의 목표달성을 위한 여러 대안 중에서 가장 바람직한 행동경로를 선택하는 과정이다. 좁은 의미에서 본다면 특정한 문제해결을 위한 대안선택을 의미하지만 좀 더 넓은 의미에서는 조직활동을 수행하기 위해 어떻게 조직을 구성하고, 어떤 인력을 어느 곳에 배치하며, 또 어떠한 통제 및 조정의 노력이 필요한가를 결정하는 총체적 관리과정으로 규정할 수 있다.

의사결정의 유형은 다양하게 접근할 수 있으나 여기에서는 의사결정의 주체에 따른 유형과 의사결정의 구조화에 따른 유형으로 구분하고자 한다.

의사결정의 주체에 따른 유형에는 집단적 의사결정과 개인적 의사결정이 있는데, 집단적 의사결정(group decision-making)이란 최고책임자가 의사결정을 함에 있어 부하직원이나 전문가들의 의견을 종합하여 결정을 내리는 것인데, 상호작용집단기법, 명목집단기법, 그리고 델파이기법 등이 그것이다.

상호작용집단기법(face-to-face interacting group technique)은 가장 보편적인 행태의 집단의사결정의 방법이다. 자유로운 분위기 속에서 공개적으로 여러 대안들에 대해 토론하고 논쟁하여 최선의 대안에 합의하는 의사결정기법인 것이다. 다시 말하면, 위원회 집단이나 일반적인 회의집단들과 같이 다양한 사회적 배경을 지닌 사람들로 구성된 집단에서 쟁점사안에 대한 최선의 의사결정안을 도출하기 위해 사용하는 전통적인 의사결정기법인 것이다.

이 기법은 여러 집단의사결정기법들 가운데 가장 구조화되지 않은 기법으로, 토론에 참여하는 사람들이 집단의사결정이나 타인들과의 상호작용에 있어서 상당한 경험과 지식을 소유하고 있을 때 적절하게 사용할 수 있다.

명목집단기법(nominal group technique)은 의사결정의 사회심리학적 연구를 토대로 하여 사람들이 함께 아이디어를 제시하여 결정하는 방법이다.

델파이기법(Delphi technique)이란 합의적 의사결정에 도달하기 위하여 아이디어들을 익명으로 결정함으로써 창의성을 증진시키는 기법으로, 원래 Rand 기업연구소의 의사결정자들에 의해서 개발되었다. 이 기법은 명목집단기법에 비해 보다 복잡하고 시간이 많이 소요되는 대안적 방법으로 집단구성원들의 출석을 요구하지 않는다는 점을 제외하고는 명목집단기법과 매우 유사하다. 즉, 본 기법은 전문가 또는 관련자들로부터 우편으로 의견이나 정보를 수집하여 그 결과를 분석한 후 다시 응답자들에게 보내 의견을 묻는 식으로 만족스러운 결과를 얻을 때까지 계속하는 방법으로써, 어떤 불확실한 사항에 대한 전문가들의 합의를 얻으려고 할 때 적용될 수 있다.

한편, 개인적 의사결정(individual decision-making)이란 최고책임자가 수집한 자료, 정보, 그리고 자신의 경험·판단에 의해 혼자 의사결정을 내리는 방법인데, 의사결정나무분석, 대안선택흐름도표 등이 그것이다.

의사결정나무분석(decision tree analysis)은 개인이 가능한 여러 대안을 발견하여 나열하고 선택했을 때와 그렇지 않았을 때의 결과를 그림으로 그려 생각하는 개인적 의사결정방법이다.

대안선택흐름도표(alternative choice flow chart)는 목표가 분명하고 예상 가능한 사항의 선택에 적용될 수 있는 것인데, "yes"와 "no"로 답할 수 있는 질문을 연속적으로 만들어 예상되는 결과를 결정하도록 하는 개인적 의사결정방법이다.

전술한 집단적 의사결정과 개인적 의사결정을 비교하여 조명해 보면 다음과 같다(<표 2-1> 참조).

표 2-1	집단적 의사결정과 개인적 의사결정	
구분	집단적 의사결정	개인적 의사결정
문제 및 과업의 유형	· 다양한 지식과 기술이 요구될 때 · 문제가 개별적으로 나뉘어져 언급될 수 있는 다차원적인 부분으로 이루어져 있을 때 · 문제를 평가해야 할 때	· 능률성이 요구될 때 · 비교적 단순한 지식과 기술이 요구될 때
결정사항에 관한 수용	· 집단구성원들에 의한 수용이 중요시 될 때	· 수용이 중요하지 않을 때
해결책의 질	· 몇몇 조직구성원에 의해서 해결책이 도출될 수 있을 때	· 최선의 해결책을 제시할 수 있는 구성원을 파악할 수 있을 때
사람들의 특성	· 조직구성원들이 함께 일한 경험이 있을 때	· 사람들이 협력할 수 없을 때
의사결정 분위기	· 집단의 문제해결에 대해 우호적인 분위기일 때	· 경쟁적인 분위기일 때
시간정도	· 비교적 많은 시간을 활용할 수 있을 때	· 비교적 활용할 수 있는 시간이 적을 때

　아울러, 의사결정의 구조화에 따른 유형에는 정형적 의사결정과 비정형적 의사결정이 있는데, 정형적 의사결정(programmed decision-making)이란 결정자가 일상적으로 반복되는 업무에 대한 것과 발생한 문제에 대한 대안과 방법이 사전에 미리 정해져 있는 결정을 행하는 것이다. 예를 들면, 인사규칙이나 조례 등 조직에 정해져 있는 특별한 절차에 의한 결정이다.

　비정형적 의사결정(non-programmed decision-making)은 새로운 사태의 발생을 비롯하여 예측이 어려운 중대한 사건 등에 대처하기 위한 의사결정을 말한다. 환경에 크게 영향을 받고 의존하는 조직에서는 비정형적 의사결정 사항이 많이 발생하게 되므로 조직의 행정책임자를 포함한 조직요원들은, 득히 의사결정훈련이 크게 요구된다고 하겠다.

　전술한 정형적 의사결정과 비정형적 의사결정을 전통적 기법과 현대적 기법을 적용하여 간략히 비교해 보면 다음과 같다(<표 2-2> 참조).

| 표 2-2 | 정형적 의사결정과 비정형적 의사결정 |

구분	기법	
	전통적	현대적
정형적 의사결정 (일상적이고 반복적인 결정, 조직에서는 이러한 사항의 처리를 위하여 특별히 절차를 마련하고 있음)	· 습관 · 일상적 사무규정 · 표준운영절차(내규)	· OR기법 · 전자자료 처리
비정형적 의사결정 (일회적이고 비조직적인 새로운 정책결정, 문제해결적 절차로 처리함)	· 판단, 직관, 창의성 · 경험에 의한 처리 · 책임자의 엄선 및 훈련	· 의사결정절차의 훈련 · 자기발견적 컴퓨터 · 프로그램 제작

(2) 평가

제 학자들의 공통된 의견을 근거로 의사결정의 유형을 의사결정의 주체에 따른 유형, 의사결정의 구조화에 따른 유형으로 제시를 하고 있다는 점에서, 복잡한 의사결정체제를 비교적 논리적으로 기술하고 있다. 다만, 제 사례를 활용하여 객관적 검증이 부재하다는 점에서, 일정부분 한계를 갖는다고 할 수 있다.

3. 정책갈등의 3×3 유형론

(1) 개념

정책갈등의 3×3 유형론(3×3 types of policy conflict)은 참여자의 성격을 기준으로 하여 9가지로 정책갈등의 유형을 도출한 자체개발 이론이다.

정책갈등유형으로 홍성만(2000)은 경쟁조직의 성격에 따라 정책경쟁의 유형을 9가지로 도출했다. 즉, Ⅰ유형은 정부조직 간 정책경쟁을 의미하고, Ⅱ유형은 정부조직과 비정조부조직 간, Ⅲ유형은 비정부조직 간, Ⅳ유형은 시장조직과 정부조직 간, Ⅴ유형은 정부조직과 시장조직 간, Ⅵ유형은 시장조직 간 정책경쟁으로 유형화하여 제시하였다. 이 중 Ⅰ유형이 정책을 둘러싸고 가장 흔하게 나타나는 유형이라고 전제하고 있다(<표 2-3> 참조).

표 2-3 경쟁조직의 성격을 기준으로 한 정책갈등 유형

구분		경쟁조직 A		
		정부조직	비정부조직	시장조직
경쟁조직 B	정부조직	I 유형 (동일영역 간 경쟁 I)	II 유형 (상이영역 간 경쟁 I)	IV 유형 (상이영역 간 경쟁 II)
	비정부조직	II 유형 (상이영역 간 경쟁 I)	III 유형 (동일영역 간 경쟁 II)	V 유형 (상이영역 간 경쟁 III)
	시장조직	IV 유형 (상이영역 간 경쟁 II)	V 영역 (상이영역 간 경쟁 III)	VI 유형 (동일영역 간 경쟁 III)

그리고 이민창(2010)은 유인과 규범을 기준으로 정책갈등의 유형을 조작화
했는데, I 유형은 정책순응 혹은 협력이 발생하는 상황이고, II 유형은 유인이
강하지만 규정이 거의 없는 상황을 나타낸다. 그리고 III 유형은 유인은 약하지
만 규범의 강도는 높은 수준을 나타내는 것이고, IV 유형은 유인의 제공과 규
범의 강도가 모두 낮은 수준을 나타내는 것이다. 이 중 I 유형에 있어서 정책갈
등이 가장 낮게 나타나고, IV 유형은 가장 높게 나타난다는 것이다(<표 2-4> 참
조).

표 2-4 유인과 규범을 기준으로 한 정책갈등 유형

구분		유인의 제공	
		높은 수준	낮은 수준
규범의 강도	높은 수준	I 유형	III 유형
	낮은 수준	II 유형	IV 유형

전술한 정책갈등의 유형, 즉 일정한 기준에 의한 체계적인 메트릭스화, 경
쟁조직의 성격 등을 근거로 정책갈등의 3×3 유형론을 살펴보면 다음과 같다
(<표 2-5> 참조).

| 표 2-5 | 정책갈등의 3×3 유형론 |

구분		선별주의 지지연합		
		제도적 참여자	혼합적 참여자	비제도적 참여자
보편주의 지지연합	제도적 참여자	제도-제도적 참여자간 갈등	혼합-제도적 참여자간 갈등	비제도-제도적 참여자간 갈등
	혼합적 참여자	제도-혼합적 참여자간 갈등	혼합-혼합적 참여자간 갈등	비제도-혼합적 참여자간 갈등
	비제도적 참여자	제도-비제도적 참여자간 갈등	혼합-비제도적 참여자간 갈등	비제도-비제도적 참여자간 갈등

즉, 선별주의 지지연합과 보편주의 지지연합에 각각 제도적 참여자, 혼합적 참여자, 비제도적 참여자를 배치하여, 9가지의 유형을 도출한 후 정책갈등의 정체성 등을 명확히 하고자 하는 것이다.

여기서 제도적 참여자란 정책과정에 공식적인 법적 권한을 가지고 참여하는 조직 등을 의미하는 것으로 지방자치단체의 장·지방의회의 지방자치단체, 사법부 등을 의미한다. 한편, 비제도적 참여자란 공식적인 법적 권한은 없지만 공식적 참여자와 밀접한 관계를 가지고 정책과정에 영향을 미치는 조직 등을 의미하는 것으로 시민단체, 이익단체, 여론 등을 말한다. 한편, 혼합적 참여자란 제도적 참여자와 비제도적 참여자가 함께 지지연합을 형성하는 것을 의미한다. 아울러, 이들은 자신들의 주장을 선점하기 위해 각종 정책전략(policy strategy)을 지향하게 된다.

(2) 평가

정책갈등의 3×3 유형론은 제도적 참여자, 혼합적 참여자, 비제도적 참여자 등 참여자의 성격을 기준으로 하였다는 점에서, 복잡한 정책갈등에 있어서 정체성을 일정부분 제고하였으나, 정책갈등 연구의 실효성을 높일 수 있는 참여자의 강도 등에 대한 언급은 없어, 이를 고려한 종합적인 정책갈등 유형의 도출이 필요할 것으로 본다.

4. 정책네트워크유형론

(1) 개념

정책네트워크(policy network)는 특정한 정책을 둘러싸고 각기 이해당사자가 존재하고, 이들 간에 일정한 관계가 형성되면서, 상호작용에 초점을 맞추는 정책망이라고 할 수 있다. 미국에서는 다원주의, 철의 삼각, 이슈네트워크 등으로, 유럽에서는 조합주의 등으로, 영국에서는 정책공동체 등으로 사용되고 있다.

이러한 정책네트워크의 유형은 다양하게 제시되고 있으나, 여기에서는 일반적으로 언급되고 있는 참여정도에 따른 정책네트워크 유형, 상호작용행태에 따른 정책네트워크 유형을 종합·정리하여 조명하고자 한다.

참여정도에 따른 정책네트워크유형론에는 정책커튼모형, 하위정부모형, 정책공동체모형, 이슈네트워크모형 등이 있다(<표 2-6> 참조).

표 2-6 참여정도에 따른 정책네트워크유형론

구분	정책커튼모형	하위정부모형	정책공동체모형	이슈네트워크모형
참여자 수	외부참여 없음	제한적 참여 (높은 수준)	제한적 참여 (낮은 수준)	무제한 참여
참여 배제성	매우 높음 (폐쇄적)	높음	보통	낮음 (개방적)

먼저, 정책커튼모형(policy curtain model)은 정책과정이 정부기구 내의 권력장악자에 의해서 독점되는 경우를 가정한다. 외부의 행위자에 의한 요구는 전혀 고려되지 않으며, 이들의 요구는 정책결정의 장으로 진입되는 것이 차단되어 정책결정이 독점되고 외부로부터의 참여는 전적으로 배제되는 행태로서, 이경우 정부엘리트는 외부의 영향으로부터 자율적이며 외부세력과의 상호작용이 일어나지 않는다.

하위정부모형(subgovernment model)은 각각의 참여자들이 제공하는 상호지지를 중심으로 구축된다. 그들이 상호작용과정에서 행정관료의 역할은, 특히 입법기관의 입법자들과 보좌관들에게 필요한 전문적 지식과 조언을 제시하며, 이러한 지식과 조언을 바탕으로 관료들은 정책결정의 권한을 공유한다. 각 정책영역별로 하위정부에 참여하는 이익집단들의 수는 많지 않으며, 공통된 이해를 반영하기 때문에 이들 간의 관계는 갈등관계가 아닌 것이다.

정책공동체모형(policy community model)이 하위정부모형과 다른 점은 정책공동체의 구성원이 관료들, 개개 정치인과 그들의 막료, 조직화된 이익집단과 그 지도자 및 막료, 정책에 대하여 연구하는 대학·연구기관·정부 내의 전문가들로서, 하위정부모형의 구성원에 전문가집단이 추가된 것이다.

각 분야별 정책공동체의 구성원들은 관심사항을 공유하고 있고, 서로 상대방이 유용하게 활용할 수 있는 자원을 가지고 있다는 이유 때문에 정기적으로 상호 접촉하며, 그 과정에서 각기 자기의 정책분야에서는 어떤 문제가 중요한 문제인지, 그리고 어떤 해결방안들이 바람직하고 실현 가능한 것인지에 관한 일련의 공통된 이해와 공동체적 감정을 가지게 된다. 공동체의 구성원들은 정책문제가 공동체 내부에서 해결되어야 한다는 규범에는 동의하지만 구성원들의 이해관계와 아이디어가 다르기 때문에 정책문제의 해결방안을 둘러싸고 갈등이 발생할 수도 있다. 따라서 정책공동체모형은 참여자들 간의 합의, 의견일치, 협력에 의하여 정책결정이 이루어진다고 보는 하위정부모형과는 다른 입장을 견지하고 있다.

이슈네트워크모형(issue network model)은 공통의 기술적 전문성을 가진 대규모의 참여자들을 묶는 지식공유집단을 말한다. 단순하고 분명하게 정의된 하위정부모형의 경계와는 달리 이슈네트워크의 경계는 가시화하기 어렵고 잘 정의되지 않는다. 참여자들의 진입·퇴장은 쉬운 편이며, 네트워크의 경계를 찾는 것은 거의 불가능하다.

상호작용행태에 따른 정책네트워크유형론에는 국가주도 네트워크, 조합주의 네트워크, 압력다원주의 네트워크, 고객다원주의 네트워크 등이 있다(<표 2-7> 참조).

| 표 2-7 | 상호작용행태에 따른 정책네트워크유형론 | | | |

구분	국가주도 네트워크	조합주의 네트워크	압력다원주의 네트워크	고객다원주의 네트워크
정책 행위자	정부	국가 시민 시장	다수의 이익집단 〈자율성: 낮은 수준〉 정부 〈자율성: 높은 수준〉	다수의 이익집단 〈자율성: 높은 수준〉 정부 〈자율성: 낮은 수준〉
행위자 관계	집중적 협력관계	균형적 협력관계	경쟁·갈등 관계	경쟁·갈등 관계
구조적 특성	수직적 집중형	수평적 균형형	수평적 분산형	수평적 분산형

먼저, 국가주도 네트워크(state directed network)는 정부관료제가 정책과정을 독점하며 행정기관 간 협상과 조율에 따라 정책이 결정된다는 점에서 관료정치모형(bureaucratic politics)과 유사하다. 이 모형에서 개별 이익집단과 공익집단은 정책과정의 투입주체가 아닌 적극적 정책옹호자의 역할을 수행하며 정부는 정책네트워크의 중심에 위치하여 정책결정을 유도해가면서 사회집단 간 이해관계가 상충될 경우 이를 권위적으로 조정한다.

조합주의 네트워크(corporatist network)는 정부가 우월한 권력관계를 바탕으로 한 주도적인 입장에서 해당 분야별로 기업 등 사적이익집단과 노동, 환경 등 집합적 단체연합이 균형적 협의기제를 구축하여 정책형성의 사회적 합의를 추구한다. 국가는 해당 정책영역에 있어서 전국규모의 이익대표연합에게 이익대표권의 독점을 제도적으로 보장하고 정책과정 내부투입 활동을 독점적으로 보징함과 동시에 개별적인 이익집단 활동을 통제한다.

압력다원주의 네트워크(pressure pluralism network)에서 정부는 독자적으로 정책을 좌우할 수 있는 자율성을 가지며, 다수의 이익집단과 시민단체는 정부의 정책적 관심과 지원을 획득하기 위해 갈등적 경쟁관계를 지속한다. 이익집단과 시민단체 등을 중심으로 형성된 압력다원주의 네트워크는 정책결정과정의 정책참여자라기보다는 이슈별 정책옹호자로서의 역할을 수행한다.

고객다원주의 정책네트워크(clientele-pluralism network)에서는 정부의 자율성과 응집력이 상대적으로 약하여 이익집단들에게 지배되거나 그들의 이익에 봉사하는 관료적 포획현상(bureaucratic capture)이 나타나며, 이익집단을 중심으로 형성된 정책네트워크는 정책과정 전반을 압도하는 핵심적 정책주창자로서의 역할을 수행한다.

(2) 평가

정책네트워크유형론을 대표적인 참여정도에 따른 정책네트워크유형론, 상호작용행태에 따른 정책네트워크유형론으로 살펴봤는데, 이러한 유형들을 사례에 적용하여 체계적으로 모두 검증하지는 않았다는 점에서, 좀 더 높은 수준의 이론검증이 필요할 것으로 판단된다.

5. 정책오차유형론

(1) 개념

정책오차(policy error)의 개념정의를 과정 간 오차, 결정오차, 그리고 집행오차로 대별하여 고찰한 후, 이를 근거로 정책오차유형을 조명하고자 하는데, 이는 자체개발 이론이다.

먼저, 과정 간 오차(process interval error)는 정책오차에서 가장 일반적으로 통용되는 세부개념으로서, 대표적으로 김영평 등이 언급하고 있다. 김영평은 정책결정조직이 어떤 정책대안을 채택하는 이유는 그것이 만들어 낼 귀결의 조합이 자기가 바라는 것과 가장 가까울 것이라고 예상하기 때문이지만, 거의 대부분의 정책대안은 예상하는 결과와 예상하지 못한 결과가 함께 나타나기가 보통이고, 따라서 예상하지 못한 정책의 귀결이 포함될 수 있다는 것이다. 즉, 정책오차란 정책대안의 집행결과가 의도했던 것과 다르게 나타나는 것이라고 할 수 있는 것이다. 다시 말해서, 정책결정과정의 정책대안이 정책집행과정에서 정책집행조직이나 정책대상조직 등에 따라 다르게 집행되거나 집행이 되지 않아 집행결과가 예상한 기대에 크게 미치지 못하는 것을 의미하는 것이다. 이를 근거로 과정 간 오차는 적절성 여부와 상관없이 정책결정과정과 정책집행과정

사이에 있어서, 정책대안이 일관되게 집행되지 않고 오차가 발생하는 것이라고 할 수 있는 것이다.

결정오차(decision error)와 관련하여 Taylor & Russell의 결정오차 틀이 주목을 받고 있는데, 먼저 적격자에게 적격결정을 내리는 것은 사실긍정, 적격자에게 부적격결정을 하는 것은 거짓부정이라고 할 수 있다. 또한 부적격자에게 적격결정을 내리는 것은 거짓긍정, 부적격자에게 부적격결정을 하는 것은 사실부정이라고 할 수 있는데, 여기서 현실과 결정 사이에 오차가 발생하는 것은 거짓부정과 거짓긍정이라고 할 수 있는 것이다. 이를 근거로 결정오차의 개념을 정의해 보면, 정책은 문제시되는 현실을 기본전제로 한다는 점에서, 문제시되는 현실에 정책대안이 사실로 대응하는 것과 거짓으로 접근하는 것 등 2가지로도 나눌 수 있는데, 이 중 결정오차는 당연히 후자인 것이다.

집행오차(implementation error)와 관련하여 체계적인 선행연구는 부재하다는 점에서, Taylor & Russell의 결정오차 틀을 확대하여 개념을 살펴보면, 역시 적격자에게 적격집행을 하는 것은 사실긍정, 적격자에게 부적격집행을 하는 것은 거짓부정이라고 할 수 있으며, 부적격자에게 적격집행을 하는 것은 거짓긍정, 부적격자에게 부적격집행을 하는 것은 사실부정이라고 할 수 있고, 이에 따라 현실과 집행 사이에 오차가 발생하는 것은 역시 거짓부정과 거짓긍정이라고 할 수 있는 것이다. 마찬가지로 이를 근거로 집행오차의 개념을 조명해 보면, 문제시되는 현실에 정책대안의 실행이 사실로 대응할 경우, 거짓으로 접근하는 경우 등 2가지로도 유형화 할 수 있으며, 이 중 집행오차는 후자가 되는 것이다.

이러한 3가지 세부개념을 근거로 정책오차의 개념정의를 살펴보면, 정책결정과정과 정책집행과정 사이에, 산출된 정책대안이 예상했던 집행이 되지 않는 상황에서, 동시에 각 과정에서 각각 문제시되는 현실에 제대로 대응하지 못하는 정책대안 또는 정책실행이 발생하는 것이라고 할 수 있는 것이다.

전술한 바와 같이, 가장 일반적으로 통용되는 과정 간 오차(process interval error)를 근거로 결정오차와 집행오차를 더해, 정책오차유형론을 조작해보면, 결정오차형, 집행오차형, 그리고 정책오차형으로 구분할 수 있다.

결정오차형(decision error type)은 정책결정과정에서 정책대안이 문제시되는 현실상황에 제대로 대응하지 못하는 결정오차가 나타나는 상황에서, 산출된 정책대안이 정책집행과정에서 다르게 집행되거나 집행이 되지 않는 과정 간 오차를 보이고, 이에 따라 정책실행이 문제시되는 현실상황에 제대로 대응하는 집행일치를 보이는 유형이다(<그림 2-1> 참조).

그림 2-1 결정오차형

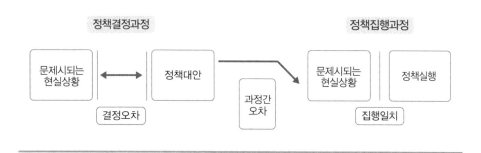

집행오차형(implementation error type)은 정책결정과정에서 정책대안이 문제시되는 현실상황에 제대로 대응하는 결정일치가 나타나는 상황에서, 산출된 정책대안이 정책집행과정에서 다르게 집행되거나 집행이 되지 않는 과정 간 오차를 보이고, 이에 따라 정책실행이 문제시되는 현실상황에 제대로 대응하지 못하는 집행오차를 보이는 유형이다(<그림 2-2> 참조).

그림 2-2 집행오차형

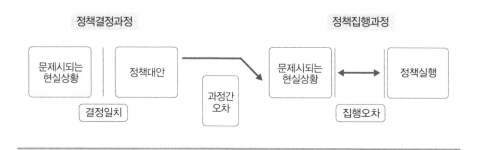

정책오차형(policy error type)은 정책결정과정에서 정책대안이 문제시되는 현실상황에 제대로 대응하지 못하는 결정오차가 나타나는 상황에서, 산출된 정책대안이 정책집행과정에서 다르게 집행되거나 집행이 되지 않는 과정 간 오차를 보이지만, 역시 정책실행이 문제시되는 현실상황에 제대로 대응하지 못하는 집행오차를 보이는 유형, 즉 모든 정책과정에서 오차가 나타나는 유형이다(<그림 2-3> 참조).

그림 2-3 정책오차형

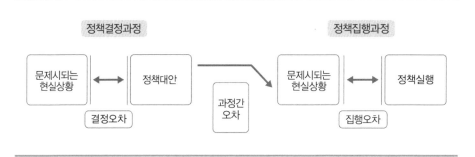

(2) 평가

본 정책오차유형론은 정책결정과정에 있어서 문제시되는 현실상황과 정책대안 사이에 오차, 정책집행과정에 있어서 현실상황과 정책실행 사이에 오차를 측정할 수 있는 명확한 기준이 부재하다는 한계를 가지고 있다. 어쨌든, 이 해당사자들 간 치열한 상호작용이 전개되고 있는 현 시점에서 불확실성 등으로 인한 정책오차는 높아져갈 것으로 전망되며, 이를 해결하기 위한 해법은 오차를 완전히 일치화시키기 보다는 최소화시키는 것이 현실적인 방안일 것이다.

6. 참여반영성의 3×3 유형론

(1) 개념

참여반영성의 3×3 유형론은 민간위원의 참여수준과 반영수준을 각각 낮은 수준·중간 수준·높은 수준의 3가지로 세분하여 9가지의 참여반영성 유형을 도출한 자체개발 이론이다.

우선, 낮은 참여수준이란 위원회를 구성하고 있는 민간위원의 수가 정부위원의 수보다 적은 경우를 의미하고, 중간 수준은 동수를, 높은 수준은 민간위원의 수가 정부위원의 수보다 많은 경우를 말한다. 그리고 반영수준에 있어서 낮은 수준은 민간위원들의 의견이 위원회의 최종 산출물에 제대로 반영되지 못하는 경우를 의미하고, 중간 수준은 양 부문 간의 절충 등을 통해 일정부분만 반영되는 것을 말하며, 높은 수준은 민간부문의 의견이 상당부분 반영되는 것을 의미한다(<표 2-8> 참조).

표 2-8 참여반영성의 3×3 유형론

구분		참여수준		
		낮은 수준	중간 수준	높은 수준
반영 수준	높은 수준	후견형 (wardship type)	수동A형 (passive A type)	방임형 (noninterference type)
	중간 수준	수동B형 (passive B type)	절충형 (compromise type)	주도B형 (active B type)
	낮은 수준	권위형 (authoritative type)	주도A형 (active A type)	형식형 (formal type)

먼저, 후견형(wardship type)은 민간부문의 참여는 미약하지만 그들의 의견이 상당부분 반영되는 유형으로서, 정부부문이 민간부문에 대해 후견적 모습을 보인다. 권위형(authoritative type)은 민간부문의 참여가 낮고, 정부위원회 최종 결의에 대한 반영수준 역시 낮은 수준을 나타내는 유형으로서, 민간부문이 배제되는 권위주의적 모습을 취한다. 절충형(compromise type)은 민간부문의 위원

과 정부부문의 위원이 동수로 참여하여 그들의 의견이 일정부분씩 균형적으로 반영되어 최종안이 도출되는 것으로서, 거버넌스적 측면에서 볼 때 가장 객관성 등을 제고할 수 있다는 점에서 미래지향적 행태라고 할 수 있다.

방임형(noninterference type)은 민간부문이 높은 수준으로 참여하고, 그들 의견의 상당부분이 반영된다는 점에서, 정부부문은 책임을 방임하는 모습으로 비치게 된다. 형식형(formal type)은 민간부문의 참여는 높은 수준으로 이루어지지만 그들의 의견은 제대로 반영되지 않는 것으로서, 민간부문은 허수아비에 비유될 수 있는 형상이다.

수동A형(passive A type)은 민간부문이 동수로 참여했음에도 불구하고 그들의 의견이 높은 수준으로 상당부분 반영되었다는 점에서 정부부문은 수동적 모습을 보이는 유형이고, 수동B형(passive B type)은 민간부문이 낮은 수준으로 참여했음에도 불구하고, 그들의 의견이 정부위원회에 중간수준으로 일정부분 반영된다는 점에서 정부부문은 수동적 역할을 수행하는 모습을 갖는다.

주도A형(active A type)은 민간부문이 동수로 참여했음에도 불구하고 그들의 주장이 거의 반영되지 않는다는 점에서 정부부문이 적극적인 역할을 보이는 유형인 반면, 주도B형(active B type)은 민간부문이 높은 수준으로 참여했음에도 불구하고 그들의 의견을 일정부분만 반영시켰다는 점에서, 정부부문은 비교적 주도적으로 역할을 하는 모습을 갖는다.

아울러, 이상의 논의에 근거하여 본 유형들을 거버넌스적 관점에서, 비록 주관적인 측면이 강하지만, 미래지향적 우선순위를 부여해 보면 다음과 같다.

특정부문이 정책의 참여와 반영을 독점할 경우 정당성 결여, 비효율성, 그리고 객관성 상실 등을 초래하고, 더 나아가 부정부패 등 과거지향적 행태를 보일 수 있다. 즉, 정치, 경제, 사회, 문화를 획일화하고, 소외계층 등의 목소리를 제대로 대변하지 못함으로써 이들을 극단적 문제해결방법으로 내몰 수 있으며, 다른 부문의 진입장벽을 높여 새로운 의견을 듣지 않는 등 여러 병폐가 나올 수 있는 것이다.

따라서 관련된 제 분야의 이해당사자들을 균형 있게 구성하고, 그들의 주장을 합리적으로 절충을 시도하여야만 전술한 행태가 미래지향적 행태로 전환될 수 있을 것이다. 우선 민간부문의 적절한 참여라는 민주주의적 정당성 차원과 이를 통해 국민들의 피부에 닿는 현실적 정책을 도출할 수 있다는 효율성 차원에서 볼 때, 그리고 정책의 객관성 확보 가능성 차원에서 볼 때, 절충형이 가장 상위의 위치를 점해야 마땅하다고 판단된다. 또한, 권위형과 방임형은 참여와 반영에 있어서 지나친 쏠림현상을 보이고 있는 관계로 이를 통해 객관성 등을 담보하기 어렵다는 점에서 가장 하위순위에 놓여야 한다고 판단된다. 나머지 유형들은 절충형만큼은 바람직하지는 않지만 쏠림현상이 과도하지는 않다는 점에서 중간순위로 매겨질 수 있다.

(2) 평가

참여반영성의 3×3 유형론은 복잡해지는 참여반영성의 행태를 좀 더 정체성 있게 반영할 수 있다는 점에서 의미가 있고, 차후에도 그 행태를 좀 더 구체적으로 조명하는데 기여를 할 것으로 전망된다. 하지만, 개별위원들의 영향력 내지 적극성 등의 수준을 객관적으로 증명할 수 있는 자료의 획득이 불가능한 상황에서, 참여수준은 출신별 참여위원의 수만을 기준으로 분류하였으며, 반영수준은 주관적 판단으로 상대적 비교를 할 수밖에 없는 상황이 높은 수준으로 도래할 수 있는 것이다. 이에 따라 분류기준에 대한 명확한 객관성을 확보하지 못했다는 한계에서 완전히 벗어나고 있지는 못한 것이다.

7. 확장된 Wilson의 규제정치유형론

(1) 개념

일반적으로, 규제정치(regulatory politics)와 규제완화정치(deregulation politics)는 이해당사자 간 상호작용을 통해 비용과 편익이 일정하게 행태화되어 규제 또는 규제완화 되는 현상을 의미한다.

Wilson(1980)의 규제정치이론은 규제정치의 유형에 초점을 맞추고 있는데, 감지된 편익과 감지된 비용의 넓게 분산 또는 좁게 집중에 따라 대중정치, 고객정치, 기업가정치, 그리고 이익집단정치로 유형화하였다. 여기에서 넓게 분산되었다는 것은 불특정 다수에게 편익 또는 비용이 낮은 수준으로 제공 또는 부담되었다는 것을 의미하고, 좁게 집중되었다는 것은 특정 소수에게 편익 또는 비용이 높은 수준으로 제공 또는 부담되었다는 것을 말한다.

하지만 Wilson의 규제정치이론은 규제완화정치의 유형까지는 설명을 못하고 있는데, 이에 대해 Wilson의 이론을 근거로 규제완화정치의 유형까지 확대·조작해 보면 다음과 같다. 즉, 규제완화가 되면서 대중정치와 이익집단정치는 그대로 유지가 되지만, 고객정치는 기업가정치, 기업가정치는 고객정치로 바뀌게 된다. 이에 따른 대상의 변화는 대중정치가 규제완화되면서 편익에 감지되는 불특정 다수 A와 비용에 감지되는 불특정 다수 B가 각각 불특정 다수 B와 불특정 다수 A로 변화하게 되며, 이익집단정치가 규제완화되면서 편익에 감지되는 특정 소수 A와 비용에 감지되는 특정 소수 B는 각각 특정 소수 B와 특정 소수 A로 나타나게 된다. 그리고 고객정치가 규제완화되면서 편익에 감지되는 특정 소수 A와 비용에 감지되는 불특정 소수 A는 각각 불특정 소수 A와 특정 소수 A로 바뀌게 되며, 기업가정치가 규제완화되면서 편익에 감지되는 불특정 다수 A와 비용에 감지되는 특정 소수 A는 각각 특정 소수 A와 불특정 다수 A로 변화하게 된다. 이에 대한 자세한 설명은 후술할 유형부분에서 조명하고자 한다.

결국, 본 저서에서의 확장된 Wilson의 규제정치유형론은 규제정치의 유형과 규제완화정치의 유형을 모두 포괄하는 자체개발 이론의 개념인 것이다(<그림 2-4> 참조).

그림 2-4 확장된 Wilson의 규제정치유형론

구분		감지된 편익				감지된 편익		구분
		넓게 분산	좁게 집중			넓게 분산	좁게 집중	
감지된 비용	넓게 분산	대중정치 (majority politics) □편익: 불특정 다수 A □비용: 불특정 다수 B	고객정치 (client politics) ■편익: 특정 소수 A ■비용: 불특정 소수 A	→규제완화	넓게 분산	대중정치 (majority politics) □편익: 불특정 다수 B □비용: 불특정 다수 A	기업가정치 (entrepreneur politics) ■편익: 불특정 다수 A ■비용: 특정 소수 A	감지된 편익
	좁게 집중	기업가정치 (entrepreneur politics) ○편익: 불특정 다수 A ○비용: 특정 소수 A	이익집단정치 (interest-group politics) ●편익: 특정 소수 A ●비용: 특정 소수 B		좁게 집중	고객정치 (client politics) ○편익: 특정 다수 A ○비용: 불특정 소수 A	이익집단정치 (interest-group politics) ●편익: 특정 소수 B ●비용: 특정 소수 A	

먼저, 규제정치의 유형으로 대중정치(majority politics)는 불특정 다수 A에게 편익이 낮은 수준으로 제공되고, 불특정 다수 B에는 비용이 낮은 수준으로 부담되는 유형이라고 할 수 있다. 대중정치는 해당 규제에 대한 감지된 편익과 비용이 쌍방 모두 불특정 다수에 미친다는 점에서, 개개인으로 보면 그 크기는 작은 경우이다. 즉, 어느 누구도 특별히 큰 이익이나 큰 손해를 보는 것은 아닌 것이다. 따라서 쌍방 모두 체계적인 정치조직화는 낮은 수준이라고 할 수 있다. 여기에 속하는 규제의 사례는 비교적 드물지만 신문·방송·출판물의 윤리규제, 사회적 차별에 대한 규제 등이 그것이다.

고객정치(client politics)는 특성 소수 A에게 편익이 높은 수준으로 제공되고, 불특정 다수 A에는 비용이 낮은 수준으로 부담되는 유형이라고 할 수 있다. 고객정치에서 상당한 이익을 얻을 수 있는 소수집단은 대단히 빠르게 정치

조직화하며 그러한 편익이 자신들에게 제도적으로 보장될 수 있도록 하기 위한 정치적 압력을 행사한다. 이들의 정치적 행동은 상대편이 조직화되지 못하고 정치적 세력이 미약하기 때문에 별 도전 없이 받아들여지는 것이 보통인데, 수입규제 등이 그것이다.

기업가정치(entrepreneur politics)는 불특정 다수 A에게 편익이 낮은 수준으로 제공되고, 특정 소수 A에는 비용이 높은 수준으로 부담되는 유형이라고 할 수 있는데, 전술한 고객정치와는 반대되는 행태이다. 기업가정치에서 비용을 높은 수준으로 부담해야 하는 기업 등은 잘 조직화되어 정치적으로 막강한 영향력을 발휘하는 반면, 편익을 기대할 수 있는 집단은 잘 조직화되어 있지 못하고 정치적 활동도 미약하다. 이런 유형에 속하는 규제는 환경오염규제, 자동차안전규제, 산업안전규제 등이 좋은 예이며, 이들은 사회적 규제에 속한다.

이익집단정치(interest-group politics)는 특성 소수 A에게 편익이 높은 수준으로 제공되고, 특정 소수 B에는 비용이 높은 수준으로 부담되는 유형이라고 할 수 있는데, 전술한 대중정치와는 반대되는 개념이라고 할 수 있다. 이익집단정치에서 규제로부터 예상되는 비용과 편익이 개개인의 입장에서 볼 때, 대단히 크기 때문에 쌍방이 모두 정치조직화와 정치행동의 유인을 강하게 갖고 있고 조직적인 힘을 바탕으로 서로의 이익확보를 위해 서로가 첨예하게 대립하는 경우이다. 본 유형에 속하는 규제의 사례는 많지 않으나 대표적 일례로 노사관계에 대한 제반의 정부규제 등을 들 수 있다.

한편, 규제가 완화되면 규제정치의 유형은 다음과 같이 변화되게 된다.

규세정치의 유형으로서 내중정치가 규세완화의 상황에 놓이게 되면, 불특정 다수 A에게 편익이 낮은 수준으로 제공되고, 불특정 다수 B에는 비용이 낮은 수준으로 부담되었던 행태가 불특정 다수 A에게 비용이 낮은 수준으로 부담되고, 불특정 다수 B에는 편익이 낮은 수준으로 제공되는 것이다. 그러나 편익과 비용이 모두 불특정 다수에게 낮은 수준으로 제공과 부담된다는 점에서, 규제정치의 유형으로서 대중정치가 그대로 유지되는 것이다. 한편, 본 유형에 속하는 사례는 신문·방송·출판물의 윤리규제완화, 사회적 차별에 대한 규제완화 등이다.

규제정치의 유형으로서 기업가정치가 규제완화의 상황에 놓이게 되면, 불특정 다수 A에게 편익이 낮은 수준으로 제공되고, 특정 소수 A에는 비용이 높은 수준으로 부담되었던 행태가 불특정 다수 A에게 비용이 낮은 수준으로 부담되고, 특정 소수 A에는 편익이 높은 수준으로 제공됨에 따라 규제완화정치의 유형으로서 고객정치가 되는 것이다. 한편, 본 유형에 속하는 사례는 환경오염규제완화, 자동차안전규제완화, 산업안전규제완화 등이다.

규제정치의 유형으로서 고객정치가 규제완화의 상황에 놓이게 되면, 특정 소수 A에게 편익이 높은 수준으로 제공되고, 불특정 다수 A에는 비용이 낮은 수준으로 부담되었던 행태가 특성 소수 A에게 비용이 높은 수준으로 부담되고, 불특정 다수 A에는 편익이 낮은 수준으로 제공됨에 따라 규제완화정치의 유형으로서 기업가정치가 되는 것이다. 그리고 본 유형은 전술한 고객정치와 반대되는 행태가 되는 것이다. 한편, 본 유형에 속하는 사례는 수입규제완화 등이 있다.

규제정치의 유형으로서 이익집단정치가 규제완화의 상황에 놓이게 되면, 특정 소수 A에게 편익이 높은 수준으로 제공되고, 특정 소수 B에는 비용이 높은 수준으로 부담되었던 행태가 특성 소수 A에게 비용이 높은 수준으로 부담되고, 특정 소수 B에는 편익이 높은 수준으로 제공되는 것이다. 그러나 편익과 비용이 모두 특정 소수에게 높은 수준으로 제공과 부담이 된다는 점에서, 규제정치의 유형으로서 이익집단정치가 그대로 유지되는 것이다. 그리고 본 유형은 전술한 대중정치와 반대되는 행태가 되는 것이다. 한편, 본 유형에 속하는 사례는 노사관계에 대한 제반의 정부규제완화 등을 들 수 있다.

(2) 평가

현대 다원주의체제를 맞이하여 이해당사자 간 상호작용은 높은 수준으로 이어질 것이며, 이에 따라 규제 관련 변동도 빈번하게 일어날 것으로 전망된다. 이렇게 본다면, 규제정치뿐만 아니라 규제완화정치도 다루고 있는 확장된 Wilson의 규제정치유형론은 나름대로 설득력이 있다고 할 수 있다. 다만, 본 이론에 있어서 규제 또는 규제완화의 정체성을 상대적 개념으로만 설명하고 있

다는 점에서, 절대적으로 규제 또는 규제완화를 이해하는 데는 일정부분 한계
가 있다고 판단된다.

8. Freidson의 참여수용성 유형론

(1) 개념

참여수용성(participative receptivity)에 대한 개념정의는 학자들의 접근입장
차이로 다양하게 정의되고 있으나 이에 대해 합의되거나 체계화된 개념정의는
찾아보기 힘든 상황이다. 이와 관련해서 McNair의 경우, 정부와 시민 간의 상
호성 수준을 나타내는 지표로서 역할기대, 자원배정, 독립적 멤버십의 선정, 의
사결정과정에의 연루, 정기적 만남의 빈도, 그리고 고위층에의 접근을 제시하
고, 이를 근거로 시민과 더불어 정책을 추진하려는 정부의 의지를 파악할 수
있다고 보고 있다.

Koontz는 시민참여를 권장하고 유도하려는 정부의 노력을 공청회, 실무추
진기구, 우편물발송, 그리고 기타의 네 가지로 구분하면서, 공청회에 대해 시민
들 상호 간, 정부와 시민 간에 대면적 의사소통을 할 수 있는 기회를 제공함으
로써 개최횟수가 많을수록 시민참여에 대한 정부의 노력을 높이 평가할 수 있
다고 조명하고 있으며, 실무추진기구에 대해서는 시민을 구성원에 포함시키는
집단으로서 이를 구성하여 광범위하게 활용할수록 시민참여에 대한 정부의 노
력이 높이 평가된다고 정의하고 있다.

그리고 King & Stivers는 성부의 시민참여 수용성에 대해 시민투입의 당위
성과 가치를 인정하고 정책과정에 시민의 선호와 아이디어를 받아들이려는 정
부의 인식과 태도를 의미하는 것으로서 그 수준은 시민참여에 대한 정부의 기
본적 시각을 반영하는 것으로 정의하고 있다.

이를 근거로 참여수용성의 개념을 살펴보면, 객관적인 정책형성을 위해서
정부가 시민단체 등을 공청회, 실무추진기구 등 제도적 공간에 진입시켜, 그들
의 선호와 아이디어를 받아들이려는 정부의 인식과 태도를 의미하는 것으로 정
의하고자 한다.

Freidson(2001)의 참여수용성 유형론을 살펴보면 다음과 같다(<표 2-9> 참조).

표 2-9 　Freidson의 참여수용성 유형론[1]

| 구분 | 정책기구의 특성 | |
	위계적(Hierarchical)	통합적(Coordinate)
정책 성향 주도적 (Activist)	H-A 유형 (Hierarchical-Activist type) ▽▽ [정부-NIG간 관계: 적대] [다원주의 관점: 커튼]	C-A 유형 (Coordinate-Activist type) ▽▽ [정부-NIG간 관계: 형식] [다원주의 관점: 과도]
반응적 (Reactive)	H-R 유형 (Hierarchical-Reactive type) ▽▽ [정부-NIG간 관계: 후견] [다원주의 관점: 과도]	C-R 유형 (Coordinate-Reactive type) ▽▽ [정부-NIG간 관계: 협력] [다원주의 관점: 투명]

즉, H-A 유형은 정부가 NIG(시민단체인 Ngo와 이익집단인 Interest Group를 통칭하는 약어임)를 제도적 정책형성과정의 공간에서 배척시키고 정책을 독점적으로 형성하는 유형이며, H-R 유형은 정부가 NIG를 제도적 정책형성과정의 공간에서 배척시키지만 그들 간의 절충된 의견이나 그들의 주장을 절충하여 반영시키는 유형을 의미한다. 그리고 C-A 유형은 정부가 NIG를 제도적 정책형성과정의 공간에 진입시키지만 실질적으로 정책을 독점적으로 형성하는 유형이며, C-R 유형은 정부가 NIG를 제도적 정책형성과정의 공간에 진입시키고 그들 간 절충된 의견 또는 그들의 주장을 절충하여 반영시키는 유형을 의미한다. 결국, 참여수용성의 분석기준은 행정부, 입법부가 주도하는 공청회, 실무추진기구 등 제도적 정책형성과정에 대한 NIG의 진입여부 및 그들의 절충된 주장이 정책에 반영되었는지를 그 척도로 한다.

---

1) 본 유형론은 Freidson(2001)의 이론을 일정부분 수정하여 작성한 것이다.

한편, Freidson의 참여수용성 유형론에 대한 가치순위를 정하기 위한 측정변수로 정부와 NIG 간 관계, 다원주의적 관점에서 나타나는 특징을 설정했는데, 정부와 NIG 간 관계에 있어서 H−A 유형은 양관계가 비협조로 흐르는 적대적 관계, H−R 유형은 정부가 NIG의 대리인으로 기능하는 후견적 관계, C−A 유형은 정부가 NIG를 정책형성과정의 모양을 갖추기 위해 진입시키는 형식적 관계, 그리고 C−R 유형은 양 관계가 긴밀히 협조하는 협력적 관계로 도출할 수 있을 것이다. 다원주의적 관점에 있어서는 H−A 유형이 NIG의 참여와 주장을 모두 부정한다는 점에서 커튼적 행태로 설명할 수 있으며, H−R 유형은 참여는 시키지 않지만 주장을 반영한다는 점에서 과도적 행태로 조명할 수 있고, C−A 유형 역시 참여는 시키되 주장을 반영하지 않는다는 점에서 과도적 행태로 설명할 수 있다. 마지막으로 C−R 유형은 참여와 주장을 모두 인정한다는 점에서 투명적 행태로 도출할 수 있다.

이렇게 볼 때, 참여수용성의 유형에 대한 가치순위는 C−R 유형이 가장 민주주의적이라는 점에서 첫 번째이고, 같은 수준으로 판단되는 H−R 유형과 C−A 유형은 두 번째로 분석된다. 그리고 H−A 유형이 가장 권위주의적이라는 점에서 세 번째로 조명된다.

(2) 평가

기본적으로 Freidson의 참여수용성 유형론은 이익집단론, 코포라티즘론 등과 같이 거버넌스 수준의 척도를 제공할 수 있다는 점에서 유사하지만, 정부의 NIG에 내한 참여수용성을 정책기구의 특성과 정책성향을 기준으로 유형화하고, 동시에 유형에 대한 가치순위를 위해서 정부와 NIG 간 관계, 다원주의적 관점으로 측정변수를 세분화하여 좀 더 객관성을 높였다는 점에서, 본 유형론은 기존 이론과 차별성을 갖는 것이다. 다만, 4가지 유형에 대한 명확한 구분기준이 부재하다는 점은 한계로 지적된다. 한편, 현대 다원주의시대를 맞이하여 NIG의 적극적인 참여와 의견반영이 대세라는 점에서, H−A 유형이 C−R 유형으로 흐르는 것은 시대적 패러다임이라고 할 수 있다.

9. Hogwood와 Peters의 정책변동유형론

(1) 개념

Hogwood와 Peters(1983)의 정책변동유형론(Hogwood & Peters' policy change type theory)에 의하면, 정책변동을 정책혁신, 정책유지, 정책승계, 그리고 정책종결로 유형화할 수 있는데, 이를 일정부분 수정하여 나타내면 다음과 같다 (<표 2-10> 참조).

표 2-10 Hogwood & Peters의 정책변동유형론[2]

구분	정책혁신	정책유지	정책승계	정책종결
기본성격	의도적 성격	적응적 성격	의도적 성격	의도적 성격
법률측면	기존 법률 부재	기존 법률 유지	제정 및 기존 법률의 개정	기존 법률 폐지
조직측면	기존 조직 부재	기존 조직 유지, 정책상황에 따라 조직보완 가능	기존 조직 개편	기존 조직 폐지
예산측면	기존 예산 부재	기존 예산 유지	기존 예산 조정	기존 예산 폐지
세부유형	창조형 반복형	순응형 불응형	선형형 정책통합형 정책분할형 부분종결형 비선형형	폭발형 점감형 혼합형

먼저, 정책혁신(policy innovation)은 의도적 성격으로서, 기존 법률·조직·예산이 부재한 것으로 과거에 집행되지 않았던 정책을 처음으로 도입하는 정책변동을 의미한다.

정책유지(policy maintenance)는 의도하지 않은 적응적 성격으로서, 대개 기존 법률·조직·예산을 유지하는 것으로 낮은 수준의 정책변동을 의미한다.

---

2) 본 유형론은 Hogwood와 Peters(1983)의 이론을 일정부분 수정하여 작성한 것이다.

정책승계(policy succession)는 의도적 성격으로서, 제정 및 기존 법률의 개정이 있고, 기존 조직의 개편이 있으며, 기존 예산의 조정이 있는 것으로, 큰 틀 차원의 정책목표는 유지한 채 정책변동이 높은 수준으로 일어나는 것을 의미한다.

정책종결(policy termination)은 의도적 성격으로서, 기존 법률·조직·예산이 폐지되는 것으로, 정책을 완전히 없애면서 새로운 정책으로 대체하는 것도 없는 정책변동을 의미한다.

한편, 전술한 원형 Hogwood & Peters의 이론을 세분화시켜 정체성 및 객관성 등을 좀 더 제고시키기 위해 각각의 유형에 맞는 세부유형을 조작화했는데, 이를 통해 본 연구에서는 수정된 Hogwood & Peters의 이론으로 접근하고자 한다.

먼저, 정책혁신의 세부유형으로 창조형과 반복형을 제시할 수 있는데, 창조형은 기존에 정책집행뿐만 아니라 정책결정도 하지 않았던 정책을 새롭게 창조하여 도입하는 세부유형이고, 반복형은 기존에 정책결정은 하였으나 정책집행으로 이어지지 못했던 정책을 참고하여 새롭게 도입하여 집행하는 유형을 의미한다.

정책유지의 세부유형으로는 순응형과 불응형이 있는데, 이는 정책유지가 결정되었을 때 이해당사자들이 대체적으로 순응했느냐 불응했으냐에 따라 나눈 것이다.

정책승계는 선형형, 정책통합형, 정책분할형, 부분종결형, 그리고 비선형형으로 나눌 수 있는데, 선형형은 동일한 목표아래 정책산출물이 변동되는 것을 의미하고, 비선형형은 상대적으로 상이한 목표아래 정책산출물이 변동되는 것을 말한다. 그리고 정책통합형은 정책산출물 A, B가 하나의 정책산출물로 통합되는 것이고, 정책분할형은 반대가 되는 세부유형이다. 부분종결형은 정책산출물 중 일부는 종결이 되고, 일부만 대체되는 것을 의미한다.

정책종결은 폭발형, 점감형, 그리고 혼합형으로 나눌 수 있는데, 폭발형은 아무 예고 없이 갑작스럽게 종결되는 정책을 의미하고, 점감형은 예고를 통해 비교적 장기적으로 서서히 없어지는 정책을 말한다. 그리고 혼합형은 종결되는 시기가 전술한 양 세부유형의 중간지점으로서 단계적으로 소멸되는 것을 의미한다.

전술한 정책혁신, 정책승계, 정책유지, 정책종결 등의 정책변동유형 간 관계를 조명해보면, 처음 정책이 만들어진 정책혁신 후 환경변화에 따라 정책산출물 등에 대한 낮은 수준의 수정·보완, 즉 기본골격이 남아있는 정책유지가 이루어진다. 이러한 정책유지는 환경변화에 따라 높은 수준의 수정·변경, 즉 정책승계가 도래되거나 필요성이 없는 정책은 종결되게 된다. 한편, 승계된 정책은 다시 환경변화에 따라 정책이 유지되는 과정을 거친다(<그림 2-5> 참조).

그림 2-5 정책변동유형 간 관계

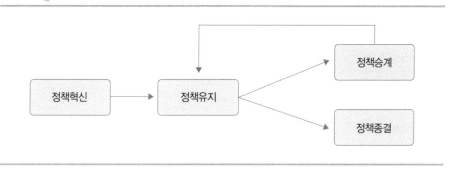

(2) 평가

Hogwood와 Peters는 정책변동유형론을 제시하면서, 이를 정책혁신, 정책유지, 정책승계, 그리고 정책종결로 유형화했는데, 복잡한 정책변동현상을 논리적으로 조명하는데 분명 기여하고 있다. 다만, 모든 유형의 사례검증이 이루어지지는 않았다는 점에서 이러한 과정을 통한 객관화가 필요할 것이다.

제2절 행정조직 관련 행정유형론

1. Blau & Scott의 조직유형론

(1) 개념

Blau & Scott(1962)는 주된 수혜자가 누구냐에 따라 조직유형을 호혜조직, 사업조직, 서비스조직, 그리고 공익조직으로 분류했다(<표 2-11> 참조).

표 2-11 Blau & Scott의 조직유형론[3]

조직유형	주된 수혜자	핵심과제	사례
호혜조직	조직원	조직원의 만족	정당, 노동조합, 전문직업단체, 종교단체, 공제회 등
사업조직	소유주	이윤추구	민간기업, 은행, 보험회사 등
서비스조직	고객	전문적 서비스 제공	사회복지기관, 병원, 학교 등
공익조직	전체국민	국민에 의한 통제 확보	행정기관, 군대조직, 경찰조직 등

먼저, 호혜조직(mutual benefit organization)의 경우, 주된 수혜자는 조직원이고, 조직원의 만족이 핵심과제이며, 정당·노동조합·전문직업단체·종교단체·공제회 등이 이에 해당된다.

사업조직(business organization)의 경우, 주된 수혜자는 소유주이고, 이윤추구가 핵심과제이며, 민간기업·은행·보험회사 등이 그것이다.

서비스조직(service organization)의 경우, 주된 수혜자는 고객이고, 이들에 대한 전문적 서비스제공이 핵심과제이며, 사회복지기관·병원·학교 등이 이에 해당된다.

3) 본 유형론은 Blau & Scott(1962)의 이론을 일정부분 수정하여 작성한 것이다.

공익조직(commonweal organization)의 경우, 주된 수혜자는 전체국민이고, 국민에 의한 선거 등 통제를 확보하는 것이 핵심과제이며, 행정기관·군대조직·경찰조직 등이 그것이다.

(2) 평가

Blau & Scott는 주된 수혜자를 기준으로 조직유형을 구분하고 있다는 점에서, 본 분야에 의미 있는 기여를 하고 있으나, 유형 간 경계가 불분명하고, 특정조직이 여러 유형에 포함될 수 있는 등 명확하고 논리적인 이론제시에 한계가 있다.

이러한 한계를 극복하기 위한 대안유형이 Litterer(1973)의 조직유형론이다 (<표 2-12> 참조).

표 2-12 Litterer의 조직유형론[4]

구분		소유	
		특정인의 직접소유	불특정인의 간접소유
수익	직접적 수익	호혜조직	서비스조직
	간접적 수익	사업조직	공익조직

즉, 소유와 수익을 기준으로 4가지 유형을 제시했는데, 소유의 경우 특정인의 직접소유는 오너 등 특정인이 그 조직을 소유하고 있는 것이고, 불특정인의 간접소유는 일반국민 등 불특정인의 세금 등으로 이루어지는 것을 의미한다. 그리고 수익의 경우, 직접적 수익은 조직에 직접 참여해서 자기 자신을 위한 이익을 얻는 것을 말하고, 간접적 수익은 직접 조직에 참여하지 않으면서 매개적인 것에 간접적으로 이익을 획득하는 것을 의미한다.

이를 근거로, 먼저 특정인의 직접소유와 직접적 수익의 성격을 나타내는 것이 호혜조직인데, 조직원을 주된 수혜자로 하는 노동조합 등이 그것이다.

---

4) 본 유형론은 Litterer(1973)의 이론을 일정부분 수정하여 작성한 것이다.

특정인의 직접소유와 간접적 수익을 동시에 추구하는 것이 사업조직인데, 소유주를 주된 수혜자로 하는 민간기업 등이 이에 해당된다.

불특정인의 간접소유와 직접적 수익의 성격을 나타내는 것이 서비스조직인데, 고객을 주된 수혜자로 하는 학교 등이 그것이다.

그리고 불특정인의 간접소유와 간접적 수익을 동시에 추구하는 것이 공익조직인데, 전체국민을 주된 수혜자로 하는 행정기관 등이 이에 해당된다.

2. Etzioni의 조직유형론

(1) 개념

Etzioni(1958)는 강제적 행태, 보상적 행태, 규범적 행태 등 상급자의 권력과 소외적 행태, 타산적 행태, 도덕적 행태 등 하급자의 대응행태를 조합하여 9가지의 유형을 제시했다. 즉, 복종관계에 따른 조직유형을 제시한 것이다(<표 2-13> 참조).

표 2-13 Etzioni의 조직유형론5)

구분		하급자의 대응행태		
		소외적 행태	타산적 행태	도덕적 행태
상급자의 권력행태	강제적 행태	I 조직 (강제적-소외적 행태)	IV 조직 (강제적-타산적 행태)	VII 조직 (깅제적-도덕적 행태)
	보상적 행태	II 조직 (보상적-소외적 행태)	V 조직 (보상적-타산적 행태)	VIII 조직 (보상적-도덕적 행태)
	규범적 행태	III 조직 (규범적-소외적 행태)	VI 조직 (규범적-타산적 행태)	IX 조직 (규범적-도덕적 행태)

먼저, 상급자의 권력 중 강제적 행태(coercive behavior)는 위협이나 신체적 탄압에 의거하는 권력이고, 보상적 행태(remunerative behavior)는 급여와 같은

---

5) 본 유형론은 Etzioni(1958)의 이론을 일정부분 수정하여 작성한 것이다.

물질적 보상에 기반을 둔 권력이며, 규범적 행태(normative behavior)는 존엄·위신 등 상징성과 관련된 권력이라고 할 수 있다. 그리고 하급자의 대응행태 중 소외적 행태(alienative behavior)는 하급자의 강한 부정을 나타내는 대응이고, 타산적 행태(calculative behavior)는 획득된 보상에 따라 무관심을 드러내는 대응이며, 도덕적 행태(moral behavior)는 강한 인정을 나타내는 대응이라고 할 수 있다.

이 중 Ⅰ조직(강제적-소외적 행태), Ⅴ조직(보상적-타산적 행태), Ⅸ조직(규범적-도덕적 행태)이 높은 수준으로 발견된다고 했는데, Ⅰ조직은 강제적 권력의 사용과 소외적 대응이 나타나는 유형으로서, 굴욕적인 복종에 부합되는 조직이다. 즉, 구성원을 통제할 때 강압적 수단에 기초를 둔 권한이 주로 쓰이며, 구성원들은 조직에 대해 강한 소외감을 갖는다. 본 유형에 속하는 조직으로는 정신병원, 강제수용소, 군대 등이라고 할 수 있다.

Ⅴ조직(보상적-타산적 행태)은 보상적 권력과 타산적 대응이 부합되는 조직으로서, 보수, 근무조건 등 물질적 보상에 기초를 둔 공리적 권한이 구성원의 통제에 주로 쓰이고 구성원들은 자기에게 돌아오는 이익을 타산하여 조직에 기여하려고 한다. 본 유형에 속하는 조직으로는 민간기업 등이라고 할 수 있다.

그리고 Ⅸ조직은 규범적 권한과 도덕적 대응이 부합되는 조직으로서, 조직원의 통제에 원칙적으로 규범적 권한이 행사되고, 그에 대응하여 조직원들은 조직에 강한 충성심을 보이려고 한다. 본 유형에 속하는 조직으로는 정당, 복지시설, 종교조직, 교육기관 등이라고 할 수 있다.

(2) 평가

Etzioni의 조직유형론은 상급자의 권력과 하급자의 대응을 기준으로, 9가지 조직유형을 제시하고 있다는 점에서, 복잡한 조직체계를 비교적 정체성 있게 조명하고 있다. 다만, Ⅰ조직, Ⅴ조직, Ⅸ조직 이외의 유형에서는 구체적인 설명이 부재하다는 점에서 좀 더 체계적인 이론으로 접근하기 위해 모든 유형에 대한 세부적인 설명과 사례제시가 있어야 하고, 특정조직이 2가지 이상의 유형에 모두 해당되는 부분도 있을 수 있다는 점에서 이에 대한 보완설명도 있어야 하지만, 이러한 부분이 생략되어 한계로 지적된다.

3. Hassenfeld의 조직유형론

(1) 개념

Hassenfeld(1983)는 조직유형론을 클라이언트 업무처리조직, 클라이언트 지지조직, 클라이언트 변화조직 등 인간행동을 변화시키는 조직과 순기능 유지 조직, 역기능 예방조직 등 인간에게 제공하는 기능에 따른 조직 등을 조합하여 6가지의 유형으로 제시하였다. 즉, 휴먼서비스(human service)에 따른 조직유형 을 제시한 것이다(<표 2-14> 참조).

표 2-14 Hassenfeld의 조직유형론[6]

구분		인간행동을 변화시키는 조직		
		클라이언트 업무처리조직	클라이언트 지지조직	클라이언트 변화조직
인간에게 제공하는 기능에 따른 조직	순기능 유지조직	I 조직 (신용카드회사 등)	III 조직 (국민연금공단 등)	V 조직 (공립학교 등)
	역기능 예방조직	II 조직 (소년법원 등)	IV 조직 (양로원 등)	VI 조직 (수용치료센터 등)

먼저, 인간행동을 변화시키는 조직은 복지사각지대에 노출되어 있는 장애 인 능 클라이언트의 인간행동이 종속변수이고 조직은 독립변수의 행태를 갖는 것이다.

이 중 클라이언트 업무처리조직(client processing organization)은 클라이언트 에게 붙여진 낙인을 제거함으로써 클라이언트를 변화시켜 사회적 정상화를 추 구하는 조직으로서 교정복지조직 등이 그것이다. 클라이언트 지지조직(client sustaining organization)은 개인의 복지가 더 악화되는 것을 예방하거나 인간의

---

6) 본 유형론은 Hassenfeld(1983)의 이론을 일정부분 수정하여 작성한 것이다.

복지를 유지하도록 행동을 변화시키려는 조직으로서 근로복지공단 등이 이에 해당된다. 그리고 클라이언트 변화조직(client changing organization)은 복지를 향상시키기 위하여 클라이언트의 속성을 변화시키는 조직으로서 임상사회복지조직 등이 그것이다.

그리고 인간에게 제공하는 기능에 따른 조직은 저소득층 등 선별층이 종속변수가 되고, 순기능 유지 및 역기능 예방을 제공하는 조직이 독립변수가 된다.

먼저, 순기능 유지조직(maintenance organization of right function)은 계속해서 순기능이 유지되게 하는 휴먼서비스조직으로서 국민연금공단이 이에 해당된다. 그리고 역기능 예방조직(preventive organization of reverse function)은 삶이 악화되는 것을 방지하는 휴먼서비스조직으로서 국민기초생활보장 관련 부서 등이 그것이다.

이를 조합하면 I 조직부터 VI 조직까지 6가지의 유형을 도출할 수 있는데, I 조직은 클라이언트 업무처리조직이면서 동시에 순기능 유지조직으로서 신용카드회사 등이 이에 해당된다. II 조직은 클라이언트 업무처리조직이면서 동시에 역기능 예방조직으로서 소년법원 등이 그것이다. III 조직은 클라이언트 지지조직이면서 동시에 순기능 유지조직으로서 국민연금공단 등이 이에 해당된다. IV 조직은 클라이언트 지지조직이면서 동시에 역기능 예방조직으로서 양로원 등이 그것이다. V 조직은 클라이언트 변화조직이면서 동시에 순기능 유지조직으로서 공립학교 등이 이에 해당된다. 그리고 VI 조직은 클라이언트 변화조직이면서 동시에 역기능 예방조직으로서 수용치료센터 등이 그것이다.

(2) 평가

Hassenfeld의 조직유형론은 3가지의 인간행동을 변화시키는 조직변수와 2가지의 인간에게 제공하는 기능에 따른 조직변수를 조합하여 6가지의 유형으로 제시하고 있다는 점에서, 본 분야에 기여를 하고 있다. 다만, Hassenfeld의 조직유형론은 구분이 불명확하여 각 조직을 각 유형에 명확하게 배치하는데 일정부분 한계가 있는 것이다. 즉, 특정조직이 여러 유형에 걸쳐 있다는 점에서, 유형의 정체성을 명확하게 하는데 한계가 있다는 점이다.

4. Mintzberg의 조직유형론

(1) 개념

Mintzberg(1979)는 조직의 구성부분, 조정기제, 상황적 요인을 기준으로 조직유형을 단순구조조직, 기계관료제조직, 전문관료제조직, 대형지부조직, 그리고 애드호크라시로 분류했다.

조직유형의 기준으로서, 조직의 구성부분은 작업계층, 최고관리층, 중간계선, 기술구조, 지원참모 등을 의미하는데, 이들은 조직에 반드시 필요한 구성요소를 말하는 것이다.

먼저, 작업계층은 작업에 직접 종사하는 조직원이고, 최고관리층은 전반적책임을 지는 구성원이며, 중간계선은 작업계층과 최고관리층의 매개역할을 하는 조직원이고, 기술구조는 직원의 훈련, 직업과정의 계획 등을 담당하는 전문적 조직원이며, 지원참모는 전술한 부분에 대한 지원적 업무를 담당하는 구성원을 말한다.

조정기제는 상호조절, 직접적 감독, 작업과정의 표준, 산출의 표준화, 직업교육을 통한 작업기술의 표준화 등을 말하는데, 이들은 의사전달과 통제 등을 통해 조직활동을 조정하는 방법들이다.

먼저, 상호조절은 단절되지 않는 비공식적 의사전달에 의하여 조직원들이 행동을 서로 조정하는 것이고, 직접적 감독은 부하구성원들에게 지시를 내리고 그들의 행동을 감시·조정하는 방법이며, 작업과정의 표준화는 작업방법 등을 표준화하여 조정해 나가는 것이고, 산출의 표준화는 부서별로 산출의 양과 질을 표준화함으로써 조정해 나가는 방법이며, 직업교육을 통한 작업기술의 표준화는 교육을 통해 기술표준화를 추구하여 조정하는 것이다.

그리고 유형기준으로서, 상황적 요인은 조직의 존속기간, 규모, 기술, 환경, 권력체제 등을 의미하는데, 이들은 조직에 영향을 미치는 변수를 말하는 것이다.

즉, 조직의 존속기간이 높은 수준이면 조직의 공식화수준이 높아지고, 규모가 높은 수준이면 분업체제가 제고되며, 기술의 복잡성이 높은 수준이면 행정구조가 높아지고, 환경의 변동이 높은 수준이면 경직적 구조보다는 환경대응에 용이한 유기적 구조가 추진되며, 권력체제의 외부통제가 높은 수준이면 집권화가 추진된다는 것이다.

　　이러한 조직유형을 근거로 만들어진 것이 단순구조조직, 기계관료제조직, 전문관료제조직, 대형지부조직, 애드호크라시 등의 Mintzberg의 조직유형론이다(<표 2-15> 참조).

표 2-15　Mintzberg의 조직유형론[7]

구분	단순구조 조직	기계관료제 조직	전문관료제 조직	대형지부 조직	애드호 크라시
조직의 구성부분	최고관리층이 가장 중요한 위치이고, 관리계층의 규모는 낮은 수준임	기술구조가 가장 중요하고, 최고관리층도 높은 수준의 권력을 행사하며, 지원참모의 규모도 높은 수준임	작업계층의 규모가 가장 중요하고, 지원참모의 규모도 높은 수준임	상층부인 본부의 규모는 낮은 수준이고, 중간계층이 가장 중요한 위치를 점하며, 작업계층의 규모는 높은 수준임	지원참모의 역할이 중요하고, 최고관리층· 중간계선· 작업계층이 혼재되어 있음
조정 기제	직접적 감독	작업과정의 표준화	직무교육을 통한 작업기술의 표준화	산출의 표준화	상호 조절
상황적 요인	조직의 존속기간은 적고, 규모는 작으며, 기술과 환경은 단순하고, 권력적임	조직의 존속기간은 많고, 규모는 크며, 기술의 영향력은 크고, 환경은 단순하며, 권력적임	조직의 존속기간과 규모는 다양하고, 기술과 환경은 복잡하며, 전문가에게 권력이 집중됨	조직의 존속기간은 많고, 규모는 크며, 기술의 복잡성은 낮고, 환경은 단순함	조직의 존속기간은 적고, 기술은 복잡하며, 환경은 급속히 변하고, 전문가들에게 권력이 집중됨
사례	자동차딜러, 신설기관 등	은행, 항공회사 등	대학, 사회복지시설 등	캠퍼스가 분산되어 있는 종합대학교 등	첨단기술 연구소, 설계회사 등

7) 본 유형론은 Mintzberg(1979)의 이론을 일정부분 수정하여 작성한 것이다.

먼저, 단순구조조직(simple structure organization)은 상대적으로 소규모조직이지만 유동성이 강한 조직으로서 자동차딜러, 신설기관 등이 그것이다. 기계관료제조직(machine bureaucracy organization)은 대규모조직으로서 복잡하지 않고 표준화되어 있는 안정적 조직으로서 은행, 항공회사 등이 이에 해당된다. 전문관료제조직(professional bureaucracy organization)은 전문적·기술적 교육을 받은 조직원에 의하여 업무가 수행되고 전문가 중심의 분권적 조직으로서 대학, 사회복지시설 등이 이에 해당된다.

대형지부조직(divisionalized form organization)은 다수의 지부를 가지고 있는 거대조직으로서 여러 캠퍼스가 분산되어 있는 종합대학교, 대기업 등이 그것이다. 그리고 애드호크라시(adhocracy)는 고정된 계층구조가 없고 공식화된 표준적 운영절차가 부재한 조직으로서 첨단기술연구소, 설계회사 등이 이에 해당된다.

(2) 평가

Mintzberg의 조직유형은 각각 5가지의 세부변수로 구성되어 있는 조직의 구성부분, 조정기제, 상황적 요인을 기준으로 단순구조조직, 기계관료제조직, 전문관료제조직, 대형지부조직, 애드호크라시 등으로 접근하고 있다는 점에서, 유형기준이 상당히 입체적이고, 따라서 비교적 조직유형도 객관적이라고 할 수 있다. 다만, 각 입체적 기준을 근거로 하는 사례분석이 미비하다는 점에서, 이를 통한 높은 수준의 객관적 정체성이 요구된다.

5. Parsons의 AGIL 조직유형론

(1) 개념

Parsons(1960)는 조직이 추구하는 사회적 기능이 무엇인가를 기준으로 적응, 목표성취, 통합, 그리고 체제유지 등 4가지로 조직유형을 분류하였다. 이는 영어 앞 글자를 모아 Parsons의 AGIL 조직유형론이라고 명명한다(<표 2-16> 참조).

표 2-16 Parsons의 AGIL 조직유형론8)

사회적 기능	조직의 중분류	조직의 소분류
적응	생산조직	민간기업 등
목표성취	정치조직	정부, 정당 등
통합	통합조직	법원, 경찰 등
체제유지	유형유지조직	교육기관, 문화단체, 종교단체 등

먼저, 적응(adaptation)은 생산조직(productive organization)에 초점을 맞추는 것인데, 본 조직은 사회나 사회구성원이 소비하는 상품과 재화를 생산하는 조직으로서 민간기업 등이 그것이다. 목표성취(goal attainment)는 정치조직(political organization)에 무게중심을 두는 것인데, 사회자원을 동원하여 사회적 목적과 가치를 창조하고 배분하는 역할을 수행하는 조직으로서 정부, 정당 등이 이에 해당된다.

통합(integration)은 통합조직(integrative organization)에 초점을 맞추는 것인데, 사회구성원의 갈등을 해소하는 역할을 수행하는 조직으로서 법원, 경찰 등이 그것이다. 그리고 체제유지(latency)는 유형유지조직(pattern-maintenance organization)에 무게중심을 두는 것인데, 본 조직은 사회체제의 독특한 문화와 가치를 보존하고 문화행태의 전승이나 교육적 기능을 수행하는 조직으로서 교육기관, 문화단체, 종교단체 등이 이에 해당된다.

한편, Parsons의 AGIL 조직유형론을 근거로 유형을 제시한 Katz & Kahn (1966)이 있다. 이들은 Parsons의 사회적 기능을 근거로 조직의 기본적 기능을 목표달성, 유형유지, 적응, 그리고 통합 등 먼저 1차적 조직유형론을 조명했다 (<표 2-17> 참조).

---

8) 본 유형론은 Parsons(1960)의 이론을 일정부분 수정하여 작성한 것이다.

표 2-17 Katz & Kahn의 1차적 조직유형론[9]

조직의 기본적 기능	조직의 중분류	조직의 소분류
목표달성	생산조직	민간기업 등
유형유지	유지조직	교육기관, 종교단체, 병원 등
적응	적응조직	대학, 연구기관 등
통합	관리조직	행정기관, 정당, 노동조합 등

먼저, 목표달성은 생산조직에 무게중심을 두는 것인데, 사회전체 또는 그 일부를 위해 부를 창출하고 재화나 용역을 생산하고 공급하는 것으로서 민간기업 등이 그것이다. 유형유지는 유지조직에 초점을 맞추는 것인데, 사회생활이나 조직생활에서 맡은 역할을 수행할 수 있도록 사람들을 사회화하는 기능을 맡는 것으로서, 교육기관, 종교단체, 병원 등이 그것이다.

적응은 적응조직에 무게중심을 두는 것인데, 지식을 창출하고 이론을 구성하며, 어느 정도까지는 실제문제에 이를 적용하는 기능을 맡는 것으로서 대학, 연구기관 등이 그것이다. 그리고 통합은 관리조직에 초점을 맞추는 것인데, 사람 등의 통제, 조정 등에 관한 기능을 맡는 것으로서 행정기관, 정당, 노동조합 등이 이에 해당된다.

그리고 Katz & Kahn은 1차적 조직유형론을 근거로 2차적 조직유형을 시도했는데, 조직의 특성에 따라 처리의 성격, 인적투입의 확보, 구조적 특성, 그리고 균형유지의 행태가 그것이다(<표 2-18> 참조).

---

9) 본 유형론은 Katz & Kahn(1966)의 이론을 일정부분 수정하여 작성한 것이다.

조직의 특성	조직의 유형
처리의 성격	사람을 처리하는 조직 – 교육기관, 병원 등
	물건을 처리하는 조직 – 민간기업 등
인적투입의 확보	표현적 조직 – 동창회 등
	수단적 조직 – 공식적 인센티브 조직 등
구조적 특성	개방성조직(조직과 환경의 상호작용 정도)
	분화성조직(내부구조의 분화 정도)
	자원배분성조직(계층별 권한과 급여의 배분 정도)
균형유지의 행태	균형유지조직(지출과 수입의 균형)
	불균형유지조직(지출보다 수입에 초점)

표 2-18 Katz & Kahn의 2차적 조직유형론[10]

(2) 평가

　Parsons의 AGIL 조직유형론은 적응, 목표성취, 통합, 체제유지를 근거로 분류하여 본 분야에 나름대로 의미 있는 기여를 하고 있지만, 각각의 유형에 대한 설명이 낮은 수준이어서 유형 간 명확한 구분이 불분명하다. 이에 따라 AGIL 조직유형을 근거로 만들어진 Katz & Kahn의 1차적 조직유형론 역시 유형 간 명확한 구분이 이루어지지 않아, 추상적이고 모호한 면이 발견되고 있다. 이러한 문제점을 지양시키기 위해 조작화한 Katz & Kahn의 2차적 조직유형론은 상대적으로 세부적 구분을 시도하고 있지만, 역시 전술한 문제에서 완전히 자유롭지 못하다는 한계에 직면하고 있다.

6. Savas의 공공서비스공급유형론

(1) 개념

Savas(1982)의 공공서비스공급유형(Savas' public service provision types)은 Savas

---

10) 본 유형론은 Katz & Kahn(1966)의 이론을 일정부분 수정하여 작성한 것이다.

가 공급과 생산을 기준으로 4가지 공공서비스의 공급유형을 제시한 틀이다. 여기서 공급은 정책결정, 서비스에 대한 감독 등을 의미하고, 생산은 서비스의 구체적인 전달이나 집행 등을 의미한다(<표 2-19> 참조).

표 2-19 Savas의 공공서비스공급유형론[11]

구분		공급	
		정부부문	민간부문
생산	정부부문	I형 (정부서비스, 정부 간 협약)	III형 (정부판매)
	민간부문	II형 (민간계약, 독점허가, 보조금)	IV형 (구매권, 시장, 자기생산, 자원봉사)

먼저, I형에 속하는 방법은 정부서비스, 정부 간 협약 등이다.

정부서비스는 정부가 서비스를 직접 제공하는 가장 전통적인 공공서비스 제공방법으로서, 정부가 직접 공급하고 생산을 하게 된다. 그리고 정부 간 협약은 정부(지방정부 등) 간 협의를 통해 공공서비스를 제공하는 방법으로서 어느 한 정부는 공급자가 되고, 다른 정부는 생산자가 된다.

II형에 속하는 방법은 민간계약, 독점허가, 보조금 등이다.

민간계약은 정부가 공급자가 되어 민간과 계약을 통해 민간이 서비스를 생산하는 방식으로서 정부가 비용을 지불하게 된다. 독점허가는 정부가 공급하여 민간기업 등에게 특권을 주어 그들로 하여금 서비스를 생산하도록 하는 것이다. 그리고 보조금은 정부가 민간기업 등에게 보조금을 주어 민간이 서비스를 생산하는 방식이다.

III형에 속하는 방법은 정부판매 등이다.

정부판매는 민간이 공급자가 되고, 정부가 생산자가 되어 서비스를 판매하는 방식으로서, 골재채취 등 경영수익사업이 이에 해당된다.

---

11) 본 유형론은 Savas(1982)의 이론을 일정부분 수정하여 작성한 것이다.

Ⅳ형에 속하는 방법은 구매권, 시장, 자기생산, 자원봉사 등이다.

구매권은 특정재화의 소비를 장려할 목적으로 보조금성격의 구매권을 소비자에게 주는 방법이다. 시장은 소비자들의 구매의사에 따라 민간기업들이 재화와 서비스를 공급하는 방식이다. 자기생산은 소비자가 스스로 서비스를 계획하고 생산하는 자조활동의 방법이라고 할 수 있다. 그리고 자원봉사는 봉사단체들이 특별한 보수 없이 스스로 서비스공급을 계획하고 생산하는 방식이다.

(2) 평가

Savas의 공공서비스공급유형은 공급과 생산을 근거로 4가지 유형을 도출하고, 이에 따른 10가지 구체적인 방법을 조명하고 있다는 점에서, 일정부분 의미가 있다고 할 수 있다. 그리고 민간재, 요금재, 집합체, 공유재를 활용하여 공공서비스의 정도를 차별화하여 제시하고 있는 점도 가치가 있다. 다만, 시대적 환경에 따라 어느 유형이 최적인지에 대한 구체적인 가치판단적 고찰이 미미하다는 점에서, 이에 대한 분석이 필요할 것으로 본다.

7. 9×2 조직유형론

(1) 개념

9×2 조직유형론(9×2 organizational types theory)은 정책결정과정의 정책산출물에 대해 정책결정조직과 정책대상조직의 순응, 혼재, 불응 등을 기준으로 메트릭스화하여 9가지 유형으로 도출하고, 정책집행과정의 시행 정책산출물 역시 정책집행조직과 정책대상조직의 순응, 혼재, 불응 등을 가지고 유형화한 자체개발 이론으로서, 9가지를 2개 과정별로, 총 18가지의 유형을 도출할 수 있는 것이다.

여기에서 정책결정조직, 정책집행조직 등 정책주체조직과 정책대상조직에 대한 개념정의는 다양하게 시도되고 있는데, 일반적으로 정책결정조직(policy making organization)은 정책산출물을 만들어내는 조직으로서, 행정자치부 등

부단위 등이 여기에 해당되며, 법률 등의 행태를 가진다. 정책집행조직(policy implementation organization)은 결정조직에 의해 만들어진 정책산출물을 시행하는 조직으로서, 경찰청 등 청단위 등이 포함된다. 그리고 정책대상조직(policy object organization)은 정책결정조직, 정책집행조직 등 정책주체조직(policy subject organization)에게 규제 등 행위의 영향을 받는 이익집단 등을 의미한다.

그리고 순응, 혼재, 불응 역시 다양하게 정의되고 있지만 일반적으로, 순응(compliance)은 정책산출물과 시행 정책산출물에 대해 정책결정조직, 정책집행조직 등 정책주체조직과 정책대상조직이 별 불만 없이 따르는 것을 의미하고, 불응(non-compliance)은 이를 따르지 않고 거부하는 행태를 말한다. 한편, 혼재는 정책결정조직, 정책집행조직, 정책대상조직에 세부적으로 구성되어 있는 조직 간에 일치를 보지 못하고 순응과 불응이 양립하는 행태를 의미하는 것으로서 정책대상조직의 경우 의약분업정책을 둘러싸고 대한의사협회는 불응, 대한약사회는 순응을 보이는 것 등이 그것이다.

이들을 근거로 만든 것이 9×2 조직유형론이다.

결국, 정책결정과정과 정책집행과정에 있어서 정책결정조직, 정책집행조직, 그리고 정책대상조직에 순응, 혼재, 불응을 세부적으로 각각 구분시켜 18가지의 유형을 도출할 수 있는데, 순응-순응은 M-1형·I-1형, 불응-불응은 M-IX형·I-IX형 등으로 유형화시킬 수 있는 것이다.

이렇게 볼 때, M-1형과 I-1형은 양 조직이 정책산출물과 시행 정책산출물에 모두 순응하는 모습을 갖는다는 점에서, 높은 수준의 유지가능성을 나타내는 반면, M-IX형·I-IX형은 양 조직이 정책산출물과 시행 정책산출물에 모두 불응을 한다는 점에서, 수정·종결 등 높은 수준의 변동가능성을 내포하고 있는 것이다. 그리고 나머지 유형은 특정조직의 힘의 우위에 따라 그들이 주장하는 불응 또는 순응에 근거하여 수정·종결의 변동 또는 유지의 가능성에 영향을 미치는 것이다(<그림 2-6> 참조).

그림 2-6 9×2 조직유형론12)

구분		정책결정조직			정책집행조직			구분	
		순응	혼재	불응	순응	혼재	불응		
정책 대상 조직	순응	M-I형	M-IV형	M-VII형 →	I-I형	I-IV형	I-VII형	순응	정책 대상 조직
	혼재	M-II형	M-V형	M-VIII형	I-II형	I-V형	I-VIII형	혼재	
	불응	M-III형	M-VI형	M-IX형	I-III형	I-VI형	I-IX형	불응	

한편, 본 이론의 효용성을 간략히 제시하면 다음과 같다.

첫째, 다원주의적 체제를 맞이하여 실질적으로 정책을 주도하는 정책주체 조직과 정책대상조직을 근거로 조작화하고, 높아져가는 조직 간 상호작용 행태인 불응과 순응을 가미했다는 점에서, 빈번해지는 정책변동의 현실을 어느 정도 반영할 수 있는 이론이라고 할 수 있다.

둘째, 역동적인 정책변동에 따라 그 요인을 정체성 있게 도출하는 것이 여의치 않은 현실에서 과정별 9가지, 총 18가지의 유형으로 접근하고 있는 본 이론은 복잡한 정책변동의 요인을 논리적으로 조명할 수 있는 이론이라고 할 수 있는 것이다.

(2) 평가

9×2 조직유형론은 복잡한 정책변동현상을 논리적이고 정체성 있게 요인 측면에서 접근하고 있다는 점에서, 일정부분 의미를 갖는다. 다만, M-1형·I-1형, M-IX형·I-IX형을 제외한 나머지 유형이 구체적으로 어떻게 정책변동의 요인으로 접근하고 있는가에 대해서는 체계적인 설명이 미미하다는 점에서, 차후 개선과제로 남는다.

---

12) 본 그림에서 M은 정책결정과정(policy Making process)의 M을 말하고, I는 정책집행과정(policy Implementation process)의 I를 의미한다.

제3절 인사행정 관련 행정유형론

1. 공직유형론

(1) 개념

공직유형론을 일반성과 전문성 등을 기준으로 대별하면 계급제와 직위분류제로 나눌 수 있다(<표 2-20> 참조).

표 2-20 공직유형론

계급제	구분	직위분류제
생활급	보수	직무급
일반행정가	행정주체	전문행정가
인간중심 분류	인간과 직무	직무중심 분류
일반 교양지식을 가진 장기적 발전가능성과 잠재력을 가진 사람 채용	채용	특정업무와 관련된 전문지식을 가진 사람 채용
높은 수준의 재직훈련	교육훈련	낮은 수준의 재직훈련
높은 수준의 인사이동	인사이동	낮은 수준의 인사이동
폐쇄형으로 인한 신분보장 가능	신분보장	개방형으로 인한 신분보장 곤란
조정·협조 원활	행정조정	조정·협조 곤란

[출처] 기존의 여러 자료를 근거로 구성.

계급제(personal rank system)가 직무수행에 필요한 전문성, 직무의 난이도, 그리고 조직 내에서의 책임도 등을 고려하지 않고 학력이나 경력 등에 따라 하위직급에서 상위직급으로 인적자원을 분류하는 시스템인 반면, 직위분류제(position classification system)는 전문성, 난이도, 그리고 책임도 등에 따라 직위를 분류하는 제도로서, 직급이 같더라도 서로 다른 보수를 받고, 권한과 책임의 영역이 명확하며, 객관적인 실적평가가 가능한 시스템이다.

좀 더 구체적으로, 보수에 있어서 계급제의 경우 호봉제 등과 관련된 생활급인 반면, 직위분류제의 경우는 연봉제 등과 관련된 직무급으로 정해져 있고, 행정주체에 있어서는 전자의 경우 일반행정가인 반면, 후자는 전문행정가라고 할 수 있다.

인간과 직무의 비중에 있어서는 전자의 경우 인간중심의 분류라고 할 수 있는 반면, 후자의 경우는 직무중심의 분류라고 할 수 있고, 채용에 있어서는 전자의 경우 일반 교양지식을 가진 장기적 발전가능성과 잠재력을 가진 사람을 채용하는 반면, 후자의 경우는 특정업무와 관련된 전문지식을 가진 사람을 채용한다.

교육훈련에 있어서는 전자의 경우 낮은 수준의 전문성으로 인해 높은 수준의 재직훈련을 받는 반면, 후자의 경우는 높은 수준의 전문성으로 인해 낮은 수준의 재직훈련을 받는 경우가 많고, 인사이동에 있어서는 전자의 경우 일반적인 업무수행으로 인해 인사이동이 높은 수준인 반면, 후자의 경우는 전문적인 업무수행으로 인해 그 업무에 정착해서 수행하는 경우가 많다.

신분보장에 있어서는 전자의 경우 폐쇄형으로 인한 신분보장이 가능한 반면, 후자의 경우는 개방형으로 인한 신분보장이 곤란한 경우가 많고, 행정조정에 있어서는 전자의 경우 조정·협조가 원활한 반면, 후자의 경우는 각 부분의 전문성을 지향하는 장벽으로 인해 조정·협조가 곤란한 경우가 있는 등 두 가지 인사제도는 전체적으로 극명한 대조를 보이고 있는 것이다.

(2) 평가

현대 인사행정에 있어서 계급제와 직위분류제는 이분법적으로 존재하는 것이 아니라 혼용되어 있다는 점에서, 일반행정가와 전문행정가를 조화스럽게 만들 수 있는 하드웨어적 시스템 구축이 필요하다. 즉, 계급제뿐만 아니라 직위분류제의 성격도 혼용하여 사용하고 있는 것이 주지의 사실이라는 점에서, 이들을 절충한 제3의 제도마련도 필요하다는 것이다.

2. 의사소통유형론

(1) 개념

의사소통(communication)은 통상 의사전달 등이라 부르며, 현재 한국사회에서는 약칭해서 소통이라는 용어가 점점 더 자주 사용되고 있다. 일반적 의미의 의사소통은 의사전달자가 의사수신자의 행위를 변화시키기 위한 목적으로 의미를 전달하는 과정을 뜻한다. 따라서 의사소통은 의사전달자(sender), 의사수신자(receiver), 메시지(message), 매체(media) 등의 기본요소들로 구성된다.

의사소통유형론은 제도적 절차에 따른 의사소통에 따라 공식적 의사소통과 비공식적 의사소통으로 분류하는데, 공식적 의사소통(formal communication)은 공식적 조직에서 공식적인 수단(공문서, 협조전 등)에 의해 의사가 전달되는 것을 말한다. 공식적 의사소통의 목적은 조직구성원에게 목표, 정책결정, 지시, 이행을 전달하거나 관리자에게 보고하고 의견을 전달하는데 있다.

조직의 의사소통체계가 아무리 잘 마련되어 있다 하더라도 그것은 조직구성원들이 필요로 하는 모든 정보를 다 전달하기에는 부족하다. 그래서 항상 비공식적 의사소통(informal communication)을 통해 공식적 의사소통을 보완해 주는 것이며, 이는 조직과 관계없이 비공식 수단(소문, 자신의 판단 등)에 의해 의사가 전달되는 것이다(<표 2-21> 참조).

표 2-21 공식적 의사소통과 비공식적 의사소통

공식적 의사소통	구분	비공식적 의사소통
공식조직 내에서 계층제적 경로와 과정을 거쳐 공식적으로 행하여지는 의사소통으로서 고전적 조직론에서 강조	개념	계층제나 공식적인 직책을 떠나 조직구성원 간의 친분·상호신뢰와 현실적인 인간관계 등을 통하여 이루어지는 의사소통
공문서, 협조전 등	수단	소문, 자신의 판단 등
·상관의 권위유지 ·의사소통의 확실	장점	·전달이 신속하고 적응성이 강함 ·배후사정을 상세히 전달

·책임소재가 명확		·긴장과 소외감 극복 ·관리자에 대한 조언 ·공식적 의사소통을 보완
·법규에 근거하므로 의사소통의 신축성이 　낮은 수준 ·배후사정을 전달하기가 곤란 ·변동하는 사태에 신속한 적응 곤란	단점	·책임소재가 불명확 ·의사결정에 활용할 수 없는 점 ·공식적 의사소통을 마비시킴 ·수직적 계층 하에서 상관의 권위손상 우려 ·조정·통제가 곤란

　한편, 상하 간에 따른 의사소통에 따라 수직적 의사소통과 수평적 의사소통으로도 분류하는데, 수직적 의사소통(vertical communication)은 상하 간의 종적 의사전달인 반면, 수평적 의사소통(horizontal communication)은 같은 수준의 횡적 의사전달이다(<표 2-22> 참조).

표 2-22　수직적 의사소통과 수평적 의사소통

수직적 의사소통		수평적 의사소통
상향적	하향적	
보고, 제안제도, 의견조사, 태도조사, 설문조사, 면접, 면담, 고충조사 등	명령, 지시, 지령, 훈령, 구내방송, 게시판 등	회의, 위원회, 회람 등

(2) 평가

　전술한 의사소통들을 근거로 살펴볼 때, 의사소통 시 고려할 사항으로는 사실과 감정을 있는 그대로 전달해야 하고 중요한 문제와 사소한 일에 대한 의사전달의 시간을 고려해야 한다는 것이다. 또한 기억의 한계가 있으므로 반복적으로 전달할 필요성이 있고, 효과적인 청취자가 되기 위해 경청하는 것이 필요하다.

　아울러 의사소통의 저해요인도 발견되는데, 이는 조직의 불신 분위기, 언어의 장애, 부하가 상사의 관심분야나 자신의 공로만 보고하는 의사전달자의 자기방어, 상사의 정보독점으로 인해 필요한 정보가 다른 부하나 다른 부서에

전달이 되지 못하는 문제, 지나친 전문화로 인해 자기부서에 대해서만 맹목적
으로 충성하고 다른 부서에 필요한 정보를 공유하지 않는 부서 간 이기주의,
비공식 통로의 발달로 공식 통로가 단절되는 비공식 통로의 역기능 상태 등을
들 수 있다.

3. Barber의 리더십유형론

(1) 개념

Barber(1977)는 지도자의 성향인 활동성과 직무에 대한 감정을 기준으로
리더십유형을 4가지로 제시했다. 즉, 지도자의 활동성을 적극적 또는 부정적으
로 분류하고, 직무에 대해 긍정적 또는 부정적으로 나누었다. 이를 근거로, 적
극적 긍정형, 적극적 부정형, 소극적 긍정형, 소극적 부정형으로 나눈 것이다
(<표 2-23> 참조).

표 2-23 Barber의 리더십유형론[13]

구분		활동성	
		적극적(active)	소극적(passive)
직무	긍정적 (positive)	적극적 긍정형 (active-positive type)	소극적 긍정형 (passive-positive type)
	부정적 (negative)	적극적 부정형 (active-negative type)	소극적 부정형 (passive-negative type)

먼저, 적극적 긍정형(active-positive)은 활동성은 적극적이고, 직무에 대한
감정은 긍정적인 행태를 근거로 한 리더십유형이다. 즉, 승부사형으로 불려지
기도 하며 지도자로서의 사명감이 넘치고 활동적이다. 생산성을 중시하고 과업
지향적이며 목표를 분명히 정하고 적극적으로 추구하는 것이 특징이다. 미국의
루즈벨트, 트루먼, 케네디대통령 등이 이에 해당된다.

---

13) 본 유형론은 Barber(1977)의 이론을 일정부분 수정하여 작성한 것이다.

적극적 부정형(active-negative)은 활동성은 적극적이고, 직무에 대한 감정은 부정적인 행태를 근거로 한 리더십유형이다. 즉, 야수형으로 불려지는 이 유형은 야심이 많고 권력지향적이며, 정서가 불안정하고 대단히 공격적인 모습을 보인다. 윌슨, 닉슨, 존슨, 후버대통령 등이 이에 해당된다.

소극적 긍정형(passive-positive)은 활동성은 소극적이고, 직무에 대한 감정은 긍정적인 행태를 근거로 한 리더십유형이다. 즉, 장인형으로 불려지는데, 진실하고 윤리관이 강하며 활달하고 개방적이지만 지도자로서의 사명감이 부족하고 소극적인 자세로 업무를 수행하는 것이 특징이다. 태프트, 하딩대통령 등이 이에 해당된다.

소극적 부정형(passive-negative)은 활동성은 소극적이고, 직무에 대한 감정은 부정적인 행태를 근거로 한 리더십유형이다. 즉, 사원형으로 불리우는데, 자신에게 맡겨진 지도자로서의 역할을 충실히 수행하지만, 지도자의 역할과 책임을 축소지향적으로 인식하며, 폐쇄적이고 내향적이며 자신감과 정열이 부족하다는 비판을 받기 쉽다. 아이젠하워, 쿨리지대통령 등이 이에 해당된다.

(2) 평가

Barber는 리더십유형론을 활동성과 직무에 대한 감정을 중심으로 적극적 긍정형, 적극적 부정형, 소극적 긍정형, 소극적 부정형으로 대별하였는데, 비교적 지도자의 리더십을 명확하게 대별하였다는 점에서 의미를 갖는다. 다만, 리더십유형 기준을 활동성과 직무로 한정했는데, 왜 이러한 기준을 제시했는지에 대한 명확한 설명이 미미하여 이에 대한 보완설명이 필요할 것으로 본다.

4. Blake & Mouton의 리더십유형론

(1) 개념

Blake & Mouton(1964)은 관리자의 인간에 대한 관심과 생산에 대한 관심을 2개의 축으로 하여 무기력형, 컨트리 클럽형, 중도형, 팀형, 과업형 등의 리더십유형을 제시하였다(<표 2-24> 참조).

표 2-24　Blake & Mouton의 리더십유형론[14]

높은 수준 (9) ↑	1.9형 관리 (컨트리 클럽형) 인간의 욕구에 대한 깊은 관심은 조직의 분위기를 편하게 하는 것이며, 목적과 임무의 달성보다는 추종자들과의 관계 설정을 강조하는 리더십		9.9형 관리 (팀형) 조직의 목표와 인간에 대한 신뢰를 모두 갖춘 사람들에 의해 목표가 달성되며, 추종자의 참여를 강조하고 팀지향적인 리더십
인간에 대한 관심		5.5형 관리 (중도형) 작업수행과 사기유지의 균형을 이루면서 적절하게 운영하는 중도형 리더십	
↓ 낮은 수준 (1)	1.1형 관리 (무기력형) 목표달성과 사기유지에 최소한의 노력만 기울이는 무관심한 리더십		9.1형 관리 (과업형) 인간적 요소에는 별로 관심이 없고 극단적인 목적과 임무달성에 초점을 두며 철저한 지시와 통제를 통한 효율성과 생산성만을 강조하는 리더십
구분 기준	낮은 수준(1) ←	생산에 대한 관심	→ 높은 수준(9)

먼저, 무기력형은 관리자의 인간에 대한 관심과 생산에 대한 관심이 제일 낮은 수준인 리더십으로서, 목표달성과 사기유지에 최소한의 노력만 기울이는 무관심한 유형이다. 컨트리 클럽형은 인간의 욕구에 대한 깊은 관심에 초점을 맞추며, 목적과 임무의 달성보다는 추종자들과의 관계설정을 강조하는 유형이다. 중도형은 작업수행과 사기유지의 균형을 이루면서 적절하게 운영하는 중도

---

14) 본 유형론은 Blake & Mouton(1964)의 이론을 일정부분 수정하여 작성한 것이다.

형 리더십이라고 할 수 있다.

팀형은 조직의 목표와 인간에 대한 신뢰를 모두 갖춘 사람들에 의해 목표가 달성되며, 추종자의 참여를 강조하고 팀지향적인 리더십이라고 할 수 있다. 과업형은 인간적 요소에는 관심이 거의 없고 극단적인 목적과 임무달성에 초점을 두면서 철저한 지시와 통제를 통해 효율성만을 강조하는 리더십유형이라고 할 수 있다.

(2) 평가

Blake & Mouton의 리더십유형론은 관리자의 인간에 대한 관심과 생산에 대한 관심을 기준으로 무기력형, 컨트리 클럽형, 중도형, 팀형, 과업형 등으로 리더십을 제시하고 있다는 점에서, 본 분야에 의미 있는 기여를 하고 있다. 하지만, 구분기준에 따른 유형은 모두 81개나 되지만 5개의 특징으로만 접근하고 있다는 점에서, 기존 리더십유형 개수에 비해 차별적인 모습을 보여주고 있지는 않다.

5. Carlisle의 리더십유형론

(1) 개념

Carlisle(1987)는 리더십을 권위형, 민주형, 자유방임형으로 구분하고 각 유형이 동반하기 쉬운 긍정적 혹은 부정적 가치부여를 피하기 위해 이들을 다시 직접적 유형, 참여적 유형, 자유적 유형으로 구분했다(<표 2-25> 참조).

표 2-25 Carlisle의 리더십유형론[15]

구분	권위형 (직접적 유형)	민주형 (참여적 유형)	자유방임형 (자유적 유형)
초점	지도자 중심	집단 중심	개개인 중심
결정	지도자가 대부분의 결정을 함	하급자들이 결정에 개입함	하급자들이 결정을 함
독립성	자유행동이 거의 허락되지 않음	독립성이 조성됨	완전한 독립성이 존재함
의사소통	일방의 의사소통	양방의 의사소통	자유롭고 열린 의사소통
힘	힘과 규율을 사용	강제에 의하지 않고 설득하는 것을 시도	자체컨트롤에 의존
하급자들에 대한 감정	하급자들의 감정을 거의 고려하지 않음	하급자들의 감정이 고려됨	하급자들의 감정이 주됨
업무의 방향	과업 중심	사람과 집단 중심	개인적 성취 중심
지도자의 역할	직접적 감독을 수행	집단의 참여유도	지지지원을 제공
심리적 상태	복종과 의존	협조와 참여	독립성과 개인의 수행능력

먼저, 권위형(authoritarian type)은 초점이 지도자중심이고, 결정은 지도자가 대부분의 결정을 하는 유형이며, 독립성은 낮은 수준이라고 할 수 있다. 의사소통은 일방적이고, 힘은 높은 수준으로 사용되며, 하급자들에 대한 감정은 거의 고려하지 않는다. 그리고 업무의 방향은 과업중심이고, 지도자의 역할은 직접적 감독을 수행하며, 심리적 상태는 복종과 의존으로 특징지어진다.

민주형(democratic type)은 집단중심이고, 하급자들이 결정에 개입하며, 독립성이 조성되는 유형이다. 양방의 의사소통체제이고, 강제에 의하지 않고 설득하는 것을 시도하며, 하급자들의 감정이 고려된다. 그리고 업무는 사람과 집단

---

15) 본 유형론은 Carlisle(1987)의 이론을 일정부분 수정하여 작성한 것이다.

중심으로 이루어지고, 지도자는 집단의 참여를 유도하며, 협조와 참여가 심리적 상태로 나타난다.

자유방임형(laissez-faire)은 개개인중심이고, 주로 하급자들이 결정을 하며, 완전한 독립성이 존재한다. 자유롭고 열린 의사소통이고, 힘은 자체컨트롤에 의존하며, 하급자들의 감정이 주로 고려된다. 그리고 업무는 개인적 성취중심이고, 지도자는 지지자원을 동원하며, 독립성과 개인의 수행능력으로 특징지어진다.

(2) 평가

Carlisle의 리더십유형론은 초점, 결정 등 다양한 기준을 근거로 권위형, 민주형, 자유방임형으로 구분하였고, 상대적으로 정체성도 명확하다는 점에서 일정부분 의미를 갖는다. 다만, 높은 수준의 체계적 근거를 가지고 유형 간 우선순위 등을 조명하지는 않았다는 점에서 다소 한계를 갖는다.

제4절 재무행정 관련 행정유형론

1. 기업의 사회역할유형론

(1) 개념

복지재원이 부족한 상황에서 복지부문에 대한 기업 및 기업재단의 기여는 의미 있는 것으로 받아들여진다. 기업의 사회역할유형론(contrasting theory of welfare policy)은 이와 관련된 내용이라고 할 수 있다. 본 유형론은 기업행위중심의 주주모형과 이해관계자모형,16) 기업행위동기의 자기이익과 도덕적 의무

---

16) 주주모형(stockholder model)은 기업의 소유주인 주주를 준거집단으로 하는 것으로, 본 모형은 기업이 주주의 경제적 이익과 부를 증진시켜야 하며, 경영자는 주주에 대해 경영성과의 책임을 져야 한다는 논리이다. 반면, 이해관계자모형(stakeholder model)은 노동자, 소비자, 협력업체, 지역사회 등 다양한 이해관계자를 준거집단으로 하는 것으로, 본 모형은 기업이 다양한 이해관계자의 이해관계를 만족시키고 증진시켜야 하며,

를 기준으로 4가지 유형으로 대별할 수 있다(<표 2-26> 참조).

표 2-26 기업의 사회역할유형론

구분		기업행위중심	
		주주모형	이해관계자모형
기업 행위 동기	자기이익	생산우선주의 (productivism)	진보주의 (progressivism)
	도덕적 의무	사회봉사주의 (philanthropy)	윤리이상주의 (ethical idealism)

먼저, 생산우선주의(productivism)는 기업의 사회적 역할에 있어서 전통적으로 설명되는 유형으로, 기업의 역할은 궁극적으로 경제가치의 생산에 있고 이러한 부분이 기업이 담당해야 할 사회적 역할이라고 보는 관점이다. 기업은 생산활동을 통해 부를 창출하고 이러한 과정에서 기업의 이윤을 극대화하는 것 이외에는 어떠한 사회참여도 반대하는 것이다.

사회봉사주의(philanthropy)는 사회봉사를 기업의 사회적 역할로 포함하는 경우에는 사회적으로 도덕적인 의무를 수행해야 한다는 동기뿐만 아니라 기업의 이윤이 극대화되어야 한다는 전제를 지니고 있다. 따라서 기업은 그들의 주주들에게 돌아가는 경제적 이익을 넘지 않는 선에서 사회전체에 이익이 돌아갈 수 있도록 책임을 다해야 한다는 것이다.

진보주의(progressivism)는 자기이익에 근거해서 끊임없이 기업의 혁신활동을 통해 사회의 발전을 도모해야 한다는 유형으로, 기업은 사회로부터 신뢰를 얻을 수 있는 산업공해방지, 자원절약 등과 같은 비생산적 활동에 적극 참여해야 한다는 것이다. 이와 같이 직접적인 이윤추구를 위한 생산활동이 아닌 사회운동에 참여함으로써 궁극적으로는 신뢰가 제고되어 기업의 장기이윤이 증대된다는 것이다.

경영자는 이해관계자에 대해 경영성과의 책임을 져야 한다는 관점이다.

윤리이상주의(ethical idealism)는 기업이 이윤추구보다는 이타주의에 근거해 사회의 구성원으로서의 역할을 적극적으로 수행해야 한다는 유형으로, 주주의 이익을 지나치게 고려하지 않는 사회봉사, 사회개혁운동을 경제계에 확산하는 노력 등이 본 유형에 포함된다고 할 수 있다.

(2) 평가

기업의 사회역할유형론을 생산우선주의, 사회봉사주의, 진보주의, 그리고 윤리이상주의로 제시하고 있다는 점에서, 본 분야의 정체성에 일정부분 기여를 하고 있다. 특히, 선별적 복지정책에 근접하는 유형을 진보주의로, 보편적 복지정책에 근접하는 유형을 윤리이상주의로 조명하고 있는 것도 의미 있는 것으로 본다. 다만, 각각의 유형에 대한 사례검증이 부재하다는 점에서, 이를 통한 객관성을 제고하는 노력이 필요할 것으로 판단된다.

2. 복지정책의 급여유형론

(1) 개념

복지정책의 급여유형에 대해 여러 학자들이 다양한 의견을 제시하고 있다. 이를 근거로 공통된 부분으로 접근해 보면 다음과 같다.

기본적 급여유형에는 현금급여와 현물급여가 있다.

현금급여(in cash benefits)는 수혜자에게 현금을 지급하여 그들이 직접 시장에서 자신의 욕구충족에 필요한 물건이나 서비스를 구입하도록 하는 급여유형이다.

현금급여를 주장하는 사람들은 본 유형이 소비자주권, 관리비용의 절약, 그리고 기술혁신측면 등에서 유리하다고 주장한다.

먼저, 현금급여의 시행은 소비자주권이 제고된다는 것이다. 수혜자에게 현금을 제공함으로써 그들이 스스로의 판단에 따라 생활하는 것이 정당성 차원에서 바람직하며, 더 나아가 이를 통해 자신의 삶을 개척해 나갈 수 있도록 해야 한다는 것이다. 하지만 사회복지기관 등에서 행동통제의 목적으로 현물급여를 지속적으로 추진하는 것에 대해서는 수혜자의 독립성과 자율성이 상당부분 훼

손되어 자기결정역량으로 성장할 수 있는 기회를 갖지 못한다고 반박한다. 관리비용의 절약측면에서도 현금급여가 바람직하다는 것인데, 현금급여를 수혜자에게 제공할 경우 행정적으로 처리하기가 수월하다는 점에서 높은 수준의 관리비용이 수반되지 않는 장점을 갖는 반면, 현물급여는 이를 보관하는 인력, 기구가 필요하고 배분하는 데에도 적지 않은 관리비용이 수반된다는 것이다. 그리고 기술혁신측면에서도 현금급여가 경쟁력을 갖는다는 것인데, 수혜자들에게 현금을 지급할 경우 자신들에게 필요한 물건이나 서비스를 시장에서 구입하는 과정에서 시장을 더욱 활성화시킨다는 것이다. 즉, 이윤창출을 우선시하는 기업 등이 수혜자들에게 선택을 받기 위해 경쟁을 하게 되고 경쟁은 기술혁신을 야기 시킨다는 입장이다.

하지만 이러한 주장에도 불구하고 이들은 현금급여에 대해 일정부분 한계를 지적하고 있는데, 현금사용의 불가적 상황 등이 그것이다. 정신장애인 등은 현금으로 지급되는 급여를 구조적으로 사용하기 힘들 수 있다는 것이다.

현물급여(in kind benefits)는 수혜자에게 그들의 욕구를 충족시킬 수 있는 물건이나 서비스를 직접 제공하는 급여유형을 의미한다.

현물급여를 주장하는 사람들은 규모의 경제, 목표효과성, 그리고 정치적 선호측면 등에서 본 유형이 경쟁력을 갖는다고 주장한다.

먼저, 현물급여는 물건을 대량으로 생산하여 값싸게 제공할 수 있는 규모의 경제효과가 있다고 주장한다. 즉, 수혜자에게 지급할 옷, 신발, 세면도구 등을 표준화하여 대량생산시켜 배분하게 되면 상당부분 비용을 절약할 수 있다는 것이다. 또한 현물급여는 목표효과성을 적절하게 달성할 수 있다는 것인데, 현물은 수혜자에게 용도와 목적에 맞게 본래 목적대로 전달할 수 있어 저소득층 등 복지사각지대에 노출되어 있는 수혜자들의 삶의 질 향상을 제고하는데 효과가 있다는 것이다. 그리고 현물급여는 정치적 선호를 갖는다는 것인데, 국민들은 자신들이 낸 세금, 기부금 등이 저소득층 등 수혜자들에게 삶의 질을 개선하는데 실질적으로 사용될 때 지지를 보낸다는 것이다. 즉, 국민들은 저소득층 병자들에게 그들의 세금, 기부금 등으로 마련된 의료용품 등이 제공되면 지지를 보낼 수 있지만, 현금급여를 수급 받은 수혜자들이 이를 도박 등의 용도에 사용한다면 이에 대한 국민들의 정치적 지지는 요원하다는 주장이다.

하지만, 현금급여와 마찬가지로 이들 역시 현물급여에 대해 일정부분 한계가 있다고 주장하는데, 획일화 등이 그것이다. 아이들에게 같은 의복을 일괄적으로 제공한다면 전체적으로 획일화를 강요하게 된다는 점에서 적절하지 못하다는 것이다.

전술한 2가지 유형으로만 급여를 고찰하는 것은 지나치게 단순할 수 있다는 점에서 기회, 서비스, 물품, 현금, 증서, 권력 등 확장된 급여유형으로 나누어 조명하고자 한다.

먼저, 기회(opportunity)는 특별한 기회를 제공하는 급여유형으로서, 이는 궁극적으로 다른 행태의 혜택을 획득할 수 있도록 해주기는 하지만 직접적으로 교환가치(exchange value)를 지니는 급여는 아니다. 본 급여에 해당하는 사례는 장애인에 대한 기업의 의무고용, 소수인종에 대한 별도의 대학입학정원 확보, 그리고 저소득층에 대한 임대아파트 제공 등이 있다.

서비스(service)는 물품과 달리 구체적인 형상을 지니는 것이 아니라 무형의 특성을 갖는 급여유형으로서, 기회와 마찬가지로 직접적인 교환가치를 갖는 것은 아니다. 본 유형은 시간과 공간, 그리고 서비스의 제공자에 따라서 그 내용이 달라질 수 있다는 점에서 서비스의 표준화에는 한계가 있을 수 있다. 본 급여에 해당하는 사례는 상담, 교육, 치료 등이 있다.

물품(goods)은 구체적인 형상을 지니고 있고 양과 질이 확정되어 있는 급여유형으로서, 제공되는 물품은 전당포 등에서 교환가치를 지닐 수는 있으나 시장가치 면에서 대체적으로 낮은 수준에 머물러 있다. 본 급여유형은 효율적으로 복지목표를 달성할 수 있는 장점 등이 있는 반면, 저소득층 등에게 수치심을 줄 수 있는 단점 등을 지니고 있다. 본 급여에 해당하는 사례는 의류, 음식, 주택 등으로 구성된다.

현금(cash)은 가장 강력한 소비자선택의 권리로서, 무제한의 구매력을 지니는 급여유형이라고 할 수 있다. 따라서 어떠한 재화나 용역도 손쉽게 구입할 수 있다는 점에서 높은 수준의 교환가치를 지닌다. 본 급여에 해당하는 사례는 공공부조, 사회보험, 아동수당, 가족수당 등 현금으로 지급되는 것이 그것이다.

증서(voucher)는 다른 자원으로 교환할 수 있는 높은 수준의 교환가치를 지니는 급여유형으로서, 소비자주권도 보장하면서 사회통제가 가능한 중간적 성격의 급여라고 할 수 있다. 즉, 물품에 비해서는 선택의 폭이 넓은 반면, 현금에 비해서는 교환의 범위가 한정되어 있는 것이다. 본 급여에 해당하는 사례는 주택을 구입할 수 있는 주택증서, 식품을 구입할 수 있는 식품증서 등이다.

권력(power)은 정책결정과정에 저소득층 등 사회적 소외층이나 이들을 대변하는 대표자들을 참여시켜 사회적·경제적 자원을 선택할 수 있는 영향력을 재분배시키는 급여유형이라고 할 수 있다. 비록 권력이 현금이나 증서처럼 사용되지는 않지만 상품, 서비스, 기회보다는 폭넓게 선택할 수 있어 유동적인 교환가치를 지니고 있는 것이다. 본 급여에 해당하는 대표적인 사례로 경제사회발전노사정위원회 등을 들 수 있는데, 본 위원회에서는 노동자의 복지향상을 위하여 근로자대표가 정책결정의 한축을 담당하고 있다.

(2) 평가

복지정책의 급여유형을 기본적 급여유형과 확장된 급여유형으로 접근하여, 복지급여가 현금과 현물뿐만 아니라 기회, 권력 등 다양한 급여유형이 존재한다는 것을 조명하고 있다는 점에서 의미를 갖는다. 다만, 어느 대상에게 어떤 급여를 제공해야 되느냐의 문제는 좀 더 구체적인 고민이 필요할 것으로 본다.

3. 예산모형유형론

(1) 개념

예산수립에서 무엇을 가장 중요한 요소로 삼느냐에 따라 예산체계는 주로 품목별예산, 성과주의예산, 기획예산, 그리고 영기준예산 등 4가지 모형으로 분류할 수 있다. 이 각각의 행태는 실제로 어느 한 모형이 전적으로 적용되기보다는 두 가지 이상의 모형이 결합되어 적용되는 경우가 많다. 예산수립에서 어떤 예산체계를 택하느냐 하는 결정은 관리방식에도 크게 영향을 미친다(<표 2-27> 참조).

표 2-27 예산모형유형론

구분	품목별예산(LIB)	성과주의예산(PB)	기획예산(PPBS)	영기준예산(ZBB)
정의	구입하고자 하는 물품 또는 서비스별로 편성하는 예산 (투입중심 및 통제중심 예산)	활동을 기능별 또는 사업별로 구분한 후에 이를 다시 세부 사업으로 나누고 각 사업의 단위원가와 업무량을 계산하여 편성하는 예산 (과정중심 및 관리기능중심 예산)	목표달성을 위한 장기적 기본계획을 수립하고 기본계획을 연차적으로 실행하기 위하여 당해 사업별로 편성하는 예산 (산출중심 및 계획기능중심 예산)	전년도 예산을 전혀 고려하지 않고 계속사업 또는 신규사업의 정당성을 매년 새로이 마련하고 다른 사업과의 경쟁적 기반 위에서 우선순위를 정하여 편성하는 예산 (감축중심 예산)
특징	· 전년도예산이 주요 근거가 됨 · 구입품목별로 편성 · 통제적 기능이 강함 · 회계자에 유리한 예산임	· 단위원가 X 업무량 = 예산으로 계산함 · 장기적 계획을 고려하지 않음 · 관리기능이 강함 · 관리자에 유리한 예산임	· 장기적 계획과 단기적 예산편성을 구체적인 사업실행계획을 통하여 유기적으로 연결시킴 · 장기적 계획을 전제로 함 · 목표를 분명히 하고 달성을 강조함 · 계획기능이 강함 · 계획자에 유리한 예산임	· 매년 사업목표와 수행 능력을 새로 고려함 · 목표달성을 위한 다양한 사업을 고려함 · 사업의 비교평가에 기초하여 우선순위를 정하여 사업을 선택함 · 성과(결과)의 한계 증가량에 관심을 둠 · 의사결정기능이 강함 · 소비자에게 유리한 예산임
장점	· 지출근거를 명확히 하므로 효과적임 · 회계에 용이함	· 자금분배를 합리적으로 할 수 있음 · 사업별 통제가 가능함	· 장기적 사업계획을 신뢰할 수 있음 · 사업계획과 예산편성의 괴리를 막을 수 있음	· 예산절약과 사업의 쇄신에 기여함 · 재정운영과 자금배분의 탄력성을 기할 수 있음 · 관리의 참여를 확대할 수 있음
단점	· 예산의 신축성을 저해 할 우려가 있음 · 예산증대의 정당성 부여의 근거가 희박함 · 결과나 목표달성에 대한 고려부족 · 사업내용을 알기 어려움	· 예산통제가 어려움 · 비용산출의 단위설정과 비용책정이 어려움	· 단기적인 목표설정이 어려움 · 결과에만 치중하므로 과정을 상대적으로 무시함 · 권력과 의사결정이 중앙 집중화될 경향이 있음	· 정치적 및 심리적 요인을 무시함 · 장기계획에 의한 사업 수행이 곤란함

먼저, 품목별예산(LIB: Line Item Budget)은 20세기 초 미국에서 예산지출에 대한 통제를 강조하면서 개발된 것으로서, 지출대상을 품목별로 분류하여 지출대상과 한계를 명확히 규정하는 통제 지향적 예산편성방법이며 가장 오래되고 전통적이고 일반화된 예산체계이다.

성과주의예산(PB: Performance Budget)은 기능주의 예산(Functional Budget) 또는 사업예산(Program Budget)이라고도 부르는데, 1912년에 미국행정부의 한 위원회에서 처음으로 도입하여 행정부의 각 부서에 이용하게 되었다. 이 성과주의예산은 점증적인 예산을 기반으로 한 품목별예산의 단점을 보완하기 위한 방법으로서, 조직의 활동을 기능별 또는 사업별로 나누고 이를 다시 세부사업으로 나누어 세부사업 단위의 원가를 계산하고 여기에 업무량을 곱하여 예산액을 정하고 있다.

기획예산(PPBS: Planning Programming Budgeting Systems)은 1954년 미국의 Rand 연구소에서 처음으로 개발되어 1965년 이후 미국행정부의 부서에 채택된 바가 있다. 이는 장기적인 사업계획을 세우고 그것을 실천하기 위한 당해연도의 사업계획과 이를 뒷받침하는 예산을 통합하여 수립하는 예산체계이다. 이 예산체계의 핵심적인 특징은 바로 사업계획과 예산을 통합하는 것이다.

영기준예산(ZBB: Zero Based Budgeting)은 1960년대 초에 미국행정부의 농무성에서 처음 시험되어 1960년대 중반부터 미국행정부 내에서 채택되고 있던 기획예산(PPBS)에 통합되어 사용되었고, 1970년대 초에 기획예산이 폐기된 이후에도 미국행정부 조직 및 주정부 등에서 사용되었다.

이 예신체계는 대규모 조직들에서 잘 나타나는 문제들, 즉 예산이 전년도의 예산에 대한 점증식으로 책정되어 매년 반복되는 현상에 대처하기 위한 목적으로 사용되어져 왔는데, 지금까지의 관행이나 전년도 사업의 계속성과는 무관하게 처음부터 새로운 사업을 시작한다는 전제 하에서 예산을 세우는 것을 말한다.

다시 말하면, 조직은 모든 사업을 매년 처음 시작한다는 전제 하에 매년 사업의 필요성에 대한 정당성을 제시하고 다른 사업과의 경쟁적인 상태에서 우선순위에 입각하여 예산을 수립하는 것이다.

(2) 평가

예산모형의 유형으로서 품목별예산, 성과주의예산, 기획예산, 영기준예산은 일반적으로 언급되는 모형이다. 다만, 현재의 시점에서 어느 모형이 우리나라의 현실에 가장 적합한지에 대해서는 체계적이고 객관적인 연구가 미비하다는 점에서, 이러한 연구를 통한 효율성 제고에 공헌하여야 할 것이다.

4. Esping-Andersen의 탈상품화국가유형론

(1) 개념

Esping-Andersen(1990)은 탈상품화 정도 등을 기준으로 자유주의적 복지국가, 조합주의적 복지국가, 사회민주주의적 복지국가로 대별하여 탈상품화국가유형론을 제시했다. 여기서 탈상품화(decommodication)란 노동자가 자신의 노동력을 상품으로 팔지 않고도 살 수 있는 정도를 의미하는 것으로서, 자신이 노동시장에서 일을 할 수 없는 상황에 처했을 때, 국가가 어느 정도 수준의 급여를 제공해주는가의 정도를 말한다. 즉, 탈상품화 정도가 높을수록 높은 수준의 급여를 제공하는 복지선진국가를 의미하는 것이다(<표 2-28> 참조).

표 2-28 Esping-Andersen의 탈상품화국가유형론[17]

구분		복지국가		
		자유주의적 복지국가	조합주의적 복지국가	사회민주주의적 복지국가
세부 기준	탈상 품화 정도	공공부조를 활용하여 저소득층에 초점을 두며, 엄격한 선별과정을 통해 낙인을 부여하는 방식이므로 탈상품화 정도는 낮은 수준	사회보험을 활용하여 직업별·계층별로 다른 종류의 복지급여가 제공되므로 사회적 지위의 차이가 유지되어 탈상품화 정도는 중간 수준	보편주의적 원칙에 따라 복지급여는 취약계층 뿐만 아니라 중간계층까지 포섭하고 있고, 복지의 재분배적 기능을 활용하여 최저생활 이상의 평등을 추구하고 있기 때문에 탈상품화 정도는 높은 수준

17) 본 유형론은 Esping-Andersen(1990)의 이론을 일정부분 수정하여 작성한 것이다.

해당 국가	미국, 캐나다, 오스트레일리아 등	오스트리아, 프랑스, 독일 등 유럽대륙국가	스웨덴, 덴마크, 핀란드 등 스칸디나비아국가
국가의 재정부담	낮은 수준	중간 수준	높은 수준

먼저, 자유주의적 복지국가(welfare state of liberalism)는 미국, 캐나다, 오스트레일리아 등에서 나타나는 유형으로서, 공공부조를 활용하여 저소득층에 초점을 두고 있으며, 이에 대한 집행은 엄격한 선별과정을 통해 낙인을 부여하는 방식으로 이루어지고 있어 탈상품화 정도는 낮은 수준을 보인다.

조합주의적 복지국가(welfare state of corporatism)는 오스트리아, 프랑스, 독일 등 유럽대륙국가에서 나타나는 유형으로서, 사회보험을 활용하여 직업별·계층별로 다른 종류의 복지급여가 제공되므로 사회적 지위에 있어서 차이가 그대로 유지되는 행태를 보인다. 따라서 탈상품화 정도는 낮은 수준을 나타낸다.

사회민주주의적 복지국가(welfare state of social democracy)는 스웨덴, 덴마크, 핀란드 등 스칸디나비아국가에서 나타나는 유형으로서, 보편주의적 원칙에 따라 복지급여는 취약계층뿐만 아니라 중간계층까지 포함하고 있고, 복지의 재분배적 기능을 활용하여 최저생활 이상의 평등을 추구하고 있다는 점에서 탈상품화 정도는 높은 수준으로 파악된다.

(2) 평가

본 이론은 탈상품화 정도 등을 세부기준으로 제시하여 명확하게 자유주의적 복지국가, 조합주의적 복지국가, 사회민주주의적 복지국가로 구분했다는 점에서 의미를 갖는다. 다만, 탈상품화 정도에 따른 복지병 등을 간과한 점은 한계로 남는다. 어쨌든, 현대사회가 전반적으로 후진국, 개발도상국, 선진국으로 전개되면서 탈상품화 정도는 높아지리라 전망하지만, 미국이나 프랑스 등과 같이 그들의 국가체제 상황에 따라 예외적인 상황도 충분히 있을 수 있다는 점도 보여주고 있다.

5. Kramer의 역할분담유형론

(1) 개념

Kramer(1981)의 역할분담유형론(Kramer's role division type theory)은 정부조직과 민간조직 간 역할분담에 따른 유형을 나타내고 있는 이론으로서, 이는 기존이론에 비해 상대적으로 체계적인 유형을 제시하고 있다. 즉, 본 유형론은 국유화모형, 정부주도모형, 동반자모형, 민간주도모형, 민영화모형 등 5가지의 유형을 제시하고 있다(<표 2-29> 참조).

표 2-29 Kramer의 역할분담유형론[18]

구분		모형				
		국유화 모형	정부주도 모형	동반자 모형	민간주도 모형	민영화 모형
기능	복지 재정	정부조직	정부조직 (높은 수준) + 민간조직 (낮은 수준)	정부조직	민간조직 (높은 수준) + 정부조직 (낮은 수준)	민간조직
	복지 서비스	정부조직	정부조직 (높은 수준) + 민간조직 (낮은 수준)	민간조직	민간조직 (높은 수준) + 정부조직 (낮은 수준)	민간조직

먼저, 국유화모형(nationalization model)은 복지재정과 복지서비스 모두 정부조직이 독점하고 민간조직의 역할은 최소한에 그치는 행태이고, 정부주도모형(government initiative model)은 재정과 서비스에 있어서 정부조직이 상대적으로 높은 수준의 역할을 담당하며 주도를 하는 행태이다.

그리고 동반자모형(partnership model)은 정부조직이 재정을 담당하면서 민간조직에게 이를 제공하면 민간조직은 서비스를 수행하는 상호 협력적 행태이

---

18) 본 유형론은 Kramer(1981)의 이론을 일정부분 수정하여 작성한 것이다.

며, 민간주도모형(private initiative model)은 복지국가 위기론 이후 영국과 미국에서 주목한 모형으로서 재정과 서비스에 있어서 민간조직이 정부조직보다 상대적으로 높은 수준의 역할을 담당하며 전반적으로 주도하는 행태이다.

마지막으로, 민영화모형(privatization model)은 민간주도모형과 마찬가지로 복지국가 위기론 이후 영·미에서 주목한 모형으로서 복지재정과 복지서비스 모두 민간조직이 독점하고 정부조직의 역할은 최소한에 그치는 행태라고 할 수 있다.

5가지 모형을 전체적으로 살펴볼 때, 국유화모형, 정부주도모형, 동반자모형, 민간주도모형, 민영화모형 순으로 복지행정에 대한 정부조직의 영향력이 줄어드는 반면, 민간조직의 영향력은 높아져가는 것을 알 수 있다.

(2) 평가

Kramer의 역할분담유형론은 정부조직과 민간조직 간 역할분담을 체계적으로 제시하고 있다는 점에서 의미를 갖는다고 할 수 있다. 하지만, 정부주도모형과 민간주도모형의 경우 복지재정과 복지서비스의 역할비중에 있어서 각 조직의 높은 수준과 낮은 수준에 대한 정확한 분담비율이 제시되고 있지 않다는 점에서 일정부분 한계를 갖는다고 할 수 있다.

제5절 지방행정 관련 행정유형론

1. 공공전달체계유형론

(1) 개념

공공전달체계유형론(types of public delivery system)은 공공서비스를 구체적으로 추진하고 실천하기 위해 필요한 자원을 조달, 배분하여 서비스를 실시하는 조직체계의 유형을 의미한다. 공공전달체계유형은 접근입장의 차이로 다양하게 정의되고 있으나, 가장 공통적으로 제시되고 있는 기능별 유형, 서비스별 유형, 그리고 주체별 유형으로 조명하고자 한다.

먼저, 기능별 유형(type classified by function)은 공공서비스의 전달을 기획, 지원, 그리고 관리하는 정책체계와 전달자가 수혜자와 상호접촉을 하면서 서비스를 직접 전달하는 집행체계로 나눌 수 있는데, 사회복지관의 관장·자문위원회·기획관리부 등은 정책체계에 속하며, 일선부서인 장애인복지부·노인복지부·아동복지부 등은 집행체계에 해당된다고 할 수 있다.

서비스별 유형(type classified by service)은 서비스의 종류와 성격 등에 따라 분류할 수 있는데, 아동 관련 공공기관·보육시설 등의 아동복지서비스전달체계, 청소년 관련 공공기관·청소년시설 등의 청소년복지서비스전달체계, 노인 관련 공공기관·양로원 등의 노인복지서비스전달체계, 여성 관련 공공기관·여성복지관 등의 여성복지서비스전달체계, 그리고 장애인 관련 공공기관·장애인시설 등의 장애인복지서비스전달체계 등이 그것이다.

주체별 유형(type classified by subject)은 행정의 전달체계를 누가 운영하는가에 따른 것으로, 중앙정부·지방정부 등의 공공전달체계, 사회복지관·기업복지재단 등의 민간전달체계, 그리고 이들의 혼합인 공공·민간전달체계 등이 그것이다.

한편, 주체별 유형은 공공전달체계를 중심으로 다시 종속형, 대등형, 그리고 동반형으로 세부유형화할 수 있다(<그림 2-7> 참조).

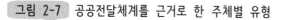

그림 2-7 공공전달체계를 근거로 한 주체별 유형

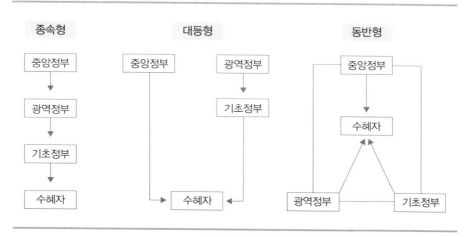

먼저, 종속형(dependent type)은 광역정부(광역지방자치단체)가 중앙정부에 종속되어 있고, 다시 기초정부(기초지방자치단체)가 광역정부에 종속되는 행태를 취하는 것으로, 이는 지방정부가 중앙정부의 집행기관으로서의 역할을 수행하고 있다는 점에서, 자치권이 위축되어 있는 행태인 것이다. 기본적으로 종속형은 중앙정부에서 결정된 정책이 광역정부를 경유하여 기초정부에 전달되고, 다시 기초정부는 수혜자에게 전달되는 경로를 갖게 된다. 우리나라의 경우가 본 유형에 해당된다고 할 수 있다.

대등형(equal type)은 중앙정부와 광역정부가 대등한 관계를 유지하는 가운데 광역정부의 자치권이 뚜렷이 보장되지만 기초정부는 광역정부에 종속되는 관계를 유지하고 있어 자치권의 제한을 받는 유형을 의미한다. 기본적으로 대등형은 중앙정부와 광역정부가 독자적으로 수혜자에게 서비스를 제공한다.

동반형(partnership type)은 중앙정부, 광역정부, 그리고 기초정부가 동반자적 관계를 유지하는 행태로서, 본 유형에서는 광역정부뿐만 아니라 기초정부의 자치권도 보장되어 모든 정부는 협력적 관계를 갖게 된다. 즉, 정부 간 관계만으로 볼 때는 가장 이상적인 유형이라고 할 수 있는 것이다. 본 유형은 중앙정부, 광역정부, 그리고 기초정부가 독자적으로 수혜자에게 서비스를 제공하지만 파트너로서의 협의관계를 유지한다. 따라서 제공되어야 할 서비스의 공백이 최소화될 뿐만 아니라 보완적인 관계에 있기 때문에 중복서비스도 최소화되는 것이다. 결국, 본 유형에서 중앙정부는 일관성 있게 수혜자에게 서비스를 제공할 수 있고 지방정부는 지역경제적 여건을 고려하여 지역특성에 맞추어 서비스를 제공할 수 있는 것이다.

(2) 평가

공공전달체계를 근거로 한 주체별 유형인 동반형의 경우 이상적인 세부유형이라는 점에서, 실제사례를 제시하여 설명하는 것이 가장 바람직할 것이다. 즉, 본 유형이 이상적이라는 것은 실제 존재할 수 있는지에 의문이 있으며, 이를 통해 실제 존재하는 유형인지, 아니면 이론적으로만 제시 가능한 유형인지를 분명히 밝힐 필요가 있다는 것이다.

2. 사무유형론

(1) 개념

　사무유형론은 일반적으로 근거법령, 성격, 규정 등에 따라 국가사무와 지방사무로 구분되고, 지방사무는 다시 자치사무, 단체위임사무, 기관위임사무로 분류할 수 있다(<표 2-30> 참조).

표 2-30 사무유형론

구분	국가사무	지방사무		
		자치사무	단체위임사무	기관위임사무
성격	국가수준의 사무	지방수준의 사무	국가적 이해와 지방적 이해가 동시에 해당되는 사무	국가적 이해에 해당되는 사무이지만 법령에 의해 지자체 장에게 위임한 사무
근거법령	개별법	지방자치법	지방자치법	지방자치법
규정수준	법령	조례, 규칙	조례	규칙
지방의회 관여	불가	완전 관여	부분 관여	불가
재정부담 주체	국가	지방자치단체	국가와 지방자치단체	국가
사례	외교사무, 국방사무 등	주민복지사무, 가로등 설치사무 등	예방접종사무, 재해구호사무 등	주민등록사무, 선거사무 등

　먼저, 국가사무는 국가수준의 사무로서 근거법령은 개별법으로 되어 있고, 규정수준은 법령이 되며, 당연히 지방의회의 관여가 없는 유형이다. 재정부담 주체는 국가가 되고, 외교 및 국방사무 등 지방범위가 아닌 국가범위의 사무로 이루어진다.

　지방사무 중 자치사무는 지방수준의 사무로서 근거법령은 지방자치법으로 되어 있고, 규정수준은 일반적으로 조례 및 규칙이 되며, 지방의회의 관여가 필수적인 유형이다. 재정부담 주체는 지방자치단체가 되고, 주민복지 및 가로등 설치사무 등이 대표적 사례이다.

단체위임사무는 국가적 이해와 지방적 이해가 동시에 해당되는 사무로서 근거법령은 지방자치법으로 되어 있고, 규정수준은 일반적으로 조례가 되며, 지방의회의 관여가 있는 유형이다. 재정부담 주체는 국가와 지방자치단체가 되고, 예방접종 및 재해구호사무 등이 대표적 사례이다.

기관위임사무는 국가적 이해에 해당되는 사무이지만 효율성차원에서 법령에 의해 지자체 장에게 위임한 사무로서, 근거법령은 지방자치법으로 되어 있고, 규정수준은 일반적으로 규칙이 되며, 지방의회의 관여가 없는 유형이다. 재정부담 주체는 국가가 되고, 주민등록 및 선거사무 등이 대표적 사례이다.

(2) 평가

사무유형론을 국가사무와 지방사무로 구분하고, 지방사무를 다시 자치사무, 단체위임사무, 기관위임사무로 분류하고 있는데, 지방자치시대를 맞이하여 3가지 지방사무에 대한 구체적인 비중 및 추세, 정당성차원의 우선순위 등에 대한 체계적인 연구가 좀 더 필요할 것으로 본다.

3. 정부 간 갈등유형론

(1) 개념

정부 간 갈등유형론은 각각의 정부를 결합하여 중앙－중앙정부 간 갈등유형, 광역－광역지방정부 간 갈등유형, 기초－기초지방정부 간 갈등유형, 중앙－광역지방정부 간 갈등유형, 중앙－기초지방정부 간 갈등유형, 광역－기초지방정부 간 갈등유형으로 제시한 것이다(<표 2-31> 참조).

표 2-31 정부 간 갈등유형론

구분		이해당사자 A		
		중앙정부	광역지방정부	기초지방정부
이해당사자 B	중앙정부	중앙-중앙정부 간 갈등유형	중앙-광역지방정부 간 갈등유형	
	광역 지방정부		광역-광역지방정부 간 갈등유형	광역-기초지방정부 간 갈등유형
	기초 지방정부	중앙-기초지방정부 간 갈등유형		기초-기초지방정부 간 갈등유형

　　먼저, 중앙－중앙정부 간 갈등유형은 중앙정부에 있는 부처 간의 갈등으로 서, 분배를 주장하는 보건복지부와 성장을 지향하는 산업통상자원부 간 갈등이 일례이다. 광역－광역지방정부 간 갈등유형은 시도 간의 갈등으로서, 동계올림 픽 유치를 두고 전라북도와 강원도 간 갈등이 그것이다. 기초－기초지방정부 간 갈등유형은 시군자치구 간의 갈등으로서, 행정통합을 둘러싼 청주시와 청원 군 간 갈등이 일례이다.

　　이러한 방식으로 중앙－광역지방정부 간 갈등유형은 부처와 시도 간, 중앙 －기초지방정부 간 갈등유형은 부처와 시군자치구 간, 광역－기초지방정부 간 갈등유형은 시도와 시군자치구 간의 유형인 것이다.

(2) 평가

　　정부 간 갈등유형론을 6가지로 도출하여 복잡한 정부 간 갈등을 다소나마 논리적으로 제시하고 있다는 점에서 의미를 갖는다. 다만, 정책사례에 6가지의 갈등유형을 각각 적용하여 연구의 타당성을 제고하는 노력은 미미하다는 점에 서, 이에 대한 체계적인 분석이 필요할 것으로 본다.

4. 지방정부유형론

(1) 개념

지방정부유형론은 지방의회와 집행부 간의 관계를 기준으로 기관통합형, 기관대립형, 절충형으로 대별된다.

먼저, 기관통합형은 주민에 의해 선출된 지방의회가 입법 및 의결기능과 함께 집행기능까지 담당하는 경우로서, 독립된 집행기관이 부재한 형태로 미국의 위원회형(commission plan) 등이 이에 해당된다.

이러한 유형은 입법기능과 집행기능이 하나이기 때문에 양 기관의 마찰이나 이로 인한 행정의 낭비 등이 없어서 행정기능을 안정적으로 수행할 수 있고, 의원들이 직접 행정을 담당하기 때문에 행정에 주민의 의사를 충분히 반영할 수 있으며, 여러 의원의 의사를 모아 정책결정과 집행을 수행하므로 정책 전반에 신중을 기할 수 있는 장점을 가지고 있다. 반면, 견제와 균형의 원리가 적용되지 않아 권력남용의 여지가 존재하고, 선거에 의해서 선출된 의원이 전문성을 지니고 있다는 보장이 없어 행정비효율성의 가능성을 안게 된다. 또한 선거에 의해서 당선된 의원들 사이에 구심점이 없는 경우 행정상 전체적인 조정이 어려울 수 있는 단점을 지니고 있다.

기관대립형은 지방의회와 집행부의 장이 별도의 선출과정에 의해 각각 구성되는 형태로 두 기관이 견제와 균형을 취하도록 하는 유형이라고 할 수 있는데, 우리나라의 지방자치제도나 미국의 시장－의회형(mayor-council plan) 등이 이에 해당된다.

이러한 유형은 두 기관이 상호 견제와 균형(check and balance)을 이루면서 권력남용을 방지할 수 있다는 것과 집행기관의 장에게 행정권이 통합적으로 주어짐으로써 부처할거주의를 막고 행정에 대해 명확한 책임을 물을 수 있다는 점이 있다. 아울러 행정권이 통합적으로 이루어짐으로써 행정의 안정성을 도모할 수 있다는 장점도 지니고 있다. 반면, 두 기관 사이에 과도한 마찰과 대립을 초래할 수 있고, 집행기관의 장이 행정적 문제보다는 선거 등의 정치적 문제에 더 큰 관심을 가질 수 있음에 따라 행정비효율성을 초래할 수 있다. 또한 행정이 의회보다는 집행기관의 장에 의해서 주도되므로 행정과정에 다양한 주민의 사가 충분히 반영되지 못할 수 있는 단점을 가지고 있다.

한편, 기관대립형은 규범적 대립성과 기능적 대립성으로 대별하여 설명할 수도 있는데, 전자의 경우 기관대립의 기능과 상관없이 지방의회와 집행부의 장을 대립하게 하는 그 자체가 가장 바람직한 민주적 지방자치체제의 하나로 보고 이의 추구를 지향하는 것이고, 후자의 경우는 하는 쪽이 안하는 쪽보다 얻는 것이 많다는 것으로 과도한 집행부의 권력독점에 대한 부작용을 지적하고 시정하여 주민들에게 좀 더 나은 자치행정을 제공하는 것이라고 할 수 있는데, 진전한 지방자치는 규범적 대립성과 기능적 대립성이 양립하는 형태라고 할 수 있다.

절충형은 전술한 2가지 유형을 절충한 형태로, 의회 – 집행위원회형(council –executive committee plan), 시정관리관형(city manager plan) 등이 그것인데, 이를 중심으로 간략히 살펴보면 다음과 같다.

의회 – 집행위원회형은 지방의회가 그 산하에 소수의 소속의원으로 집행기관의 성격을 지닌 위원회를 별도로 구성하여 이 위원회로 하여금 행정문제를 처리하게 하는 유형이다. 지방의회가 집행권을 갖는다는 점에서 기관통합형과 유사하지만 이러한 집행권을 지방의회 그 자체가 직접 행사하기보다는 별도로 구성된 집행위원회로 하여금 행사하게 한다는 점에서 차이가 있다. 이는 대의제도를 채택하고 있는 의회중심의 국가에서 민의를 보다 폭넓게 반영할 수 있는 제도를 그대로 유지하면서 운영상의 효율성을 높여 보겠다는 의도에서 만들어진 것이라고 볼 수 있다.

한편, 시정관리관형은 집행위원회 대신 전문행정인을 관리관으로 임명하여 행정을 처리하게 하는 유형으로서, 지방정부의 운영에 있어 지방의회의 주도권을 그대로 유지하면서 지방의회가 지닌 행정상의 비전문성을 전문인의 영입을 통해 해결하고자 하는 제도이다. 기관대립형의 시장 – 의회형과 같이 시장이 존재하기는 하지만 이는 지방정부의 대표로서 의례적인 기능만 수행할 뿐이고 행정문제의 처리는 시정관리관에게 책임이 있는 것이다. 시정관리관은 지방의회에 의해서 임명되는 것으로 지방의회의 권위 아래 행정을 총괄하는 지위를 갖

게 되며 행정에 대한 책임은 주민에게 지는 것이 아니라 일차적으로 지방의회
에 지게 된다.

(2) 평가

지방정부유형론을 지방의회와 집행부 간의 관계를 기준으로 조명하다보니,
일반적으로 기관통합형, 기관대립형, 절충형으로만 고찰되는데, 기준을 확대하
다보면 주민총회형도 존재할 수 있다. 즉, 전술한 3가지 유형이 모두 간접민주
주의 원리에 따른 것이지만 본 유형은 직접민주주의의 원리에 입각한 행태이
다. 지방정부 관할구역 내의 전 유권자로 구성된 주민총회가 자치단체 최고기
관으로서 중요 공직자를 선출하고 지방정부의 중요정책, 예산, 인사문제 등을
직접 결정하는 것이다. 물론, 본 유형은 현대사회에 있어 집행되는 사례가 드물
지만 이러한 부분도 깊이 있게 조명한다면 지방정부유형론에 대해 좀 더 폭넓
게 접근할 수 있을 것이다.

5. Percy의 시민공동생산유형론

(1) 개념

Percy(1983)는 시민 간 협력여부에 근거하여 시민 간 비협력인 경우 개별
적, 협력인 경우는 집합적으로 분류하였고, 치안기관과의 협력여부를 기준으로
치안기관에 비협력적인 경우 소극적, 협력인 경우는 적극적으로 나누었다. 이
를 근거로 4가지의 시민공동생산유형론을 제시했는데, 개별적 – 소극형, 개별적
– 적극형, 집합적 – 소극형, 집합적 – 적극형이 그것이다(<표 2-32> 참조). 한편,
시민공동생산(citizen co-production)은 정규생산자인 공공기관과 소비생산자인
일반시민이 공적 성격을 띤 서비스와 재화를 같이 생산하는 활동이라고 할 수
있다.

표 2-32 Percy의 시민공동생산유형론[19]

구분		시민 간 협력 여부	
		개별적 (individual: 비협력)	집합적 (collective: 협력)
치안기관 과의 협력여부	소극적 (passive: 비협력)	개별적-소극형 (individual-passive type)	집합적-소극형 (collective-passive type)
	적극적 (active: 협력)	개별적-적극형 (individual-active type)	집합적-적극형 (collective-active type)

먼저, 개별적－소극형(individual-passive type)은 시민이 개인활동을 하지만 치안기관과는 협력 없이 이루어지는 유형이다. 예를 들면, 지역 내의 위험지역을 가급적 피하는 경우, 자위수단을 몸에 지니는 경우, 경보기를 설치하는 경우, 소유물에 스스로 식별할 수 있는 표식을 하는 경우, 집밖에 보조등을 다는 경우, 이웃에서 발생하는 활동들에 주의를 기울이는 경우 등이 이에 해당된다.

개별적－적극형(individual-active type)은 시민이 개인활동을 하면서 치안기관과 협력이 행해지는 유형을 의미한다. 예를 들면, 경찰관과 함께 순찰하는 경우, 법정에서 검찰을 위해 증언하는 경우, 집이 비었다는 사실을 알리고 순찰을 부탁하는 경우, 경찰에 의해 제공된 도구로 소유물에 표식을 하는 경우 등이다.

집합적－소극형(collective-passive type)은 시민이 개인활동을 하는 것이 아니라 협력적 활동을 하지만 치안기관과는 협력 없이 이루어지는 유형이다. 예를 들면, 시민자율의 순찰대를 조직하여 지역을 순찰하는 경우, 범죄예방을 위한 지역 내 그룹을 형성하는 경우, 차내 무선전화를 이용하여 조직적으로 다른 운전자에게 교통문제 및 교통사고에 관하여 알리는 경우 등이 이에 해당된다.

집합적－적극형(collective-active type)은 시민이 집합적 활동을 하면서 치안기관과 협력아래 이루어지는 유형을 의미한다. 예를 들면, 경찰에 의해 조직된 시민순찰대에 봉사하는 경우, 경찰과 지역사회를 연결하는 집단을 형성하여 봉사는 경우, 치안기관 내의 의사결정을 돕는 시민·경찰위원회를 운영하는 경우

---

19) 본 유형론은 Percy(1983)의 이론을 일정부분 수정하여 작성한 것이다.

등이다.

(2) 평가

Percy는 시민공동생산유형론을 개별적−소극형, 개별적−적극형, 집합적−소극형, 집합적−적극형으로 분류하여 제시했는데, 이는 복잡한 시민공동생산 행태를 논리적으로 반영하여 정체성을 제고하고 있다는 점에서 일정부분 의미를 갖는다. 다만, 다양한 실제사례에 4가지 유형을 체계적으로 적용하여 좀 더 심도 있게 조명한다면 일반화에 상당한 도움이 될 것으로 판단된다.

제6절 일반행정 관련 행정유형론

1. 국가유형론

(1) 개념

일반적으로 국가유형(types of state)은 성질이나 특징 따위가 공통적인 것끼리 묶어놓은 하나의 틀로서, 지금까지 국가유형에 대한 논의는 매우 다양하게 해오고 있으나, 이러한 논의를 근거로 행정국가, 정치국가, 시장국가, 그리고 정보국가로 대별하여 조명해보면 다음과 같다(<표 2-33> 참조).

표 2-33 국가유형론

구분	세부유형	구성원리	시민	이론적 배경
행정국가	계서징부	계서제	투표자	관료제, 계서제 등
	자율정부	동료집단압력	신민	
정치국가	대표정부	견제	이익집단원	다원주의론, 대의정치론, 이익집단론, 정당론 등
	타협정부	협상	정당원	

시장국가	수퍼마켓정부	경쟁	소비자	공공선택론, 전환비용론, 정부재창조론. 신자유주의론 등
	서비스정부	감정이입	고객	
정보국가	동반자정부	대화	프로슈머	참여민주론, 환원행정론 등
	자치정부	자기통제	시민	

먼저, 행정국가(administrative state)는 산업사회적 생산양식에 근거해 구성된 대표적인 국가유형이다. 소품종 대량생산체제가 요구하는 기술적 합리성 확보를 위해 관료제를 정부구성의 원리로 삼는 것이다. 그런데 관료제는 계서제의 원리와 전문성의 원리를 양축으로 한다. 계서제는 조직목표 달성을 위한 수단의 합리성 제고를 위해 지식과 정보를 조직의 상위계층에 집중시키고자 하는 조직구성의 한 양식이다.

이런 점에서 계서제의 틀 속에서는 상위 계서로 올라갈수록 전문지식이나 정보의 축적정도가 높고, 하위계서로 내려갈수록 반대의 현상을 낳게 된다. 이를 사회체계 전체로 확장해 보면 사회적 관계의 상층부를 구성하는 정부에서는 지식과 정보가 집중되는 데 반해, 그러한 정부에 의해 관리되는 시민사회에서는 필요 정보나 지식이 빈약할 수밖에 없다. 이러한 정부 하에서는 시민이 선거 때 한 번 투표권을 행사하는 것 외에는 사실상 국정운영과정에서 소외된다.

정치국가(political state)는 집단론, 다원론 및 다원이즘에 기초한 대표정부로 구체화 된다. 다원주의의 관점에서 보면 국가는 개인, 집단, 조직 따위와 같은 사회의 다양한 구성원들이 각자가 추구하는 사적인 이해관계를 조절해 나가는 정치과정의 연장선상에 놓여져 있다. 따라서 정부는 이들 간의 이해관계나 갈등을 조정하는 중립적, 중개적 존재로 이해된다. 이를 위해 정부는 여러 이해관계 당사자들의 의견을 결집하고, 결집된 의견 간의 이견을 조정하며 협상을 주도한다.

우선 의견의 결집이라는 틀 속에서 보면 시민은 다른 사회 구성원들과 마찬가지로 다원적 관계망 속의 한 이익집단의 성원이 되는 것이다. 따라서 어떤 사회의 정책과제가 잘 관리되거나 해소되지 않는다고 판단될 때 시민이 선택할 수 있는 길은 다른 사회구성원들과 마찬가지로 정치과정에 직접 참여하여 자신의 주장을 개진하고 정치적 압력을 동원하며 로비활동에 나서는 일이다.

시장국가(market state)는 공공선택론과 신자유주의론 등에 기초한 정부재창조론이나 신공공관리론 등에서 쉽게 발견되는 국가유형이다. 전통 행정학에서 논의되어 온 정치행정이원론이 주로 사행정의 관리기법을 공행정에 도입하자는 것인 반면, 시장국가의 관리기법은 가치준거까지를 사행정에서 공행정으로 도입하자는 것이다.

따라서 사회차원의 의사결정을 시장 메카니즘에 맡기자는 것이며 기업가적 정신을 존중하고 경쟁의 원리와 서비스 제일주의의 정신에 따라 정부를 운영하자는 것이다. 이중 경쟁의 원리는 사익을 추구하는 개인, 집단, 조직 따위가 서로 균형점을 이루도록 유도함으로써 공익의 극대화를 낳자는 것이다. 경쟁은 변화하는 환경에 대한 정부의 대응력을 신장시킨다고도 보았다.

그리고 이러한 경쟁관계는 정부와 시민사회의 관계에서도 같다고 본다. 따라서 사회정책과제의 해결이 잘 이루어지지 않을 경우 정책합리성이 부족하기 때문이라고 보며 이를 제고하기 위해서는 정책대안 개발과정의 경쟁성을 높이는 일이 관건이라고 보게 된다. 이 경우 시민 스스로가 정책대안을 개발하고 제안함으로써 정부정책과 경쟁관계를 구축하고자 하는 것이다.

정보국가(information state)는 지금까지의 국가론과는 인식론적 틀을 달리한다. 지금까지 제시된 국가유형이 모두 합리성의 증대나 능률성의 제고에 초점을 맞춘 것이라고 한다면 정보국가는 인공지능형 의사소통과 대화의 활성화를 겨냥한다.

정보사회의 노래는 사회의 정보유통구조에 혁명적 변화를 가져오고 그 결과 정부와 시민사회 간의 지식이나 정보의 격차를 급속히 해소시켜준다. 행정국가가 상정한 것과 같은 정부의 전문성 독점이 붕괴되는 것이다. 정치국가가 불가피하게 생각했던 대리인 제도나 전환비용의 감수도 극복 가능한 것으로 변화된다. 시장국가가 상정하는 것과 같은 경쟁이나 효율은 그것 자체가 목적가치일 수 없다는 판단과 함께 참여와 공유가 중시되기에 이른다.

정부에 의한 정책결정의 독점권이 무너지면서 정부와 시민이 공동으로 기획하고 집행하는 공생적 관계가 형성되는 것이다. 따라서 정부와 시민은 국정운영의 동반자적 지위를 공유하게 되며, 그 결과 시민은 이제 공공재의 생산자이면서 동시에 소비자인 프로슈머(prosumer)의 지위에 서게 되는 것이다.

(2) 평가

국가유형을 행정국가, 정치국가, 시장국가, 그리고 정보국가로 제시하였다는 점에서, 상당부분 의미를 가질 수 있으나, 어떠한 기준을 가지고 유형화했는지에 대한 구체적이고 명확한 기준이 미미하다는 점에서 이에 대한 보완작업이 필요할 것으로 판단된다.

2. 행정문화유형론

(1) 개념

행정문화(administrative culture)는 행정체제에 대한 일반국민의 인지적 정향과 행정관료의 가치체계 등을 총칭하는 개념으로서, 행정문화는 행정행태를 결정짓는 핵심적 영향요인으로 작용한다. 일반적으로 행정문화는 사회적으로 학습되고 한 국가에서 행정에 영향을 주거나 제약을 가하는 신념·태도·가치·제도의 결합체라고 할 수 있는 것이다.

이러한 행정문화는 학자들의 접근입장 차이로 다양하게 정의되고 있으나, 이를 과거지향적 행정문화와 미래지향적 행정문화로 대별하여 유형화하면, 대개 진화론적 관점에서 전자가 후자로 변동한다고 할 수 있다(<그림 2-8> 참조).

그림 2-8 진화론적 관점에서 본 행정문화유형의 변동

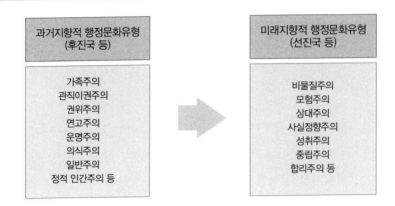

먼저, 과거지향적 행정문화유형으로 가족주의는 공적인 행정체제도 가족의 일 행태로 생각하려는 의식구조이다. 즉, 행정단위를 하나의 가족단위로 생각하려는 경향인 것이다. 이것은 마치 장관은 아버지요, 차관은 어머니요, 국장은 형과 같이 생각하는 의식인데, 이러한 사회에서는 조직구성원 간에 화합이 강조되지만 공·사의 구별이 모호해진다.

관직이권주의는 관직을 직업으로 생각하지 않고 출세와 이권의 수단으로 생각하는 의식이다. 즉, 관직은 다른 일자리와 달리 특권과 출세가 보장되는 자리라고 생각하는 것이다. 이들에게 관직은 전문적 직업이 아니라 이권을 확장하고 일신을 영달시키는 수단으로 생각되고 있다. 이러한 사회에서는 관료들 간에 보다 큰 이권이 개입되는 자리를 찾기 위해서 경쟁이 벌어진다.

권위주의는 평등의 관계보다는 수직적인 관계에서 지배·복종의 관계를 강조하는 문화이다. 권위주의가 보편화되어 있는 사회에서는 권한이 상층부에 집중되어 있고 관의 민에 대한 책임의식이 약하다. 그리고 정책결정과정은 이분법적 논리에 종속되기 쉬어 수정보완과정을 지향하는 점증주의는 좀처럼 발생되지 않는다.

연고주의는 혈연, 지연, 학연 등 배타적이면서도 특수한 관계를 강조하는 행정문화이다. 이러한 사회에는 집단 내의 갈등이 심하고, 채용, 승진, 전보 등의 인사문제가 공정하게 이루어질 가능성이 낮다.

운명주의는 성공의 여부가 인간 이외의 초자연적인 힘이나 신비적인 힘에 의존하고 있다고 생각하는 문화이다. 운명주의적 사고를 가진 관료는 자기가 출세를 못했을 때에 운이 없어서 성공을 못했지 능력이 없어서 성공을 못했다고 생각하지 않는다. 이러한 사람들은 노력을 하기는 하지만 운이 따라주어야 성공을 할 수 있다고 믿고 있다. 이러한 문화에서는 과학적이고 합리적인 사고를 가진 지도자보다 카리스마를 가진 지도자가 더욱 환영을 받는 경향이 있다.

의식주의는 내용보다는 형식에 집착하려는 문화이다. 이러한 사회에서는 실질적 책임보다는 법적 책임이 강조된다. 이러한 행정문화에서는 변화에 대한 저항이 높은 수준이 되는데, 만약 변화가 일어난다면 그것은 내부의 힘에 의해서 일어나는 것이 아니라 외부의 힘에 의해서 일어나게 된다.

일반주의는 혼자 모든 것을 다 할 수 있다고 생각하는 의식구조이다. 즉, 자기를 전지전능의 인간이라고 생각하는 문화이다. 그리고 혼자 다 할 수 있다고 생각하기 때문에 좀처럼 권한의 위임이 일어나지 않는다.

정적 인간주의는 인간관계를 이해타산이나 직무관계로 보지 않고 정의 유대관계로 보려는 문화이다. 이러한 사회는 계약상의 권익보다는 구성원 간의 신의를 더욱 강조한다. 정적 인간주의가 보편화되어 있는 사회에서는 노·사 간의 관계가 직무 대 직무의 관계가 아니라 인격 대 인격의 관계로 엮어지고 있다. 이러한 사회에서는 정책결정에 있어서 객관적인 사실보다는 주관적인 감정이나 편견이 높은 수준으로 나타난다.

한편, 미래지향적 행정문화유형으로 비물질주의는 물질적인 것보다는 정신적 가치를 중시하는 행정문화이다. 이는 황금만능시대를 완충할 수 있는 것이라는 점에서 상당부분 의미를 가진다. 다만, 경제발전을 더디게 할 수 있는 부분도 존재한다.

모험주의는 항상 보다 나은 것을 추구하기 위하여 무엇을 시도하는 것을 말한다. 따라서 시행착오를 통해 발전이나 개선이 일어난다고 생각하기 때문에 시행착오를 무서워하지 않는다. 오히려 시행착오 속에서 문제가 해결된다고 여긴다. 이러한 사회 내에서는 항상 보다 나은 것이 추구되기 때문에 행정은 문제해결의 과정이라는 인식을 갖게 된다.

상대주의는 어떠한 가치라도 고정성을 띤 가치는 없다는 문화이다. 어떠한 가치나 관계도 상대적이고 유동적이라는 의미이다. 이러한 사회에서는 특정가치에 대한 집착현상이 없기 때문에 변화에 대한 적응력이 강하고 정책결정도 점증성을 띠게 된다.

사실정향주의는 가치판단의 핵심적 기준이 사실이라는 것이다. 정책결정에서 아무리 훌륭한 의견일지라도 객관적인 사실보다 우선시할 수 없다는 점이다. 그러므로 사실에 의해서 설득당하지, 감정이나 주관적인 편견에 의하여 설득당하는 경우는 거의 없다.

성취주의는 실적주의 위주로 대우를 받는 문화로서, 이것이 보편화되어 있는 사회에서는 출신상의 이유 때문에 차별대우를 받는 경우가 적으므로 채용, 승진, 전보 등의 인사행정에서 불공평이 일어나는 경우가 낮은 수준이다.

중립주의는 어떤 특정정당이나 입후보자의 편을 들어서는 안 된다는 것이다. 공무원이 어떤 정당이나 입후보자를 선호해도 그것은 개인적인 것이지 공적으로 연장되어서는 안 된다는 것이다.

합리주의는 모든 객관적인 지식을 동원하여 최적규모의 정책결정을 추구하려는 태도를 말한다. 즉, 주관의 객관화를 추구하는 것이 합리주의라고 할 수 있다. 그러므로 합리주의가 보편화되고 있는 사회에서는 감정이나 편견이 정책결정에 끼치는 영향이 적으며 만인이 공유감을 가질 수 있는 정책이 추구된다.

(2) 평가

행정문화유형론을 기존 제 학자들의 견해를 근거로 과거지향적 행정문화와 미래지향적 행정문화로 대별하여 제시하고 있으나, 사례 등을 적용하여 과거지향적 행정문화가 미래지향적 행정문화로 전환되는 구체적인 인과분석이 부재한 실정이라는 점에서, 이에 대한 체계적인 연구가 필요할 것으로 판단된다.

3. Furniss & Tilton의 국가유형론

(1) 개념

Furniss & Tilton(1977)은 사회정책의 방향 등을 기준으로 적극적 국가, 사회보장국가, 그리고 사회복지국가로 대별하는 국가유형론을 제시했다(<표 2-34> 참조).

표 2-34 Furniss & Tilton의 국가유형론[20]

구분		국가		
		적극적 국가	사회보장국가	사회복지국가
세부 기준	국가 정책의 목적	자유시장의 불안정성과 재분배의 요구로부터 자본가 보호	국민전체의 생활안정	국민평등과 화합
	국가 정책의 방향	경제성장을 위한 정부와 기업의 협조, 완전고용정책의 극소화	전체국민에게 직접적 혜택부여, 완전고용정책의 극대화	최하계층의 욕구를 우선고려, 완전고용정책 실현
	사회 정책의 방향	경제적 효율성에 기여할 수 있는 복지서비스만 실시, 복지정책은 사회통제의 수단	국민최저수준의 보장	국민최저 이상의 보장
해당 국가		미국 등	영국 등	스웨덴 등

먼저, 적극적 국가(positive state)는 미국 등에서 나타나는 유형으로서, 국가정책의 목적을 자유시장의 불안정성과 재분배의 욕구로부터 자본가를 보호하는 입장을 취하고 있으며, 정책방향은 경제성장을 위한 정부와 기업의 협조 및 완전고용정책의 극소화를 추구하고 있다. 이는 자본가의 입장을 대변하고 있는 유형으로서, 이에 따라 사회정책은 실용주의에 입각하여 경제적 효율성에 기여할 수 있는 복지서비스만 실시하고 복지정책은 사회통제의 수단으로 쓰여 낮은 수준의 사회복지정책을 나타내고 있는 것이다.

---

20) 본 유형론은 Furniss & Tilton(1977)의 이론을 일정부분 수정하여 작성한 것이다.

사회보장국가(social security state)는 영국 등에서 나타나고 있는 유형으로서, 국가정책의 방향은 국민전체의 생활안정에 있으며, 정책방향은 전체국민에게 직접적으로 혜택이 부여되고 완전고용정책을 극대화하는 데 있다. 이에 따라 사회정책은 국민최저수준의 보장에 초점이 맞춰져 있어 일정수준의 사회복지정책을 나타내고 있는 것이다.

사회복지국가(social welfare state)는 스웨덴 등에서 나타나는 유형으로, 국가정책의 목적이 국민평등과 화합에 있으며, 정책방향이 최하계층의 욕구를 우선 고려하고 완전고용정책을 실현하는 입장에 있다. 이에 따라 사회정책의 방향은 국민평등뿐만 아니라 국민최저 이상의 보장에 있다는 점에서 높은 수준의 사회복지정책을 추구하고 있는 것이다.

(2) 평가

본 이론은 비교적 체계적으로 사회정책 등의 단계별 특징을 적극적 국가, 사회보장국가, 사회복지국가로 나누어 제시했다는 점에서, 현대 사회정책의 진화론적 방향을 일정부분 대변하고 있다. 같은 맥락으로, 정도의 차이는 있지만 어느 국가를 막론하고 소득이 높아지면 적극적 국가, 사회보장국가, 사회복지국가로 이어진다는 것이 상당부분 증명이 되었다는 점에서, 이러한 부분에 착안한다면, 본 이론은 현실에 있어서 변동하는 국가와 상당부분 일치할 것으로 전망된다.

4. George & Wilding의 이데올로기유형론

(1) 개념

George & Wilding(1994)은 복지국가에 대한 관점 등을 기준으로 반집합주의, 소극적 집합주의, 페이비언 사회주의, 그리고 마르크스주의로 대별하는 이데올로기유형론을 제시했다(<표 2-35> 참조).

표 2-35   George & Wilding의 이데올로기유형론21)

구분		이데올로기			
		반집합주의	소극적 집합주의	페이비언 사회주의	마르크스주의
세부 기준	정부의 개입	부정	조건부 인정	적극 인정	적극 인정
	복지국가에 대한 관점	반대	찬성	적극 찬성	적극 반대
	빈곤완화에 대한 국가의 책임	필요악	최저수준만 보장	지속적인 불평등 완화책임	자본주의체제 하에서 국가에 의한 빈곤소멸은 불가능

먼저, 반집합주의(anti-collectivism)는 정부의 개입을 부정하는 유형으로, 복지국가에 대한 관점 역시 반대입장이 분명하며, 빈곤완화에 대한 국가의 책임에 있어서도 필요악이라고 규정함에 따라 가장 낮은 수준의 사회복지정책을 지향하는 유형이라고 할 수 있다.

소극적 집합주의(reluctant collectivism)는 정부의 개입에 대해 당면문제의 해결 등을 위해 조건부로 참여하는 조건부인정의 입장이며, 복지국가에 대한 관점은 대체적으로 찬성하지만 이는 실용적인 방향을 취하고 있다. 아울러, 빈곤완화에 대한 국가의 책임은 국민최저수준의 보장만 인정함에 따라, 낮은 수준의 사회복지정책을 지향하는 유형이라고 할 수 있다.

페이비언 사회주의(Fabian socialism)는 자본주의체제가 필연적으로 실패할 수 있다는 점에서 이에 대한 수정·보완을 위해서는 정부의 개입이 불가피하다는 입장이다. 이에 따라 복지국가에 대한 관점도 적극 찬성하는 입장이며, 빈곤완화에 대한 국가의 책임 역시 지속적인 불평등 완화에 무게를 두고 있다. 이에 따라 본 유형은 높은 수준의 사회복지정책을 지향하고 있는 것이다.

마르크스주의(Marxism)는 정부의 개입에 대해서는 적극적으로 인정하고 있

---

21) 본 유형론은 George & Wilding(1994)의 이론을 일정부분 수정하여 작성한 것이다.

지만, 복지국가에 대한 관점은 노동계급에 대한 자본계급의 불가피한 최소한의 양보로 본다는 점에서 적극적으로 반대하고 있으며, 빈곤완화에 대한 국가의 책임 역시 자본주의체제가 지속되는 한 국가의 적극적 책임에 의해서도 빈곤은 결코 소멸될 수 없다는 점에서 부정적 입장을 취하고 있다.

(2) 평가

본 이론은 이데올로기 관점에서 복지국가를 설명하고 있다는 점에서, 다양하게 형성되어 있는 국가체제를 설명하는데 설득력을 갖는다. 다만, 이데올로기를 반집합주의, 소극적 집합주의, 페이비언 사회주의, 그리고 마르크스주의로 나누는데 있어, 명확한 세부기준은 미흡한 편이다. 물론, 세부기준으로 정부의 개입, 복지국가에 대한 관점, 빈곤완화에 대한 국가의 책임 등을 제시했으나, 이러한 기준만으로 명확하게 구분하기에는 정체성에 일정부분 한계가 있다고 판단된다. 한편, 현대사회가 보편주의적 복지국가로 지향하고 있다는 점에서, 페이비언 사회주의적 성격으로 나아갈 가능성이 있다고 전망된다.

5. Mishra의 복지국가유형론

(1) 개념

Mishra(1990)는 사회복지영역 등을 기준으로 분화된 복지국가와 통합된 복지국가로 대별하여 복지국가유형론을 제시했다(<표 2-36> 참조).

표 2-36 Mishra의 복지국가유형론[22]

구분		복지국가	
		분화된 복지국가	통합된 복지국가
세부기준	정치지향	조직화된 집단·정당·의회를 통한 분과적 이익의 추구	완전한 시민적·정치적 자유 추구
	사회복지 영역	사회복지가 경제와 구분되고 대립되어, 경제에 악영향을 주는 사회복지는 제한되고, 잔여적 역할만 수행, 즉 경제와 관련하여 뚜렷한 연계를 갖지 않는 사회복지정책 제공	사회복지가 경제와 구분되지 않고 상호의존적 관계로 인식하여, 보편적 사회복지정책이 시장에서도 가능하다고 봄, 즉 사회와 경제 간의 상호관련성을 근거로 사회복지정책 제공
해당 국가		미국, 영국 등	스웨덴, 네덜란드 등

먼저, 분화된 복지국가(pluralistic welfare state)는 미국, 영국 등에서 나타나는 유형으로서, 사회복지가 경제와 구분되고 대립되어, 경제에 악영향을 주는 사회복지는 제한되고, 잔여적 역할만 수행한다는 점에서, 경제와 관련하여 뚜렷한 연계를 갖지 않는 사회복지정책이 제공되는 유형이다.

반면, 통합된 복지국가(corporate welfare state)는 스웨덴, 네덜란드 등에서 나타나는 유형으로서, 사회복지가 경제와 구분되지 않고 상호의존적 관계로 인식하여, 보편적 사회복지정책이 시장에서도 가능하다고 본다는 점에서, 사회와 경제 간의 상호관련성을 근거로 사회복지정책이 제공되는 유형이라고 할 수 있다.

즉, Mishra의 복지국가유형론에서 분화된 복지국가는 경제공간 밖에서 사회복지정책이 추진되고, 통합된 복지국가는 경제공간 안에서 수행되는 것으로 볼 수 있는 것이다.

(2) 평가

본 이론은 복지국가를 설명하는데 있는 복지와 경제의 분화 및 통합을 기

---

22) 본 유형론은 Mishra(1990)의 이론을 일정부분 수정하여 작성한 것이다.

준으로 분화된 복지국가와 통합된 복지국가로 제시하였다는 점에서, 다른 이론
과 일정부분 차별성을 갖는다. 다만, 전체적인 효율성차원에서 어느 복지국가
유형이 최선의 해법인지에 대해서는 제시하고 있지 않아, 이론의 무게중심에
한계를 보이고 있다. 다시 말해서, 각 유형의 장단점을 구체적으로 도출하여 나
아가야할 방향을 제시하지 못하고 있는 것은 아쉬움으로 남는 것이다. 어쨌든,
현대 사회복지정책은 보편주의로 지향하고 있다는 점에서, 통합된 복지국가로
의 지향도 고려할 수 있을 것이다.

6. Wilensky & Leveaux의 2분 유형론

(1) 개념

Wilensky & Lebeaux(1975)는 사회정책의 목표 등을 기준으로 잔여적 복지
국가와 제도적 복지국가로 대별하는 2분 유형론을 제시했다(<표 2-37> 참조).

표 2-37 Wilensky & Leveaux의 2분 유형론[23]

구분		복지국가	
		잔여적 복지국가	제도적 복지국가
세부 기준	사회정책의 목표	가족과 시장체계에서 탈락한 사람에 대한 일시적·한정적·보완적 지원	소득의 재분배기능을 통해 전체국민들의 삶의 질을 지속적으로 지원
	대상	선별층(취약계층)	보편층(전체국민)
	실천주체	자발적인 민간활동 장려	높은 수준의 국가역할
	빈곤의 책임	개인책임	사회책임
	복지욕구의 충족기제	가족·시장 우선	국가의 사회복지정책 우선
	이념	선별주의	보편주의
	시기	초기 산업사회	현대 산업사회

---

23) 본 유형론은 Wilensky & Lebeaux(1975)의 이론을 일정부분 수정하여 작성한 것이다.

먼저, 잔여적 복지국가(residual welfare state)는 초기산업사회에서 나타난 유형으로서 가족 또는 시장과 같은 공급구조가 제 기능을 발휘하지 못하는 경우 탈락한 사람에 대한 일시적·한정적·보완적 지원을 추진하는 것으로, 그 대상은 취약계층 등 선별층에 한정한다. 이는 빈곤의 책임을 개인에 한정하며 자발적인 민간활동을 통해 이들 문제의 치유를 유도함에 따라, 복지욕구의 충족기제는 대개 가족 및 시장이 된다. 즉, 본 유형은 빈민과 같은 선별층에 사회적으로 급부를 제공하는 선별주의를 택하고 있는 것이다.

반면, 제도적 복지국가(institutional welfare state)는 현대 산업사회에서 나타나는 유형으로서 소득의 재분배기능을 통해 전체국민들의 삶의 질을 지속적으로 지원하는 것으로 설명할 수 있다. 이는 빈곤의 책임을 사회로 보며 높은 수준의 국가역할을 통해 복지문제를 시정함에 따라, 복지욕구의 충족기제는 국가의 사회복지정책이 된다. 즉, 본 유형은 전체국민 등 보편층에 대해 국가가 개입하여 사회복지를 구현하는 보편주의를 택하고 있는 것이다.

(2) 평가

복지국가는 크게 취약계층을 대상으로 하는 잔여적 복지국가와 전체국민을 대상으로 하는 제도적 복지국가로 대별할 수도 있는데, 본 이론은 이를 적절하게 설명하고 있다는 점에서, 의미를 갖는다. 다만, 2분 유형론이 이분법적으로만 접근하여 현실적인 절충점을 설명하지 못하고 있는 것은 한계로 지적된다. 어쨌든, 정도의 차이는 있겠지만 소득의 재분배기능을 통해 복지정책을 지속적으로 추진하는 현대 국가의 특징으로 볼 때, 개인책임을 강조하는 잔여적 복지국가에서 사회책임을 강조하는 제도적 복지국가로 진화할 것으로 전망된다.

ADMINISTRATIVE
TYPOLOGY

행정유형의 응용론

ADMINISTRATIVE
TYPOLOGY

제3장

행정유형의 응용론

행정유형의 응용론은 행정유형론을 행정사례에 적용하여 이론을 검증하고 이해를 높이기 위한 장이다.

제1절 **행정유형과 행정사례의 결합 A: 확장된 Wilson의 규제정치유형론을 활용한 종합부동산세정책 분석1)**

1. 서론

과거 권위주의적 시절에서는 정부가 정책을 독점하여 상대적으로 정책변화가 미미했던 반면, 현대 다원주의적 시절에서는 다양한 이익집단, NGO 등이 존재하여 이해당사자가 정부뿐만 아니라 이들까지 확대되어 정책변화는 상대적으로 높은 수준을 나타내고 있는 것이 주지의 사실이다. 이러한 정책 중 가장 큰 비중을 차지하고 있는 것이 규제정책인데, 본 정책은 환경의 변화에 따

---

1) 본 분석은 양승일(2011)을 근거로 재구성한 것이다.

라 규제와 규제완화 등을 반복적으로 되풀이 해 정책의 변화는 높은 수준의 역동성을 나타내고 있는 경우가 많다.

이러한 규제정책 중 하나가 종합부동산세정책인데, 본 정책은 일정수준 이상의 부동산을 소유하고 있는 국민들에게 재산세 등과 더불어 이중으로 과세를 징수하여 부동산시장 안정 등을 지향하려는 정책으로서, 본 정책 역시 이익집단, 정권의 성향 등에 따라 짧은 기간 동안 규제 및 규제완화 등 여러 번의 정책변화가 이어져오고 있는 것이다.

따라서 본 연구에서는 이러한 역동성을 가진 종부세정책을 규제정치차원에서 조명하려고 하는 것이다. 규제정치는 규제 또는 규제완화를 둘러싸고 벌어지는 게임의 장에 따른 정체성을 제고하려는 행태로서, 구체적으로는 비용과 편익에 따라 규제정치를 논리적으로 분석할 수 있는 확장된 Wilson의 규제정치유형론을 활용하고자 한다. 본 이론은 규제정치의 유형뿐만 아니라 규제완화정치의 유형도 포괄하는 이론으로서, 규제정치분야에서는 희소가치가 있을 뿐만 아니라 정책시기별로 규제정치의 정체성을 분석하는데 유용하다는 점에서, 본 연구에서는 이 이론을 채택하여 조명하고자 하는 것이다.

이러한 점에 착안하여 본 연구에서는 다음과 같은 목적을 제시하고자 한다.

첫째, 확장된 Wilson의 규제정치유형론을 활용하여 사회적으로 논쟁이 되고 있는 규제정책인 종합부동산세정책의 역동성을 시기별로 조명해보고, 이를 통해 규제정치 및 규제완화정치의 유형을 도출하여 규제정치의 정체성을 명확히 하고자 한다.

둘째, 이러한 분석과정에서 도출되는 시사점을 조명하여, 현재에도 문제가 되고 있는 적지 않은 유사 규제정책에 일정부분 정책적 함의를 제공하려고 한다.

한편, 본 연구의 공식적 사례명칭은 '종합부동산세정책'이나 분석과정에서 반복 등 중복성을 가급적 지양하기 위해 상황에 따라 약칭인 '종부세정책'으로도 혼용하여 사용하고자 한다.

2. 이론적 배경 및 분석틀

(1) 규제정치의 개념

규제정치(regulatory politics)에 대한 명확한 개념정의는 거의 부재하다는 점에서 합의되거나 일치된 견해가 없는 상황이다. 본 연구에서 다룰 Wilson (1980)의 규제정치이론에서도 규제정치의 유형에 대해서는 비교적 명확히 다루고 있으나, 그 개념에 대해서는 분명한 정의가 없는 실정이다. 이에 따라 본 연구에서는 규제정치를 구성하고 있는 용어인 정부규제와 정치를 먼저 각각 살펴보고 이를 근거로 규제정치의 정의를 내리고자 한다.

먼저, 정부규제(regulation)에 대해 Mitnick(1980)은 공공목적에 따라 제정된 규칙에 따라 정부가 민간의 활동을 행정적으로 감시하는 행동으로 정의했으며, Meier(1991)는 정부가 민간의 행위를 통제하여 규제강화 또는 규제완화하려는 정부의 노력으로 보았다. 그리고 안문석(1987)은 특정집단의 경제활동에 대해 경제적·물리적 제재를 통해 그 활동을 억제하는 정부의 행위로 정의했으며, 이종범(1988)은 정부가 민간부문에 개입하여 그들에게 비용과 편익을 제공함으로써 행동을 제한하는 것으로 보았다. 마지막으로, 최병선(2000)은 바람직한 경제사회의 질서구현을 위해 정부가 시장에 개입하여 기업과 개인의 행위를 제약하는 것으로 정의하였다.

그리고 정치(politics)에 대해, Bentham(1907)은 입법이고, 따라서 정치는 입법부의 구성, 기능, 입법부가 심의·통과시키는 법률이었으며, 이에 따라 정치개혁은 의회정치의 개혁으로 정의하였고, Lasswell(1951)은 누가, 어떻게, 무엇을, 언제? 차지하느냐를 결정하는 규범으로 이해하고, 따라서 희소가치의 분배방식으로 정의했다. 그리고 Easton(1965)은 희소가치의 권위적인 배분으로서, 사회적 가치의 분배방식을 정치의 핵심으로 보았으며, Heywood(2002)는 통치기술, 공적 업무, 타협과 합의, 그리고 권력과 자원배분으로 정의했다.

전술한 정부규제와 정치의 개념정의를 종합하여 이를 근거로 본 연구에서 다룰 규제정치의 개념을 조명해보면, 규제정치란 정부가 민간부문에 개입하여 규제 또는 규제완화를 유인하는 과정 속에서 찬성옹호연합과 반대옹호연합 등

이해당사자들이 자신들에게 유리한 상황을 선점하기 위해서 상호작용을 하며, 이를 통해 그들에게 편익과 비용이 제공과 부담되는 행태라고 할 수 있는 것이다.

(2) 확장된 Wilson의 규제정치유형론

본 연구에서 다룰 규제정치의 유형은 Wilson(1980)의 이론인데, 기본적으로 Wilson의 규제정치이론은 본 분야에서 희소한 가치를 가지며, 비교적 명확한 유형화를 시도하고 있다는 점 등에서, 본 연구에 있어 분석틀의 일부분으로 채택하고 있는 것이다.

Wilson의 규제정치이론은 규제정치의 유형에 초점을 맞추고 있는데, 감지된 편익과 감지된 비용의 넓게 분산 또는 좁게 집중에 따라 대중정치, 고객정치, 기업가정치, 그리고 이익집단정치로 유형화하였다. 여기에서 넓게 분산되었다는 것은 불특정 다수에게 편익 또는 비용이 낮은 수준으로 제공 또는 부담되었다는 것을 의미하고, 좁게 집중되었다는 것은 특정 소수에게 편익 또는 비용이 높은 수준으로 제공 또는 부담되었다는 것을 말한다.

하지만 Wilson의 규제정치이론은 규제완화정치의 유형까지는 설명을 못하고 있는데, 이에 대해 Wilson의 이론을 근거로 규제완화정치의 유형까지 확대·조작해 보면 다음과 같다. 즉, 규제완화가 되면서 대중정치와 이익집단정치는 그대로 유지가 되지만, 고객정치는 기업가정치, 기업가정치는 고객정치로 바뀌게 된다. 이에 따른 대상의 변화는 대중정치가 규제완화되면서 편익에 감지되는 불특정 다수 A와 비용에 감지되는 불특정 다수 B가 각각 불특정 다수 B와 불특정 다수 A로 변화하게 되며, 이익집단정치가 규제완화되면서 편익에 감지되는 특정 소수 A와 비용에 감지되는 특정 소수 B는 각각 특정 소수 B와 득징 소수 A로 나타나게 된다. 그리고 고객정치가 규제완화되면서 편익에 감지되는 특정 소수 A와 비용에 감지되는 불특정 소수 A는 각각 불특정 소수 A와 특정 소수 A로 바뀌게 되며, 기업가정치가 규제완화되면서 편익에 감지되는 불특정 다수 A와 비용에 감지되는 특정 소수 A는 각각 특정 소수 A와 불특정 다수 A로 변화하게 된다. 이에 대한 자세한 설명은 후술할 유형부분에서 조명하고자 한다.

결국, 본 연구에서의 확장된 Wilson의 규제정치유형론은 규제정치의 유형과 규제완화정치의 유형을 모두 포괄하는 개념인 것이다(<그림 3-1> 참조). 따라서 전술한 규제정치는 규제와 규제완화를 모두 포함하는 개념인 반면, 규제정치의 유형은 규제완화를 제외한 규제에 초점을 맞추고 있는 것이다.

그림 3-1 확장된 Wilson의 규제정치유형론[2]

구분	감지된 편익 (넓게 분산)	감지된 편익 (좁게 집중)		감지된 편익 (넓게 분산)	감지된 편익 (좁게 집중)	구분
감지된 비용 — 넓게 분산	대중정치 (majority politics) □편익: 불특정 다수 A □비용: 불특정 다수 B	고객정치 (client politics) ■편익: 특정 소수 A ■비용: 불특정 소수 A	→규제완화	대중정치 (majority politics) □편익: 불특정 다수 B □비용: 불특정 다수 A	기업가정치 (entrepreneur politics) ■편익: 불특정 다수 A ■비용: 특정 소수 A	감지된 편익 — 넓게 분산
감지된 비용 — 좁게 집중	기업가정치 (entrepreneur politics) ○편익: 불특정 다수 A ○비용: 특정 소수 A	이익집단정치 (interest-group politics) ●편익: 특정 소수 A ●비용: 특정 소수 B		고객정치 (client politics) ○편익: 특정 다수 A ○비용: 불특정 소수 A	이익집단정치 (interest-group politics) ●편익: 특정 소수 B ●비용: 특정 소수 A	감지된 편익 — 좁게 집중

[출처] 좌편 Wilson(1980)의 규제정치이론을 근거로 자체적으로 확장·구성

1) 규제정치의 유형

■ 대중정치

규제정치의 유형으로서 대중정치(majority politics)는 불특정 다수 A에게 편

---

2) 그림의 좌편은 규제정치의 유형이고, 우편은 규제완화정치의 유형을 의미한다.

익이 낮은 수준으로 제공되고, 불특정 다수 B에는 비용이 낮은 수준으로 부담
되는 유형이라고 할 수 있다. 대중정치는 해당 규제에 대한 감지된 편익과 비
용이 쌍방 모두 불특정 다수에 미친다는 점에서, 개개인으로 보면 그 크기는
작은 경우이다. 즉, 어느 누구도 특별히 큰 이익이나 큰 손해를 보는 것은 아닌
것이다. 따라서 쌍방 모두 체계적인 정치조직화는 낮은 수준이라고 할 수 있다.
여기에 속하는 규제의 사례는 비교적 드물지만 신문·방송·출판물의 윤리규제,
사회적 차별에 대한 규제 등이 그것이다.

■ 고객정치

고객정치(client politics)는 특성 소수 A에게 편익이 높은 수준으로 제공되
고, 불특정 다수 A에는 비용이 낮은 수준으로 부담되는 유형이라고 할 수 있
다. 고객정치에서 상당한 이익을 얻을 수 있는 소수집단은 대단히 빠르게 정치
조직화하며 그러한 편익이 자신들에게 제도적으로 보장될 수 있도록 하기 위한
정치적 압력을 행사한다. 이들의 정치적 행동은 상대편이 조직화되지 못하고
정치적 세력이 미약하기 때문에 별 도전 없이 받아들여지는 것이 보통인데, 수
입규제 등이 그것이다.

■ 기업가정치

기업가정치(entrepreneur politics)는 불특정 다수 A에게 편익이 낮은 수준으
로 제공되고, 특정 소수 A에는 비용이 높은 수준으로 부담되는 유형이라고 할
수 있는데, 전술한 고객정치와는 반대되는 행태이다. 기업가정치에서 비용을
높은 수준으로 부담해야 하는 기업 등은 잘 조직화되어 정치적으로 막강한 영
향력을 발휘하는 반면, 편익을 기대할 수 있는 집단은 잘 조직화되어 있지 못
하고 정치적 활동도 미약하다. 이런 유형에 속하는 규제는 환경오염규제, 자동
차안전규제, 산업안전규제 등이 좋은 예이며, 이들은 사회적 규제에 속한다.

■ 이익집단정치

이익집단정치(interest-group politics)는 특성 소수 A에게 편익이 높은 수준

으로 제공되고, 특정 소수 B에는 비용이 높은 수준으로 부담되는 유형이라고 할 수 있는데, 전술한 대중정치와는 반대되는 개념이라고 할 수 있다. 이익집단 정치에서 규제로부터 예상되는 비용과 편익이 개개인의 입장에서 볼 때, 대단히 크기 때문에 쌍방이 모두 정치조직화와 정치행동의 유인을 강하게 갖고 있고 조직적인 힘을 바탕으로 서로의 이익확보를 위해 서로가 첨예하게 대립하는 경우이다. 본 유형에 속하는 규제의 사례는 많지 않으나 대표적 일례로 노사관계에 대한 제반의 정부규제 등을 들 수 있다.

2) 규제완화정치의 유형

규제가 완화되면 규제정치의 유형은 다음과 같이 변화되게 된다. 한편, 규제정치의 유형과 마찬가지로 규제완화정치의 유형도 '좁게 집중'되는 경우에는 높은 수준의 정치조직화를 하게 되며, '넓게 분산'되는 경우에는 상대적으로 낮은 수준의 조직화를 추구하게 된다.

■ 대중정치

규제정치의 유형으로서 대중정치가 규제완화의 상황에 놓이게 되면, 불특정 다수 A에게 편익이 낮은 수준으로 제공되고, 불특정 다수 B에는 비용이 낮은 수준으로 부담되었던 행태가 불특정 다수 A에게 비용이 낮은 수준으로 부담되고, 불특정 다수 B에는 편익이 낮은 수준으로 제공되는 것이다. 그러나 편익과 비용이 모두 불특정 다수에게 낮은 수준으로 제공과 부담된다는 점에서, 규제정치의 유형으로서 대중정치가 그대로 유지되는 것이다. 한편, 본 유형에 속하는 사례는 신문·방송·출판물의 윤리규제완화, 사회적 차별에 대한 규제완화 등이다.

■ 고객정치

규제정치의 유형으로서 기업가정치가 규제완화의 상황에 놓이게 되면, 불특정 다수 A에게 편익이 낮은 수준으로 제공되고, 특정 소수 A에는 비용이 높은 수준으로 부담되었던 행태가 불특정 다수 A에게 비용이 낮은 수준으로 부담되고, 특정 소수 A에는 편익이 높은 수준으로 제공됨에 따라 규제완화정치의 유형으로서 고객정치가 되는 것이다. 한편, 본 유형에 속하는 사례는 환경오염규제완화, 자동차안전규제완화, 산업안전규제완화 등이다.

■ 기업가정치

규제정치의 유형으로서 고객정치가 규제완화의 상황에 놓이게 되면, 특정 소수 A에게 편익이 높은 수준으로 제공되고, 불특정 다수 A에는 비용이 낮은 수준으로 부담되었던 행태가 특성 소수 A에게 비용이 높은 수준으로 부담되고, 불특정 다수 A에는 편익이 낮은 수준으로 제공됨에 따라 규제완화정치의 유형으로서 기업가정치가 되는 것이다. 그리고 본 유형은 전술한 고객정치와 반대되는 행태가 되는 것이다. 한편, 본 유형에 속하는 사례는 수입규제완화 등이 있다.

■ 이익집단정치

규제정치의 유형으로서 이익집단정치가 규제완화의 상황에 놓이게 되면, 특정 소수 A에게 편익이 높은 수준으로 제공되고, 특정 소수 B에는 비용이 높은 수준으로 부담되었던 행태가 특성 소수 A에게 비용이 높은 수준으로 부담되고, 특정 소수 B에는 편익이 높은 수준으로 제공되는 것이다. 그러나 편익과 비용이 모두 특정 소수에게 높은 수준으로 제공과 부담이 된다는 점에서, 규제정치의 유형으로서 이익집단정치가 그대로 유지되는 것이다. 그리고 본 유형은 전술한 대중정치와 반대되는 행태가 되는 것이다. 한편, 본 유형에 속하는 사례는 노사관계에 대한 제반의 정부규제완화 등을 들 수 있다.

(3) 규제정치 관련 선행연구

규제정치 관련 선행연구를 살펴보면, 장우영(1975)은 내용규제레짐의 고찰을 중심으로 인터넷 규제정치를 조명하였다. 즉, 규제레짐의 등장은 2000년대를 전후로 본격화되었는데, 사실 인터넷 백본(backbone)의 확장기에 우리나라를 비롯해 주요 국가들은 네트워크의 성장을 촉진하기 위하여 탈규제(de-regulation)

정책을 견지하였다는 것이다. 그것은 인터넷이 매우 시장추동적 전망이 강했기 때문에 그것을 위축시키지 않으려 했던 점, 탈경계적 글로벌 네트워크로서 단일한 규칙을 적용하기 어렵다는 점 때문이었다는 것이다. 따라서 국가개입은 주로 정보화 인프라구축과 시장 활성화 분야에 집중되었으며, 그 외의 분야에서는 비개입주의 또는 제도적 진공상태가 유지되었다는 것이다. 그렇지만 인터넷의 광범한 상업화와 역기능의 부상은 체계적인 국가개입 및 다양한 규제장치의 동원을 불러들였다는 것인데, 주목할 점은 정보주체들 간 정보통제권 이니셔티브 또는 배분구도에 따라 국가별 규제방식이 대조적으로 나타나고 있다는 점이다. 즉, 이 연구는 한국사례를 중심으로 정부주도형 규제레짐의 특성과 시사점을 경험적으로 논의하고자 했던 것이다.

그리고 김성준(2002)은 흡연에 대한 규제정책사례를 중심으로 규제연구의 정치경제학적 방법으로 접근했는데, 규제정책은 정부, 기업, 이익집단, 그리고 국민 사이의 역학관계를 수반하는 정치경제적 과정이며, 이러한 이해관계를 조정·통합하는 것이 규제정책의 성공여부를 좌우한다고 보았다. 따라서 보다 효과적인 규제정책을 위해서는 사회적 제반 영향들과 함께 정치경제의 구조적 상호작용에 대한 성격을 고려한 학제적 연구가 요구된다는 시사점을 제시하였다. 즉, 이 연구는 담배와 흡연에 대한 규제정책의 사례를 중심으로 정부규제에 대한 종합적인 이해의 틀로서 정치경제학적인 연구접근방법의 가능성을 제시하고자 했던 것이다.

또한 최병선(2003)은 정치문화이론의 적용가능성을 근거로 규제문화를 연구했는데, 일반 국민의 규제정책에 대한 선호와 태도는 경제학자들이 규제의 논거로서 제시하고 있는 시장실패이론과는 거의 아무런 관계가 없다고 주장했으며, 대신에 이들의 가치와 신념이야말로 실제 규제정책의 방향과 내용을 결정하고 변화시키는 가장 중요한 요인이었다는 것이다. 오늘날 규제정책영역에서 시민단체가 막대한 역할을 하고 있는 것도 이 때문이라는 것이다. 이 연구는 규제문화라는 개념을 통해 규제영역에서 제기되고 있는, 그러나 기존 이론으로 설명하기 어렵다고 생각되는 문제에 접근하고 있는 것으로, 일례로 정당과 정치이념의 차이를 정치문화로 파악할 수 있듯이, 규제에 대한 서로 다른 선호의 차이를 규제문화라는 개념을 통해 파악해 보려고 하는 것이다. 즉, 규제문화를 '규제를 둘러싼 제도의 구성에 대한 가치와 신념'이라고 정의하고, 기존의 정치문화이론과는 전혀 다른 시각에서 매우 도전적인 이론구성을 선보인 Douglas-Wildavsky의 정치문화이론을 중점적으로 고찰하고 이 이론의 적용을 통한 규제문화 연구의 가능성을 검토하고 몇 가지 시사점을 이끌어내고자 했던 것이다.

그리고 전영평·이곤수(2008)는 유전자변형생명체(GMO)의 규제정치를 분석하였는데, 이 연구는 세계에서 가장 강력한 GMO 규제정책을 채택하고 있는 EU를 사례로 하여 EU의 GMO 규제가 지속적으로 강화되어 온 이유를 설명하고 그에 따른 정책적 함의를 도출하는 것을 목적으로 하였다. 이를 위해 EU의 GMO 규제이슈와 정책대응에 대한 현황 및 논의를 소개하고, GMO 규제의 정치적 역동성을 분석하기 위한 틀을 개발하였으며, 그것을 분석틀로 삼아 EU의 규제강화사례를 집중 분석한 후, 한국의 GMO 규제에 대한 함의와 전망을 제시하였다. EU의 경우 반 GMO 옹호연합의 전략적 활동이 정치적으로부터 강력한 규제정책을 이끌어 내는데 매우 성공적이었다는 사실을 발견한 반면, 한국의 반 GMO 활동은 그 역량은 물론 소비자의 호응을 얻는데 상당한 한계를 노정하였으며, 이에 따라 GMO 규제이슈가 정치적 사안으로서의 지위를 얻지 못하였다는 것이다.

또한 김희경(2009)은 정부규제기구 변화의 정치를 정치행위자의 영향을 중심으로 조명하였는데, 본 연구를 통해서 우리나라 규제기구의 변화는 규제정치의 상황에 따라 많은 부분이 설명될 수 있음을 확인시켰으며, 특히 규제기구별로 나타난 상이한 규제정치, 즉 기업가정치, 관료정치, 이익집단정치는 규제기구의 조직유형 및 규제역량, 규제가치를 결정하는 중요한 부분임을 나타낸다는 것이다. 즉, 우리나라 규제기구의 변화에서 대통령과 국회의 영향은 근본적으로 중요한 정치적 행위자임을 보여주지만, 규제정치는 대통령, 국회의 절대적인 영향 속에서 관료제와 이익집단의 특징적인 모습에 의해 결정될 수 있음을 나타낸다는 것이다. 구체적으로 정치행위자가 기구변화에 대한 강한 반대를 무릅쓰고 이를 추진하는 경우 기업가정치, 이와 반대로 관료기관의 이익을 넘어서지 못하고 관료제 내부의 정치에 머무르는 경우 관료정치, 그리고 관료기관에 비해 상대적으로 이익집단의 영향이 결집되어 나타나는 이익집단정치로 구분될 수 있다는 점을 보여주고 있는 것이다.

지금까지 조명한 규제정치 관련 선행연구들은 전반적으로 규제 또는 규제완화 중 어느 하나에 초점을 맞춰 규제정치를 설명하고 있으며, 이에 대한 상징적인 연구결과물들이 도출되었는데, 첫째, 주요 선진국들은 네트워크의 성장을 촉진하기 위하여 탈규제정책을 견지하였다는 점이다. 둘째, 효과적인 규제정책을 위해서는 정치경제의 구조적 상호작용에 대한 성격을 담은 학제적 연구가 요구된다는 점이다. 셋째, 일반국민의 가치와 신념이야말로 실제 규제정책의 방향과 내용을 결정하고 변화시키는 가장 중요한 요인이라는 점이다. 넷째, EU의 경우 반 GMO 옹호연합의 전략적 활동이 정치적으로부터 강력한 규제정책을 이끌어 내는데 성공적이었다면, 우리나라의 경우는 소비자 등의 호응을 얻는데 상당한 한계가 있었다는 점이다. 다섯째, 규제정치의 유형이 규제기구의 조직유형, 규제역량, 그리고 규제가치의 변화에 상이한 영향을 주었다는 점이다.

이러한 연구결과물들은 본 분야에 나름대로 의미 있는 기여를 하고 있지만, 본 연구는 규제 또는 규제완화라는 이분법적이고 단편적인 분석보다는 현대 다원주의적 체제에 따라 규제와 규제완화를 역동적으로 모두 다루고 있는 입체적인 분석을 하고 있다는 점에서, 선행연구와는 차별성을 갖는다. 또한 선행연구에서 찾을 수 없는 비용과 편익에 따른 유형도출, 그리고 규제완화에 따른 대상의 변화 등을 조명하고 있다는 점 등에서, 이러한 부분을 담고 있는 확장된 Wilson의 규제정치이론은 상대적으로 높은 수준의 설명력을 갖고 있다고 할 수 있는 것이다.

(4) 연구의 분석틀

전술한 확장된 Wilson의 규제정치이론을 근거로 본 연구의 분석틀을 구성해보면 〈그림 3-2〉와 같다.

그림 3-2 분석틀의 구성

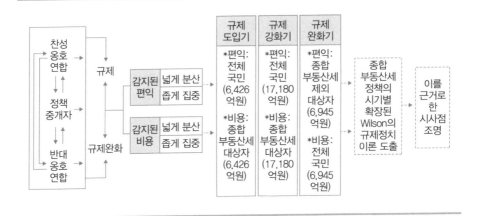

즉, 종부세정책을 둘러싸고 찬성옹호연합과 반대옹호연합, 그리고 정책중개자 등의 상호작용을 통해 규제의 상황이나 규제완화의 상황이 도래하게 되면, 모든 상황에서 이해당사자에게 감지된 편익과 비용에 있어서 넓게 분산 또는 좁게 집중이 존재하며, 이를 종부세정책의 3시기, 즉 규제도입기, 규제강화기, 그리고 규제완화기에 시기별로 적용하여 확장된 Wilson의 규제정치유형론(규제정치 및 규제완화정치의 유형)을 도출하고, 이를 근거로 시사점을 조명하려는 것이다. 한편, 규제도입기와 규제강화기는 규제를 지향한다는 점에서 규제정치의 유형에 해당되며, 규제완화기는 규제완화정치의 유형에 속하는 것이다.

3. 종합부동산세정책의 규제정치 분석

(1) 종합부동산세정책의 의의

1) 종합부동산세정책의 추진경과

종합부동산세정책(general real estate tax policy)이란 지방자치단체가 부과하는 재산세·종합토지세 외에 일정기준을 초과하는 토지와 주택소유자에 대해서 국세청이 별도로 누진세율을 적용해 국세를 부과하는 제도로서, 2005년 1월부터 시행되었으며, 기본적으로 부동산투기 억제 및 부동산값 안정 등을 지향하려는 규제정책인 것이다.

본 정책의 추진경과를 간략히 살펴보면, 2003년 9월 노무현정부가 종합부동산세의 신설을 발표하고 이를 근거로 2005년 1월 주택 9억원 초과에 대해 종부세 부과 등을 담은 종부세법안이 국회를 통과하면서 본격화되었다. 본 정책은 더 나아가 2005년 12월 주택 6억원 초과에 대해 종부세 부과 등을 담은 종부세법안이 국회를 다시 통과함으로써, 규제강화에 이르게 된다. 하지만 이명박정부로의 정권교체, 헌법재판소의 일부위헌 판결 등이 결합되면서 2008년 12월에 국회는 규제완화를 근간으로 하는 1세대 1주택자의 경우 9억원 초과에 대해 종부세 부과 및 개인별 합산과세 등을 통과시키게 된다(<표 3-1> 참조).

표 3-1 종합부동산세정책의 추진경과

일자	주요내용
2003.09.01	노무현정부, 종합부동산세 신설발표
2003.10.29	노무현정부, 주택시장안정 종합대책 발표 (종부세 시행시기를 2006년에서 2005년으로 단축결정)
2005.01.01	국회, 주택 9억원 초과 종부세 부과 등을 담은 종부세법안 통과
2005.08.31	노무현정부, 8.31 부동산대책 발표 (종부세 과세기준을 6억원으로 낮추는 등 규제강화 검토)
2005.12.30	국회, 주택 6억원 초과 종부세 부과, 세대별 합산과세 등을 담은 종부세법안 통과
2008.01.14	이명박대통령 당선인, 신년기자회견에서 하반기 중 종부세법을 규제완화하는 방향으로 개정 시사 발언
2008.04.17	서울행정법원, 종부세 세대별 합산과세 규정 위헌소지 판단
2008.11.13	헌법재판소, 주거목적 장기 1주택자에 대한 과세 헌법불합치 판결·세대별 합산과세 위헌 판결
2008.12.12	국회, 1세대 1주택자 9억원 초과 종부세 부과 및 개인별 합산과세 등을 담은 종부세법안 통과

[출처] 연합뉴스〈http://www.yonhapnews.co.kr〉, 조선일보〈http://www.chosun.com〉, 한겨레신문〈http://www.hani.co.kr〉을 근거로 구성.

2) 종합부동산세정책의 시기별 구분

전술한 추진경과를 근거로 종합부동산세정책을 시기별로 구분해 보면 〈표

3-2)와 같은데, 기본적으로 시기별 구분의 가장 중요한 기준은 촉발기제(triggering mechanism)이다. 촉발기제는 특정시기로 전환시키는 중요한 사건으로서, 이를 근거로 종합부동산세정책을 규제도입기, 규제강화기, 그리고 규제완화기로 구분할 수 있는 것이다.

표 3-2 종합부동산세정책의 시기별 구분3)

구분	정책형성과정		정책집행과정
	촉발기제	정책산출	
규제도입기	2003.09.01 (노무현정부, 종부세 신설 발표)	2005.01.05 (주택 9억원 초과 종부세 부과 등을 담은 법 공포·시행)	2005.01.05- 2005.12.30
규제강화기	2005.08.31 (노무현정부, 부동산대책 발표)	2005.12.31 (주택 6억원 초과 종부세 부과 등을 담은 법 공포·시행)	2005.12.31- 2008.12.25
규제완화기	2008.01.14 (이명박대통령 당선인, 신년기자회견에서 종부세법 개정 발언)	2008.12.26 (1세대 1주택자 9억원 초과 종부세 부과 등을 담은 법 공포·시행)	2008.12.26- 현재

[출처] 연합뉴스⟨http://www.yonhapnews.co.kr⟩, 조선일보⟨http://www.chosun.com⟩, 한겨레신문⟨http://www.hani.co.kr⟩을 근거로 구성.

먼저, 규제도입기의 경우, 정책형성과정은 2003년 9월 1일에 노무현정부가 종부세 신설을 발표한 촉발기제부터 이를 근거로 2005년 1월 5일 노무현대통령이 주택 9억원 초과에 대해 종부세 부과 등을 담은 종부세법을 공포한 정책산출까지가 되며, 이에 따라 본 시기의 정책집행과정은 정책산출시점부터 다음시기에 새로운 징책산출이 나오기 직전까지가 되는 것이다. 그리고 규제강화기는 노무현정부가 8.31 부동산대책을 발표한 부분이 촉발기제가 되고, 이를 근

---

3) 정책집행과정의 기간이 다음시기의 정책형성과정과 중복되는 부분이 존재하는데, 이는 정책집행과정의 기간을 다음시기에 있어서 새로운 정책산출 직전까지로 규정했기 때문이다. 따라서 중복되는 기간은 정책집행과정이면서, 동시에 다음시기의 정책형성과정이라는 2가지 성격이 존재하는 것이다.

거로 정책산출이 나오며, 이때부터 다음시기의 정책산출이 도래하기 직전까지가 정책집행과정이 되는 것이다. 규제완화기 역시, 이명박대통령 당선인이 신년기자회견에서 종부세법을 개정할 수 있다는 발언이 촉발기제가 되고, 이를 근거로 정책산출 및 정책집행과정이 이루어지는 것이다.

3) 종합부동산세정책 관련 선행연구

본 연구의 사례인 종합부동산세정책 관련 선행연구를 조명해보면, 먼저 유태현·현성민(2005)은 종합부동산세 과세권의 조정에 관한 연구를 했는데, 이 연구는 종합부동산세를 포함한 현행 부동산보유세의 현황과 문제점을 살펴보고 합리적인 개선방안을 모색하는데 목적을 두고 있다. 종합부동산세의 도입을 핵심으로 하는 최근 부동산보유세제 개편의 문제점을 두 가지로 축약한다면 하나는 제대로 된 국민적 합의 내지 지지 없이 이루어졌다는 것이고, 둘째는 지방자치의 본질에 역행하는 조치라는 것이다. 아무리 좋은 정책목표를 가지고 있다하더라도 접근방식과 상황에 따라서는 의도하지 않은 잘못된 결과가 나타날 수 있다는 점을 간과해서는 안 된다는 것이다. 종합부동산세가 안고 있는 여러 가지 문제점을 개선하는 근본적인 대책은 그 과세권을 본래의 주인인 지방자치단체로 환원하는 것이라고 할 수 있다. 물론, 현실적으로 종합부동산세의 과세권을 광역자치단체나 기초자치단체에 돌려주는 방안 역시 적지 않은 문제점이 있다는 것이다. 그럼에도 불구하고 지방자치의 정신구현과 지방재정력의 확충 등의 측면을 고려할 때 종합부동산세의 과세권은 지방자치단체에 돌려주는 것이 마땅하다는 것이다. 결과적으로 종합부동산세가 목표로 하는 지방자치단체 간 수평적 형평의 제고를 위하여 광역지방자치단체와 기초지방자치단체가 함께 공동세 형태로 종합부동세를 운용해야 한다는 결론을 도출하였다.

그리고 심원미·이찬호(2008)는 종합부동산세 세율의 적정성과 정책적 목적에 대한 인식을 분석했는데, 이 연구는 설문을 통해 종합부동산세에 대한 국민들의 인식을 분석한 것이다. 분석결과, 종합부동산세의 과세대상이 되는 주택가격대 6억원 초과의 주택을 보유하고 있는 경우가 6억원 이하의 주택의 경우보다 종합부동산세 세율의 적정성에 대해서 부정적으로 인식하는 경우가 많았으며 토지에 대한 종합부동산세의 경우도 동일한 결과를 나타냈다는 것이다. 또한 종합부동산세정책에 대하여 소득재분배, 부동산투기억제, 과세불공평해소 측면에서는 긍정적 역할을 하는 것으로 나타났고, 국가균형발전 측면에 대해서는 부정적 역할을 하는 것으로 나타났다는 점이다.

또한 양충모(2008)는 지방자치제와 종합부동산세에 관한 연구를 했는데, 조세법은 그 추구하는 목적에 따라 재정목적 조세와 정책목적 조세로 구분할 수 있다는 것인데, 재정목적 조세에 있어서는 납세자들 사이에 조세를 평등하게 배분할 것이 요구되고, 정책목적 조세에 있어서는 조세가 추구하는 목적에 효율적인 수단이 될 것과 과잉금지원칙이 준수될 것이 요구된다는 것이다. 그러나 종합부동산세법은 부동산 투기억제라는 정책목적과 지방재정확충이라는 재정목적이 등가적으로 결합됨으로써 법논리 내지 제도논리 자체에 내재된 모순을 안고 있으며, 이러한 모순으로 인하여 오히려 지방재정을 열악하게 할 위험이 상존할 수 있다는 것이다. 또한 종합부동산세는 지방세를 국세로 전환하여 운영하게 됨으로써 지방자치단체의 재정권, 자기책임성 등을 약화시킬 수 있으므로 이를 시정하기 위한 제도개선이 필요하다는 결론을 도출하였다.

그리고 우석진·전형힐(2009)은 종합부동산세가 전세가격에 미치는 효과를 분석했는데, 2005년과 2006년 사이에 종부세 기준가격이 공시가격 9억원에서 6억원으로 하향 조정된 것을 준실험적 상황으로 설정하여, 공시가격 6억원 미만의 아파트와 6억원 이상의 아파트의 전세가격을 비교함으로써 종부세의 효과를 식별하였다. 추정결과, 준실험적 상황을 이용하지 않았을 경우 종부세가 전세가격을 낮춘 효과가 있는 것으로 보이지만, 준실험적 상황을 이용하여 아파트 간의 이질성을 통제하고 나면 종부세의 효과는 통계적으로나 경제적으로나 유의미하지 않았다는 것이다.

지금까지 본 연구의 사례인 종합부동산세정책 관련 선행연구를 조명한 결과, 정책의 피드백 등에 의미 있는 기여를 한 것으로 판단된다. 하지만 본 연구는 기존 선행연구와는 다르게 확장된 Wilson의 규제정치이론을 종부세정책에 적용시켜 규제 및 규제완화현상 등이 나오게 되는 요인과 그 유형 등을 객관적으로 조명할 수 있다는 점에서, 기존 선행연구와는 차별성을 갖고 있는 것이다.

(2) 종합부동산세정책의 규제정치 분석

1) 규제도입기

〈표 3-3〉의 구성체계를 활용하여, 규제도입기의 촉발기제부터 정책산출까지의 상호작용을 살펴보고, 그 정책산출 내용을 근거로 규제정치를 조명해 보면 다음과 같다. 이는 이후시기에서도 동일하게 적용된다.

표 3-3 규제도입기 정책옹호연합의 구성체계4)

구분		찬성옹호연합		반대옹호연합		정책중개자	
		공식성 여부		공식성 여부		공식성 여부	
		공식적 정책참여자	비공식적 정책참여자	공식적 정책참여자	비공식적 정책참여자	공식적 정책참여자	비공식적 정책참여자
참여자의 중요성 여부	핵심적 정책참여자	노무현대통령, 정책기획위원회, 국민경제자문회의, 열린우리당(다수여당), 재정경제부	경실련, 참여연대	한나라당(제1야당)	-	-	-
	주변적 정책참여자	새천년민주당(소수여당), 행정자치부, 국정홍보처, 한국조세연구원	삼성경제연구소	기초단체장협의회	-	-	-

---

4) 본 구성체계의 핵심적 정책참여자와 주변적 정책참여자는 전문가 인터뷰를 통한 일치된 결과를 통해 도출되었다. 전문가 인터뷰는 종부세법을 직접 담당했던 전·현직 국회 기획재정위원회 소속 입법조사관 및 보좌관 각각 5인 총 10명을 대상으로 2010년 5월 7일부터 21일까지 전화 및 직접방문을 통해 실시하였고, 여타 사항은 본인들의 희망으로 미공개로 하고자 한다. 아울러, 공식성 여부는 법규에 근거한 경우 공식적 정책참여자로, 그 외에는 비공식적 정책참여자로 규정해 구분하였다. 즉, 공식적 정책참여자는 대

2003년 9월 1일 노무현정부(행정자치부)는 근래에 이르러 특정지역의 주택 가격을 중심으로 한 부동산가격이 급격하게 상승하자, 부동산 과다보유자에 대해 재산세·종합토지세와는 별도로 국세를 신설해 부과한다는 내용의 종합부동산세를 2006년에 도입하여 시행할 것을 발표하게 된다. 이는 기본적으로 부동산 투기를 잡고 부동산값 안정 등을 지향하려는데 목적이 있었다. 이에 대해 즉각적으로 소수여당인 새천년민주당은 찬성입장을 보인 반면, 제1야당인 한나라당은 반대입장을 표명하게 된다. 우선, 민주당은 정부의 부동산 과다보유 과세 강화에 대해 반대할 이유가 없으며, 이는 2002년 대선공약 때부터 부동산 보유과세는 강화하되 거래과세는 낮춰야한다는 게 민주당의 기본정책이었다며 지지입장을 나타냈다. 반면, 한나라당은 부동산 과표 현실화가 전제되지 않은 현재 상태에서 단순하게 부동산 과다보유에 따른 세금추징은 조세 형평성에도 부합되지 않을 뿐만 아니라 2004년 총선을 의식한 포퓰리즘적 발상이라며 강하게 비난하였다. 이에 대해 경실련과 참여연대[5]는 성명서 발표를 통해, 한나라당은 투기세력을 옹호하는 정당을 지향하고 있다며 강하게 반발하면서 신속한 종부세 도입을 요구하였다.

이러한 상황 속에서 부동산시장을 조기에 안정시키기 위해 2003년 10월 29일 재정경제부는 종부세 시행시기를 2006년에서 2005년으로 단축하기로 결정하였고, 12월 5일에는 재정경제부 부동산보유세제개편 실무팀을 발족하기에 이른다. 더 나아가 2004년 3월 3일에 종합부동산세법 제정계획을 발표함에 따라, 부동산 보유세의 국세 및 지방세의 이원화방침을 확인하게 된다. 이러한 흐

통령, 행정부, 입법부, 사법부 등이 되며, 비공식적 정책참여자는 이익집단, NGO, 민간 전문가, 해당주민 등이 해당된다. 이와 같은 분류는 이후시기에도 동일하게 적용된다. 한편, 찬성옹호연합은 종 부세정책을 지지하는 연합이고, 반대옹호연합은 지지하지 않는 연합을 의미한다.

5) 경실련(경제정의실천시민연합)은 1989년 7월 시민·청년·서민층 등이 결성한 시민운동단체이며, 사회적·정치적 부정부패, 건전한 시민의식의 고양, 빈부격차 등을 해소하고, 건전한 생산활동의 활성화를 중요 목적으로 한다. 참여연대는 1994년 9월 10일 결성한 시민운동단체이며, 시민참여·시민연대·시민감시·시민대안을 기치로 범사회적 운동을 전개하는 사회단체이다(네이버 백과사전<http://100.naver.com>을 근거로 구성).

름 속에서 4월 22일 종부세정책의 주도적인 역할을 담당하고 있는 대통령자문 정책기획위원회[6] 위원장이 정부과천청사에서 열린 경제장관간담회에 참석해 종부세의 조문화작업이 5월 중으로 끝날 것이라고 밝혀, 정책도입이 구체적으로 가시화되기에 이른다. 이러한 정책흐름 속에 2004년 4월 15일에 실시된 제17대 총선에서 민주당에서 분리한 열린우리당[7](노무현대통령 소속당)이 152석을 얻어 다수여당의 위치를 점하게 됨에 따라 종부세정책은 더욱 더 탄력을 받게 된 것이다.

이에 따라 정부여당은 2004년 6월 3일과 7월 22일 양일에 걸쳐 부동산 보유세제 개편 공청회를 개최하여 절차적 정당성을 제고하는데 힘을 썼으나, 8월 5일에 기초단체장협의회가 부동산보유세의 국세 및 지방세로의 이원화를 근간으로 하는 종합부동산세 도입을 반대한다는 입장을 발표하게 된다. 이러한 상황에서 9월 15일 노무현대통령은 국민경제자문회의[8] 부동산정책회의를 주재해 토지와 주택의 과다보유자에게 고율의 누진과세를 적용하는 종부세 도입 방침을 적극적으로 논의하게 되는데, 이를 통해 국민경제자문회의도 종부세정책의 주도적인 창구의 역할을 담당하게 된다. 본 부동산정책회의에서 삼성경제연구소는 종부세 도입에는 찬성하되 연착륙을 위해 도입을 2006년으로 1년 연기할 것을 주장하게 되지만, 본회의를 주재한 노무현대통령은 토지와 주택의 과다보유자에게 고율의 누진과세를 적용하는 종부세를 2005년에 도입할 것을 재천명하게 된다. 이에 따라 11월 4일과 11일에 열린 종부세 관련 당정협의회(열린우리당과 재정경제부 등)에서 종부세 과세대상을 국세청 공시지가를 기준으로

---

6) 대통령자문 정책기획위원회는 정치 사회분야 정책의 자문역을 맡은 대통령직속 자문기구로서, 1989년 대통령소속 자문기관인 '21세기위원회'로 발족되었다가, 1995년 본 명칭으로 변경되었다(네이버 백과사전<http://100.naver.com>을 근거로 구성).

7) 열린우리당은 기존의 새천년민주당(2000년 1월 20일 창당)에서 분리하여 2003년 11월 11일에 창당하였고, 제17대 총선에서 152석을 얻어 다수여당이 되었다. 그러나 2008년 2월 대통합민주신당과 합당하여 통합민주당이 되었으며, 같은 해 7월 당명을 변경하여 지금의 민주당이 된 것이다.

8) 국민경제자문회의는 국민경제의 발전을 위한 중요정책 수립에 관하여 대통령의 자문에 응하기 위하여 설립한기구로서, 1999년 11월 20일 헌법 제93조 및 국민경제자문회의법(1999. 8. 31 제정)에 의거하여 설립되었다(네이버 백과사전<http://100.naver.com>을 근거로 구성).

당초 검토되었던 주택 6억원 초과에서 9억원 초과로 확정하기에 이른다. 이에 대해 즉각적으로 경실련과 참여연대 등 시민사회단체는 성명서 발표 등을 통해 부과대상을 9억원 초과로 후퇴한 것은 부동산안정에 부정적 영향을 미칠 것이라면서 비판을 하게 된다.

그럼에도 불구하고, 국정홍보처는 11월 16일 발표한 종합부동산세 도입방침에 대한 국민인지도 조사에서 10명 중 8명꼴로 찬성한다는 결과를 내놓아 정책당국에 힘을 실었으며, 이를 근거로 2004년 11월 18일 열린우리당 김종률의원 외 15명이 종합부동산세법안을 발의하게 된다. 이에 대해 국회 재정경제위원회는 12월 8일 열린우리당 김종률의원이 대표발의한 종합부동산세법안을 놓고 공청회를 가졌는데, 국책연구기관인 한국조세연구원 등은 세부담의 형평성 제고와 집값안정 등에 기여할 수 있다면서, 종부세 도입의 찬성을 주도하기에 이른다.

결국, 본 법률안은 2005년 1월 1일 여야가 모두 참석한 가운데 재석 247명 중 찬성 170명, 반대 69명, 그리고 기권 8명으로 가결되었으며, 반대표는 대부분 한나라당의원이었다. 이에 따라 본 종부세법은 1월 5일 대통령의 공포에 따라 바로 시행되기에 이른다. 기본적으로 규제도입기의 정책산출 내용은 과세방식에 있어서 개인별 합산과세이고, 주택의 경우 공시지가 기준으로 9억원 초과, 1~3%의 세율을 규정하고 있으며, 토지의 경우 나대지 등 종합합산토지는 6억원 초과, 1~4%의 세율, 일반건축물의 부속토지 등 개별합산토지는 40억원 초과, 0.6~1.6%의 세율로 결정된 것이다(조선일보·한겨레신문·연합뉴스 홈페이지를 근거로 구성).

아울러, 옹호연합들의 주요전략을 핵심적 정책참여자 위주로 정리해 보면, 찬성옹호연합의 노무현대통령은 법공포전략, 정책기획위원회는 조문화전략, 국민경제자문회의는 정책회의전략, 열린우리당은 입법화전략, 재정경제부는 당정협의회전략, 그리고 경실련과 참여연대는 성명서전략 등을 나타냈다. 반면, 반대옹호연합의 한나라당은 입법저지전략 등을 나타냈다.

한편, 본 규제도입기의 상호작용은 이후시기보다 낮은 수준으로 분석할 수 있다. 즉, 반대옹호연합의 축인 한나라당이 대다수 서민층 등을 의식해 계속해서 격렬한 반대만은 할 수가 없었는데, 국회 본회의에서 반대표를 행사했지만 불참하지 않은 것이 이를 보여주고 있는 것이다. 아울러, 종부세대상이 되는 해당주민들, 정책중개자 등도 발견되지 않았다는 점에서, 본 시기는 전반적으로 노무현대통령과 열린우리당 등 찬성옹호연합의 일방향적 정책추진이었던 것이다. 따라서 힘의 우위는 찬성옹호연합의 의지대로 정책이 결정되었다는 점에서, 이들에게 있었던 것이다.

그림 3-3 규제도입기의 감지된 편익 및 비용 행태[9]

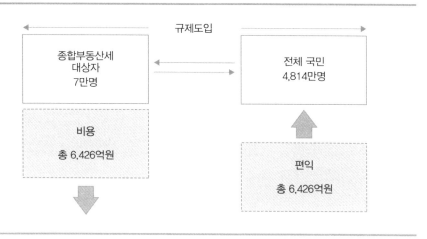

[출처] 국세청〈http://www.nts.go.kr〉, 통계청〈http://kostat.go.kr〉을 근거로 구성

결국, 전술한 규제도입기의 정책산출 내용을 근거로 2005년의 감지된 편익 및 비용 행태를 살펴보면, 종합부동산세 대상자는 7만명이고, 과세액은 총 6,426억원으로 결정되었다는 점에서, 특정 소수인 종부세 대상자들에 의해 비용이 부담되며, 이러한 감지된 비용 6,426억원은 2005년 전체국민, 즉 불특정 다수인 4,814만명에게 지방자치단체의 복지, 교육 등에 사용될 부동산교부세

---

9) 종합부동산세 대상자는 개인과 법인을 합한 수치이며, 각종 단위인 만명, 억원은 각각 반올림 처리한 것이다. 한편, 본 규제도입기의 수치는 정책산출 직후 첫해인 2005년 기준이며, 이후시기인 규제강화기도 정책산출 직후 첫해인 2006년 기준, 규제완화기도 직후 첫해인 2009년 기준으로 일관성 있게 정했다.

행태로 제공되게 된다. 따라서 규제도입기 규제정치의 유형은 감지된 비용은 좁게 집중되고, 감지된 편익은 넓게 분산되는 '기업가정치'의 행태를 갖게 되는 것이다(<그림 3-3>, <표 3-4> 참조).

한편, 규제정치의 유형을 판단함에 있어 좀 더 객관성을 제고시키기 위해 규제전문가 30인을 상대로 설문조사를 실시한 결과,[10] "규제도입기의 유형이 '기업가정치'에 일치하는가?"라는 질문에 평균값이 4.77(중앙값 5, 최빈값 5)로 나타나 그 설득력을 높여주고 있는 것이다.

표 3-4 규제도입기 규제정치의 유형

구분		감지된 편익	
		넓게 분산	좁게 집중
감지된 비용	넓게 분산	대중정치 (majority politics)	고객정치 (client politics)
	좁게 집중	<u>기업가정치</u> <u>(entrepreneur politics)</u>	이익집단정치 (interest-group politics)

---

10) 본 설문조사는 2010년 12월 10일부터 19일까지 진행되었으며, 전·현직 규제개혁위원회 전문가 15인, 한국규제학회 박사급 15인 등 30명을 대상으로 다음과 같은 형식으로 이루어졌으며, 이후 시기에도 동일하게 적용된다. 한편, 여타사항은 전문가들의 요구에 따라 비공개로 하고자 한다.

□ 규제도입기 규제정치의 유형 설문조사 결과

기업가정치				
5(매우 일치)	4(일치)	3(보통)	2(불일치)	1(매우 불일치)
25명	3명	2명	-	-
Mean(평균값)=4.77, Median(중앙값)=5, Mode(최빈값)=5				

2) 규제강화기

표 3-5 규제강화기 정책옹호연합의 구성체계

구분		찬성옹호연합		반대옹호연합		정책중개자	
		공식성 여부		공식성 여부		공식성 여부	
		공식적 정책참여자	비공식적 정책참여자	공식적 정책참여자	비공식적 정책참여자	공식적 정책참여자	비공식적 정책참여자
참여자의 중요성 여부	핵심적 정책 참여자	노무현대통령, 열린우리당 (소수여당), 재정경제부	토지정의 시민연대	한나라당 (제1야당)	-	-	-
	주변적 정책 참여자	민주노동당	경실련	-	헌법포럼	부동산 정책협의회	-

　　종합부동산세 도입에도 불구하고 특정지역의 주택가격을 중심으로 한 부동산시장이 안정을 취하지 못하자, 2005년 8월 31일에 노무현정부(재정경제부)는 8.31 부동산대책을 발표하게 되는데, 그 기본적 골격은 과세방식을 기존 개인별 합산과세에서 세대별 합산과세로, 주택의 경우 공시지가 기준으로 9억원 초과에서 6억원 초과로 변경하는 등 종합부동산세정책의 강화에 초점을 맞추고 있다. 이에 대해 여야는 즉각적으로 논평을 냈는데, 열린우리당[11]의 경우, 이번 대책은 서민과 중산층의 주거생활 안정과 부동산시장의 정상화를 추구하는데 최적의 대안으로 평가되며 전적으로 환영한다는 논평을 발표하게 된다. 반면, 한나라당은 과세방식을 세대별 합산과세로 하고, 주택의 경우 6억원 초과로 변경하는 등의 대책은 세금부담만 늘렸다는 점에서, 이를 완화시키는 방향으로 입법을 마련해야 한다며 강하게 비판을 하게 된다. 아울러, 재17대 총선에서 10석을 차지해 제3당이 된 민주노동당은 본 대책에 대해 원칙적으로는 찬성하지만 좀 더 강력한 대책이 필요하다는 논평을 내게 된다.

---

11) 국회가결 시점을 기준으로, 규제도입기의 열린우리당은 150석 과반수를 유지하여 다수 여당이었으나, 규제강화기에서는 선거법 위반으로 인한 의원직 상실 등으로 인해 144석으로 줄어 소수여당이 되었다.

이러한 상황 속에서 8월 31일 열린우리당은 야당에 종부세 등 부동산종합대책을 전반적으로 논의하기 위한 중재기구인 부동산정책협의회를 제안하게된다. 하지만, 9월 21에 개최된 정책협의회에서 열린우리당은 8.31 부동산대책의 원안 고수를, 한나라당은 기존대로 유지해야 한다는 주장만 하는 등 각 당은 다음 모임약속도 없이 입장차이만 보여, 협의회는 중재기구로서의 기능을다하지 못하게 된다. 이에 대해 경실련은 8.31 부동산대책의 흔들림 없는 입법화를 추진해야 한다며, 국회의 입법과정에서 현재의 세제개혁안조차 후퇴한다면 정치권이 부동산투기를 근절할 의지가 없는 것으로 인식될 수밖에 없다는입장을 보인다(2005년 9월 21일).

이러한 갈등 속에서 열린우리당은 9월 27일 8.31 부동산대책의 내용을 담은 종합부동산세법 개정안을 당론으로 정하고, 이를 김종률의원 외 143명으로발의하게 된다. 이에 대해 헌법포럼(이석현변호사)은 노무현정부가 추진하고 있는 부의 분배와 형평성, 사회적 위화감 해소를 위한 각종 조세정책으로 인해국민은 조세국가적 위기에 직면해 있다고 진단했으며, 우리가 소중히 생각하는개인의 재산권이 서서히 상실해 가고 있다고 종부세정책을 비판하기도 하였다(2005년 10월 11일). 이러한 찬반양론의 분위기 속에서 2005년 10월 12일 국회시정연설(총리대독)에서 노무현대통령은 부동산시장의 안정을 위해 종부세정책의강화는 필수조건이라는 단호한 개혁의지를 나타내기에 이른다. 또한 경실련을비롯한 17개 시민단체의 모임인 토지정의시민연대 역시 한나라당이 주택 9억원 초과를 유지하고 세대별 합산을 부정하는 등의 주장을 하는 것은 종부세의근본취지를 유명무실하게 만들고 있는 것으로, 이는 부동산 부자들이 계속 떼돈을 벌게 해주겠다는 개악이기 때문에 당장 이러한 발상을 철회해야 한다는입장을 성명으로 강경하게 촉구하게 된디(2005년 11월 8일).

이러한 긴장국면 속에서 11월 30일 한나라당은 법인세법 등 감세법안을 수용하면, 종부세법안을 전향적으로 검토하겠다는 입장을 공식제안하게 된다. 그러나 열린우리당은 중산층과 서민의 눈물을 닦아주고 내 집 마련의 꿈을 앞당기기 위한 8.31 부동산대책 후속 입법은 결코 정치적 흥정의 대상이 될 수 없고, 감세법안은 실질적으로 차상위계층 등 서민층에게는 별 다른 혜택이 없다며 단호하게 거부하게 된다.

이러한 상황에서 한나라당 등과 더 이상 성과를 기대하기 어렵다고 판단한 열린우리당은 민주노동당 등과의 연대를 통해 한나라당이 불만을 표시하며 불참한 상황 속에서, 종부세법 개정안을 12월 7일 법안소위, 27일 재경위 전체회의, 그리고 28일 법제사법위원회를 통과시키기에 이른다. 이에 대해 한나라당은 종부세법 개정안의 처리는 날치기 통과라며 이런 식이면 야당이 왜 필요한지 모르겠다며 강력히 반발하기에 이른다.

결국, 본 종합부동산세법 개정안은 2005년 12월 30일 한나라당이 강력히 반발하며, 불참한 가운데 열린우리당이 민주노동당 등과의 연대를 통해 재석 165명 중 찬성 164명, 반대 1명으로 가결시키기에 이르며, 12월 31일 대통령의 공포에 따라 바로 시행되기에 이른다. 기본적으로 규제강화기의 정책산출 내용은 과세방식에 있어서 세대별 합산과세이고, 주택의 경우 공시지가 기준으로 6억원 초과를 규정하고 있으며, 토지의 경우 나대지 등 종합합산토지는 3억원 초과, 일반건축물의 부속토지 등 개별합산토지는 40억원 초과로 변경되었으며, 서비스업토지가 200억원 초과, 0.8%로 새로 도입되어, 본 시기는 이전시기보다 규제가 강화된 것이다(조선일보·한겨레신문·연합뉴스 홈페이지를 근거로 구성).

아울러, 옹호연합들의 주요전략을 핵심적 정책참여자 위주로 정리해 보면, 찬성옹호연합의 노무현대통령은 법공포전략, 열린우리당은 입법화전략, 재정경제부는 발표전략, 토지정의시민연대는 성명전략 등을 나타낸 반면, 반대옹호연합의 한나라당은 입법저지전략 등을 나타냈다. 그리고 정책중개자인 부동산정책협의회는 중개전략을 나타냈다.

한편, 본 규제강화기의 상호작용은 이전시기와 이후시기 간 중간 수준으로 분석할 수 있다. 즉, 반대옹호연합의 축인 한나라당이 기존 수준을 고수하며 저항했는데, 이는 반발하며 국회 본회의에 불참한 것이 이를 보여주고 있는 것이고, 미미하긴 하지만 정책중개자의 모습도 보였다는 점에서, 이전시기보다는 상호작용이 높았다고 할 수 있다. 한편, 상호작용은 이전시기보다는 높아졌지만 힘의 우위는 열린우리당 등 찬성옹호연합의 의지대로 정책이 결정되었다는 점에서, 역시 이들에게 있었던 것이다.

그림 3-4 규제강화기의 감지된 편익 및 비용 행태

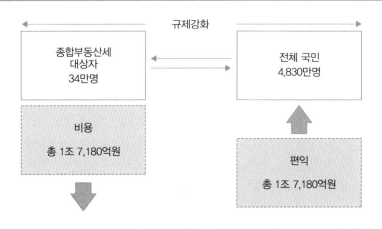

[출처] 국세청〈http://www.nts.go.kr〉, 통계청〈http://kostat.go.kr〉을 근거로 구성

결국, 규제도입기와 마찬가지로, 규제강화기 역시 그 정책산출 내용을 근거로 2006년의 감지된 편익 및 비용 행태를 살펴보면 다음과 같다. 즉, 종합부동산세 대상자는 34만명이고, 과세액은 총 1조 7,180억원으로 결정되었다는 점에서, 규제도입기와 마찬가지로, 특정 소수인 종부세 대상자들에 의해 비용이 부담되었으며, 특히 9억원 이상 주택보유자의 부담은 훨씬 커지게 되었다. 이러한 감지된 비용은 2006년 전체국민, 즉 불특정 다수인 4,830만명에게 부동산교부세 행태로 제공되게 된다. 따라서 규제도입기 규제정치의 유형은 이전시기와 마찬가지로, 감지된 비용은 좁게 집중되고, 감지된 편익은 넓게 분산되는 '기업가정치'의 행태를 갖게 되는 것이다(〈그림 3-4〉, 〈표 3-6〉 참조).

규제도입기와 마찬가지로, 규제정치의 유형을 판단함에 있어 좀 더 정확성을 높이기 위해 규제전문가 30인을 상대로 설문조사를 실시한 결과,[12] "규제강

---

12) □ 규제강화기 규제정치의 유형 설문조사 결과

기업가정치				
5(매우 일치)	4(일치)	3(보통)	2(불일치)	1(매우 불일치)
28명	1명	1명	–	–
Mean(평균값)=4.9, Median(중앙값)=5, Mode(최빈값)=5				

화기의 유형이 '기업가정치'에 일치하는가?"라는 질문에 평균값이 4.9(중앙값 5, 최빈값 5)로 나타나 그 객관성을 보완해 주고 있는 것이다.

표 3-6 규제강화기 규제정치의 유형

구분		감지된 편익	
		넓게 분산	좁게 집중
감지된 비용	넓게 분산	대중정치 (majority politics)	고객정치 (client politics)
	좁게 집중	기업가정치 (entrepreneur politics)	이익집단정치 (interest-group politics)

3) 규제완화기

표 3-7 규제완화기 정책옹호연합의 구성체계

구분		찬성옹호연합		반대옹호연합		정책중개자[13]	
		공식성 여부		공식성 여부		공식성 여부	
		공식적 정책참여자	비공식적 정책참여자	공식적 정책참여자	비공식적 정책참여자	공식적 정책참여자	비공식적 정책참여자
참여자의 중요성 여부	핵심적 정책 참여자	민주당 (제1야당), 민주노동당, 지방자치단체	경실련	이명박 대통령 및 당선인, 한나라당 (다수여당), 기획재정부	해당 주민들	헌법 재판소	–
	주변적 정책 참여자	노무현정부 (청와대)	참여연대	자유선진당, 국가균형 발전위원회	뉴라이트 전국연합	서울 행정 법원	–

---

13) 본래 정책중개자는 해결되지 못한 사항에 대한 외부개입으로서 절충을 모색하는 조직 이라는 점에서, 대개 이분법적으로 접근하는 법원을 포함시키기에는 한계가 있을 수도 있으나, 본 연구에서는 넓은 의미의 정책중개자의 개념으로 접근하여 좀 더 역동성을 조명하려는 것이다.

　　제17대 대통령으로 당선된 한나라당 이명박대통령 당선인은 2008년 1월 14일 신년기자회견에서 부동산시장의 상황을 주시하면서 하반기에 종합부동산 세정책의 완화를 검토할 수 있다는 입장을 밝히기에 이른다. 이에 대해 현 노무현정부(청와대)는 부정적인 입장을 드러내며, 종부세정책의 시행으로 부동산시장이 안정화되어 가고 있다는 점에서, 인수위측이나 국회가 신중히 접근해주길 바란다고 주문했다.

　　이러한 상황에서 제18대 총선(2008년 4월 9일)이 열리게 되는데, 종부세정책 규제완화를 추진하고자 하는 한나라당이 153석을 얻어 다수여당이 된 반면, 종부세정책을 적극적으로 유지해야 한다는 민주당은 81석에 그쳐 소수 제1야당이 되는 상황에 놓이게 된다. 아울러, 공조를 같이 했던 민주노동당 역시 5석으로 17대에 비해 의석수가 반으로 줄어들게 된다. 이에 따라 종부세정책을 둘러싼 갈등은 한나라당 등 반대옹호연합에 유리한 국면으로 접어들게 된 것이다.

　　이러한 국면 속에서 서울행정법원은 종부세의 세대별 합산과세가 위헌소지가 있다는 판단을 내놓게 된다(2008년 4월 17일). 2007년 7월 이 모씨가 종부세의 세대별 합산과세에 대해 위헌법률심판 제청을 신청했는데, 이에 대해 행정법원은 세대별 과세는 5억원인 주택을 1채씩 보유하고 있는 남녀가 혼인 전에는 종부세 과세대상이 되지 않지만, 이들이 혼인해 세대를 구성하게 되면 종부세 과세대상이 되고 다시 이혼하면 종부세 과세대상에서 제외되는 등 세대별 합산과세가 주거현실 및 이에 기초한 경제현실에 부합한다고 볼 수 없다는 결론을 내린 것이다.

　　이러한 판단을 즈음해서, 2008년 1월 28일, 4월 25일, 5월 28일 등에 걸쳐 종부세 대상층인 해당주민들이 종합부동산세의 세대별 합산과세, 1주택자에 대한 과도한 과세, 그리고 재산세·종합토지세 이외의 이중과세 등을 시행하고 있다는 점이 위헌이라는 점을 지적하며, 헌법재판소에 위헌소송을 하는 등 적극적인 모습을 보이게 된다.

　　한편, 규제완화와 관련하여 한나라당의원 등을 중심으로 9개의 종부세법 개정안이 발의되게 되는데, 그 중 이종구의원 외 15명이 7월 22일에 발의한 개정안은 주택 과세기준을 현행 6억원에서 9억원 초과로 높이고, 세부담 상한선을 현행 3배에서 1.5배를 넘지 못하도록 하며, 과세방식을 세대별 합산과세에서 개인별 합산과세로 변경하는 것 등을 핵심으로 하고 있어 구체적이고 높은 수준의 규제완화를 지향하고 있었다. 이와 맥을 같이 하여 이명박정부(기획재정부14))는 종부세 부담 상한선을 1.5배로 하향조정하는 등의 세제개편안을 발표하기에 이른다(2008년 9월 1일).

이를 근거로 9월 22일에 개최된 당정협의회(한나라당과 기획재정부 등)에서 주택 과세기준을 기존 6억원 초과에서 9억원 초과로 상향조정하고, 세율을 1~3%에서 0.5~1%로 낮추기로 결정하기에 이른다. 한편, 세대별 합산과세를 개인별 합산과세로 변경하는 문제는 헌법재판소의 판결이 나온 뒤 결정하기로 한다는 입장을 발표하게 된다(2008년 9월 23일).

이러한 입장에 대해 민주당 등 찬성옹호연합은 즉각적으로 강한 반발을 하게 되는데, 민주당은 이명박정부의 종합부동산세 완화방침에 대해 국민의 뜻을 받들어 단호하게 저지하겠다고 밝히면서, 종부세만큼은 타협의 여지가 없다는 입장을 피력하게 된다. 한편, 시민단체인 경실련도 이날 성명을 통해 종부세 도입취지는 고액 부동산 소유자에게 과세해 조세의 형평성을 높이는 것이라면서, 상위 2%에게만 돌아가는 감세혜택에 동의할 국민들은 많지 않을 것이라고 강조했다. 또한 세제개편 이후에 수혜 가구 대부분이 강남 등지에 몰려있다는 사실은 국민적 위화감을 조성하게 된다며 강도 높게 비판하였다. 아울러, 참여연대도 기자회견을 통해 모처럼 안정되어 가는 부동산시장을 자극해 서민들의 내 집 마련의 꿈을 멀어지게 하고 있다고 시정을 촉구하였다.

이러한 갈등 속에서 2008년 11월 13일 해당주민들이 종부세에 대해 위헌소송한 결과가 나왔는데, 헌법재판소는 거주를 목적으로 한 1주택 장기보유자에 대한 종부세 부과규정에 대해서는 재산권을 침해한다며 헌법불합치결정을 내렸고, 세대별 합산과세에 대해서는 혼인과 가족생활 보장에 관한 헌법에 위반된다며 위헌결정을 내리기에 이른다.

---

14) 기획재정부는 이명박정부의 출범에 맞춰 2008년 2월에 노무현정부시절의 재정경제부와 기획예산처를 통합하여 만들어졌다.

이러한 결정에 대해, 한나라당은 헌재의 결정을 존중하며, 이에 대한 후속 입법을 서둘러야 한다는 논평을 낸 반면, 민주당은 서민들의 내 집 마련의 꿈을 저버린 안타까운 판결이라는 의견을 냈다. 아울러, 소송을 한 해당주민들은 당연한 결과라며 환영의 뜻을 나타냈다. 한편, 시민단체는 상반된 입장을 보였는데, 경실련은 헌재의 세대별 합산과세에 대한 위헌결정은 비정상적으로 왜곡된 부동산시장의 현실을 외면한 것으로 매우 안타깝게 생각한다고 반발한 반면, 뉴라이트전국연합은 가족과 함께 살면서 종합과세 때문에 부동산세를 내야했던 것을 바로잡았다는 점에서 환영한다는 입장을 보였다.

한편, 지방자치단체는 재정수입 감소를 염려하여 반대입장을 분명히 했는데, 실제로 헌재판결에 따른 종부세 완화에 따라 부동산교부세가 낮아져 지자체에 재원조달이 제대로 이루어지지 않을 경우, 시도지사들이 돌아가며 1일 단식투쟁을 벌이는 등 투쟁수위를 높이는 방안까지 고려하고 있다고 밝혔다 (2008.11.25, 정우택충북지사). 이에 대해 국가균형발전위원회는 지방자치단체의 재정보전을 위해 지방소득세 및 지방소비세의 도입방안을 내놓기에 이른다 (2008.12.15). 즉, 대부분의 세원과 세수를 쥐고 있는 중앙정부가 지방자치단체에 필요한 재원을 파악해 나눠주는 방식에서 한 걸음 더 나아가 지방 스스로 세금을 거둘 수 있도록 하는 방안인 것이다.

어쨌든, 이러한 헌법재판소의 판결에 따라 12월 5일 종부세의 과세기준을 현행대로 6억원 이상으로 유지하는 대신, 1세대 1주택자에 대해 3억원의 추가 공제를 해주고, 현행 1~3%인 세율도 0.5~2%로 낮추기로 했으며, 아울러, 개인별 합산과세 등을 담은 종부세법 대안을 기획재정위원회 법안소위 및 전체회의에서 치열한 논쟁 속에 여야합의로 통과시켰으며, 이에 따라 본 대안은 법제사법위원회로 넘겨지게 된다. 하지만 대부분의 민주당과 민주노동당의원의 격렬한 반대 및 점거 속에서, 결국 종부세법 대안은 법사위(위원장은 민주당 소속)에 상정되지 못하고, 본회의 직권상정을 통해 12월 12일 한나라당이 자유선진당 등과 함께 재석 184명 중 찬성 182명, 반대 2명으로 가결시키기에 이른다. 민주당과 민주노동당은 종부세법 대안의 좀 더 심도 있는 논의와 직권상정을 절대 받아들일 수 없다며 불참했고, 본회의장 밖에서 격렬한 농성을 벌였다. 결국, 12월 26일 대통령의 공포에 따라 종부세법은 바로 시행되기에 이른다. 기본적으로 규제완화기의 정책산출 내용은 과세방식에 있어서 개인별 합산과세이고, 주택의 경우 공시지가 기준으로 6억원 초과·1세대 1주택자는 9억원 초과를 규정하고 있으며, 토지의 경우 나대지 등 종합합산토지는 5억원 초과(0.75~2%), 일반건축물의 부속토지 등 개별합산토지는 80억원 초과(0.5~0.7%)로 변경되었으며, 서비스업토지는 폐지되어, 본 시기는 이전시기보다 규제가 완화된 것이다(조선일보·한겨레신문·연합뉴스 홈페이지를 근거로 구성).

아울러, 옹호연합들의 주요전략을 핵심적 정책참여자 위주로 정리해 보면, 찬성옹호연합인 민주당과 민주노동당은 입법저지전략, 지방자치단체는 단식투쟁전략, 경실련은 성명전략 등으로 나타났으며, 반대옹호연합의 이명박대통령 및 당선인은 법공포전략과 기자회견전략, 한나라당은 입법화전략, 기획재정부는 당정협의회전략, 해당주민들은 소송전략 등을 보였다. 그리고 정책중개자인 헌법재판소와 서울행정법원은 중개전략 등을 나타냈다.

한편, 본 규제완화기의 상호작용은 이전시기들보다 높은 수준으로 분석할 수 있다. 즉, 찬성옹호연합의 축인 민주당과 민주노동당은 국회 본회의에서 강력히 반발하며 불참·농성을 하는 등 기존 수준을 고수하며 강력히 저항했는데, 이는 종부세법 대안의 부당성과 대안을 법사위에 상정시키지도 않은 채 직권상정에 이르게 한 부분 등에서 그 요인을 찾을 수 있다. 그리고 법원 등 정책중개자의 모습도 다양하게 보였고, 종부세대상이 되는 해당주민들의 소송 등 적극적인 활동도 발견되었다는 점에서, 이전시기보다는 높았다고 할 수 있는 것이다. 한편, 상호작용은 이전 어느 시기보다도 높아졌지만 힘의 우위는 한나라당 등의 의지대로 정책이 결정되었다는 점에서, 반대옹호연합에 있었던 것이다.

그림 3-5　규제완화기의 감지된 편익 및 비용 행태

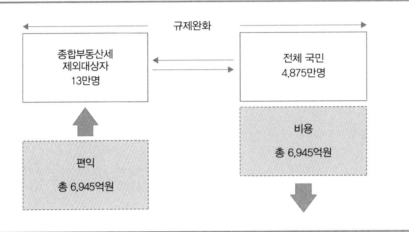

[출처] 국세청〈http://www.nts.go.kr〉, 통계청〈http://kostat.go.kr〉을 근거로 구성

　결국, 규제완화기의 정책산출 내용을 근거로 2009년의 감지된 편익 및 비용 행태를 살펴보면, 이전시기인 규제강화기에 비해 본 시기는 규제완화로 인해 종합부동산세 대상자가 34만명에서 21만명으로 줄어 종부세 제외대상자 13만명이 발생했으며, 과세액 또한 1조 7,180억원에서 1조 235억원으로 줄어 총 6,945억원이 덜 과세되었다는 점에서, 특정 소수인 종부세 제외대상자들에게 총 6,945억원의 편익이 제공되었고, 이러한 감지된 편익으로 인해, 2009년 전체 국민, 즉 불특정 다수인 4,875만명에게 상대적으로 6,945억원의 비용부담이 작용하게 된 것이다. 따라서 규제완화기 규제완화정치의 유형은 감지된 편익은 좁게 집중되고, 감지된 비용은 넓게 분산되는 '고객정치'의 행태를 갖게 되는 것이다(〈그림 3-5〉, 〈표 3-8〉 참조).

　역시, 규제완화기의 유형을 판단함에 있어 좀 더 객관성을 높이기 위해 설문조사를 실시한 결과,15) "규제완화기의 유형이 '고객정치'에 일치하는가?"라는 질문에 평균값이 4.7(중앙값 5, 최빈값 5)로 나타나 그 설득력을 더해 주고 있는 것이다.

---

15) □ 규제완화기 규제완화정치의 유형 설문조사 결과

표 3-8 규제완화기 규제완화정치의 유형

구분		감지된 비용	
		넓게 분산	좁게 집중
감지된 편익	넓게 분산	대중정치 (majority politics)	기업가정치 (entrepreneur politics)
	좁게 집중	고객정치 (client politics)	이익집단정치 (interest-group politics)

(3) 분석의 종합

지금까지 확장된 Wilson의 규제정치유형론을 활용하여 종합부동산세정책을 시기별로 분석한 결과를 정리해 보면 다음과 같다(<표 3-9> 참조).

즉, 규제도입기는 낮은 수준의 상호작용을 근거로 도출된 규제도입의 내용이 감지된 비용에 있어서는 종부세 대상자들에게 좁게 집중되고, 감지된 편익은 국민들에게 넓게 분산되는 '기업가정치'의 행태를 가졌고, 규제강화기는 중간 수준의 상호작용을 근거로 도출된 규제강화의 내용이 감지된 비용에 있어서는 종부세 대상자들에게 좁게 집중되었고, 감지된 편익은 국민들에게 넓게 분산되는 '기업가정치'의 행태를 역시 갖게 된다. 그리고 규제완화기는 높은 수준의 상호작용을 근거로 도출된 규제완화의 내용이 감지된 편익에 있어서는 종부세 제외대상자들에게 좁게 집중되고, 감지된 비용은 국민들에게 넓게 분산되는 '고객정치'의 행태를 나타낸 것이다.

	고객정치			
5(매우 일치)	4(일치)	3(보통)	2(불일치)	1(매우 불일치)
23명	5명	2명	–	–
Mean(평균값)=4.7, Median(중앙값)=5, Mode(최빈값)=5				

표 3-9 종합부동산세정책의 시기별 규제정치 분석결과16)

구분	규제도입기	규제강화기	규제완화기
상호작용	낮은 수준	중간 수준	높은 수준
힘의 우위	찬성옹호연합	찬성옹호연합	반대옹호연합
찬성옹호연합 (핵심적 정책참여자 기준)	노무현대통령, 정책기획위원회, 국민경제자문회의, 열린우리당, 재정경제부, 경실련과 참여연대 등	노무현대통령, 열린우리당, 재정경제부, 토지정의시민연대 등	민주당, 민주노동당, 지방자치단체, 경실련 등
찬성옹호연합의 전략 (핵심적 정책참여자 기준)	법공포전략, 조문화전략, 정책회의전략, 입법화전략, 당정협의회전략, 성명서전략 등	법공포전략, 입법화전략, 발표전략, 성명서전략 등	입법저지전략, 단식투쟁전략, 성명서전략 등
반대옹호연합 (핵심적 정책참여자 기준)	한나라당 등	한나라당 등	이명박대통령 및 당선인, 한나라당, 기획재정부, 해당주민들 등
반대옹호연합의 전략 (핵심적 정책참여자 기준)	입법저지전략 등	입법저지전략 등	법공포전략, 기자회견전략, 입법화전략, 당정협의회전략, 소송전략 등
정책중개자	-	부동산 정책협의회	헌법재판소, 서울행정법원
정책중개자의 전략	-	중개전략	중개전략
과세방식	개인별 합산과세	세대별 합산과세	개인별 합산과세
주택- 공시지가(세율)	9억원 초과 (1-3%)	6억원 초과 (1-3%)	6억원 초과, 1세대 1주택자 9억원 초과(0.5-2%)

---

16) 낮은 수준, 중간 수준, 높은 수준은 상대적 개념에 근거한 것이다.

토지	종합합산토지-공시지가(세율)	6억원 초과 (1-4%)	3억원 초과 (1-4%)	5억원 초과 (0.75-2%)
	개별합산토지-공시지가(세율)	40억원 초과 (0.6-1.6%)	40억원 초과 (0.6-1.6%)	80억원 초과 (0.5-0.7%)
	서비스업토지-공시지가(세율)	-	200억원 초과 (0.8%)	폐지
확장된 Wilson의 규제정치이론[유형]		기업가정치	기업가정치	고객정치

4. 결론

전술한 바와 같이, 확장된 Wilson의 규제정치유형론을 활용하여 종합부동산세정책을 시기별로 규제정치를 분석한 결과, 규제도입기와 규제강화기는 기업가정치, 그리고 규제완화기는 고객정치의 유형이 도출되었다. 이러한 분석과정에서 일정부분 시사점이 발견되는데 이를 살펴보면 다음과 같다.

첫째, 종부세정책의 규제정치 분석은 확장된 Wilson의 규제정치유형론과 일치하였다는 점이다. 본 연구에서는 Wilson의 규제정치이론에서 제시하고 있는 규제정치의 유형을 근거로 규제완화정치의 유형으로 확대하여 이론을 제시하였다. 즉, 규제로 인한 기업가정치가 규제완화가 되면서 고객정치가 되는 것으로 가설을 설정했는데, 본 연구의 사례인 종부세정책을 분석한 결과, 규제완화로 인해 기업가정치가 고객정치로 이어졌다는 점에서, 본 이론을 입증한 것이다.

둘째, 높은 수준의 상호작용은 고객정치에서 정점을 이룬다는 점이다. 종부세정책이 규제완화로 전환되면서 그 유형은 고객정치로 변화되는데, 기존의 기득권을 일정부분 다시 찾게 되는 반대옹호연합은 그 수가 적은 반면, 편익에서 비용으로 전환되는 찬성옹호연합은 그 수가 압도적으로 많다는 점에서, 그만큼 저항은 상대적으로 클 수밖에 없다는 점이다. 따라서 종부세정책의 규제완화로 인해 기업가정치에서 고객정치로 변화되는 규제완화기가 상호작용의 정점을 이루었다고 볼 수 있는 것이다.

셋째, 찬성옹호연합과 반대옹호연합 간 상호작용은 일정한 경계가 있으며,

자생적 질서로 마무리된다는 점이다. 종부세정책을 둘러싼 치열한 상호작용은 촉발기제, 정책산출, 그리고 이를 이어주는 과정 등 경계가 비교적 명확하게 구분된다는 것이다. 또한 이러한 상호작용은 일정부분 비용과 편익이 각 이해당사자들에게 균형 있게 배분되지는 않지만 그 과정을 통해 일정한 결론이 도출·시행되어 국민들이 상당부분 받아들인다는 점에서, 종부세정책을 둘러싼 상호작용은 자생적 질서가 있다고 할 수 있는 것이다.

한편, 시기별로 편익 및 비용대상을 측정할 때 동일한 집단의 동일한 수준으로 접근해야 객관성을 제고할 수 있음에도 불구하고 규제도입기와 규제강화기는 종부세 대상자로 규정하고, 규제완화기는 종부세 제외대상자로 배치했다는 점에서, 차후 좀 더 일관성 있는 접근이 필요할 것으로 판단된다. 아울러, 본 연구는 시기별로 나타나는 종부세정책의 규제정치를 살펴봄으로써 차후 유사 규제정책에 일정부문 정책적 함의를 주는 논문이라는 점에서, 전면적으로 유형을 시도하는 연구는 아니라고 할 수 있다. 하지만 차후에는 모든 유형에 대한 분석을 시도하여 확장된 Wilson의 규제정치유형론을 좀 더 객관화하는데 노력해야 한다고 생각된다. 그리고 본 연구는 종부세정책의 제한된 사례로 규제정치를 분석하고 있다는 점에서, 연구의 일반화에는 일정부분 한계가 있다고 판단된다.

제2절   행정유형과 행정사례의 결합 B: 정책과정에서 나타나는 정책오차의 요인유형론을 활용한 사립학교정책의 분석[17)]

1. 서론

일반적으로 정책은 불확실성(uncertainty) 등을 동반하는데, 대개 정책문제가 어렵다는 것은 이러한 불확실성 등을 해결하기가 어렵다는 것과 같은 의미가 된다. 특히, 정책을 산출하는 정책결정과정의 어려움은 결국 불확실성문제

---

17) 본 분석은 양승일(2012)을 근거로 재구성한 것이다.

로 환원되는데, 문제의 복잡성이 높을수록 인간의 이해를 곤란하게 만들고, 따라서 불확실성은 커지게 되는 것이다. 다시 말해서, 모호성이 높은 수준일수록 해석의 여지는 광범위하고 선택의 불확실성은 증대되는 것이다. 대부분의 정책결정과정 상황 하에서 불확실성이 없다면 대안의 선택이 가설적이어야 할 필요는 없는 것이다. 즉, 불확실성이 없다면 선택의 여지도 없는 것이다. 이러한 어려움을 극복하기 위해 대개 불확실성은 추정되고, 복잡성은 단순화하며, 모호성은 해석되는데, 그럼에도 불구하고 이러한 과정은 필연적으로 정책오차가 개재될 가능성이 높은 것이다(김영평, 1995: 10). 한편, 다원주의시대를 맞이하여 이러한 정책오차는 높은 수준으로 나타날 수 있는데, 이러한 점에서 이를 분석하는 것은 일정부분 의미가 있다고 할 수 있다.

이러한 정책오차는 정책조직들의 치열한 상호작용으로 인한 불확실성 등으로도 충분히 나타날 수 있는데, 노무현정부에 있어서 높은 수준의 갈등이 전개되었던 대표적 사학정책인 개방형이사제가 적절한 사례일 것이다. 개방형이사제는 노무현정부에 있어 최초로 입법화되었고, 실제로 집행이 되었다는 점에서, 이를 둘러싸고 다른 어느 시기보다도 정책주체와 사학법인 사이에 치열한 게임의 장이 펼쳐졌고, 정책의 불확실성도 높았다. 이러한 점을 고려하면, 정책오차를 분석하는 사례로서 본 시기의 개방형이사제는 어느 정도 설득력을 가질 수 있는 것이다.

이에 근거해서 본 연구의 목적을 제시하면 다음과 같다.

첫째, 사학정책의 개방형이사제에 대한 정책오차 유형을 도출하여 정체성을 명확히 하고자 한다.

둘째, 정책결정과정과 정책집행과정에 있어서 개방형이사제를 둘러싼 정책조직의 영향력 수준에 근거한 유형을 각각 도출한다.

셋째, 이러한 영향력 수준에 따른 유형이 정책오차에 어떠한 영향을 미치는지를 살펴본다.

결국, 본 연구는 정책오차라는 이론과 개방형이사제라는 사례를 접목하여, 좀 더 체계적으로 정책오차의 요인을 규명하고, 이러한 분석을 통해 일정부분 시사점을 조명하고자 하는 것이다.

한편, 본 연구에서 정책주체조직은 정책결정조직과 정책집행조직을 포괄하며, 정책조직은 여기에 정책대상조직도 포함하는 의미인 것이다.

2. 이론적 배경 및 분석틀

(1) 정책오차의 의의

1) 정책오차의 개념

본 연구에서는 정책오차(policy error)의 개념정의를 과정 간 오차, 결정오차, 그리고 집행오차로 대별하여 고찰한 후, 이를 근거로 조명하고자 한다.

먼저, 과정 간 오차(process interval error)는 정책오차에서 가장 일반적으로 통용되는 세부개념으로서, 대표적으로 김영평(1995) 등이 언급하고 있다. 김영평(1995)은 정책결정조직이 어떤 정책대안을 채택하는 이유는 그것이 만들어낼 귀결의 조합이 자기가 바라는 것과 가장 가까울 것이라고 예상하기 때문이지만, 거의 대부분의 정책산출물은 예상하는 결과와 예상하지 못한 결과가 함께 나타나기가 보통이라는 것이다. 따라서 예상하지 못한 정책의 귀결이 포함될 수 있다는 것이다. 즉, 정책오차란 정책산출물의 집행결과가 의도했던 것과 다르게 나타나는 것이라고 할 수 있는 것이다. 다시 말해서, 정책결정과정의 정책산출물이 정책집행과정에서 정책집행조직이나 정책대상조직 등에 따라 다르게 집행되거나 집행이 되지 않아 집행결과가 예상한 기대에 크게 미치지 못하는 것을 의미하고 있다. 이렇게 볼 때, 김영평(1995)은 정책오차를 정책결정과정과 정책집행과정 사이의 오차형으로 파악하고 있는 것이다.

이를 근거로 본 연구에서 과정 간 오차는 적절성 여부와 상관없이 정책결정과정과 정책집행과정 사이에서, 정책산출물[18]이 일관되게 집행되지 않고 오차가 발생하는 것이라고 할 수 있다. 본 연구에서 정책오차의 한 세부개념으로서 과정 간 오차를 제시한 이유는 양 과정 사이의 오차현상을 체계적으로 조명함으로써, 차후 이를 수정하여 효율적인 정책추진을 할 수 있도록 일정부분 시

---

18) 정책산출물(policy output)은 정책문제 해결을 위한 여러 정책대안 중 최종적으로 선택되어 결정되어지는 산출물을 의미하는 것으로서, 산출된 정책이라고도 한다.

사점을 제공하는데 있다. 한편, 본 세부개념에 대해 좀 더 이해를 제고하고자 사례를 제시하면 다음 같다. 일례로, IMF 외환위기시기의 공적자금정책의 경우, 정책결정과정에서 정부는 공적자금 159조 6,000억원을 조성·회수하기로 정책을 세웠다. 이를 근거로 정책집행과정에서 154조 9,000억원의 공적자금을 투입했으나 34조 1,918억원, 약 22%의 낮은 회수율을 기록했다. 더욱 더 심각한 문제는 투입된 공적자금 중 30억원 이상이 회수불능으로 나타났다는 점이 과정 간 오차의 사례라고 할 수 있는 것이다(한겨레 인터넷<http://www.hani.co.kr>을 근거로 구성).

그리고, 결정오차(decision error)와 관련하여 Taylor & Russell(1939)의 결정오차 틀[19]이 주목을 받고 있는데, 먼저 적격자에게 적격결정을 내리는 것은 사실긍정, 적격자에게 부적격결정을 하는 것은 거짓부정이라고 할 수 있다. 또한 부적격자에게 적격결정을 내리는 것은 거짓긍정, 부적격자에게 부적격결정을 하는 것은 사실부정이라고 할 수 있는데, 여기서 현실과 결정 사이에 오차가 발생하는 것은 거짓부정과 거짓긍정이라고 할 수 있는 것이다. 이렇게 볼 때, Taylor & Russell(1939)은 정책오차를 거짓부정형과 거짓긍정형으로 제시하고 있는 것이다.

이를 근거로 본 연구에서 결정오차의 개념을 정의해 보면, 정책은 문제시되는 현실을 기본전제로 한다는 점에서, 문제시되는 현실에 정책산출물이 사실로 대응하는 것과 거짓으로 접근하는 것 등 2가지로도 나눌 수 있는데, 이 중 결정오차는 당연히 후자인 것이다. 본 연구에서 정책오차의 한 세부개념으로서 결정오차를 제시한 이유는 대개 정책오차는 김영평(1995) 등이 언급했듯이, 과정 간 오차에 초점을 맞추고 있다는 점에서, 결정오차는 간과되기 쉽다. 따라서 결정과정의 오차를 조명함으로써 입체적 분석을 높이고, 차후 결정오차를 수정

---

19) □ Taylor & Russell의 결정오차 틀

구분		결정치	
		긍정	부정
진실치	사실	사실긍정	사실부정
	거짓	거짓긍정	거짓부정

하는데 일정부분 시사점을 제시하려는데 있는 것이다. 아울러, 본 세부개념에 대해 좀 더 이해를 높이고자 사례를 제시하면 다음과 같다. 일례로, 과거 통합선거법 제87조(단체의 선거운동금지)의 경우, 현실적으로 민주주의사회에서 진정한 일꾼을 선출하기보다는 부정부패 등 문제가 되는 국회의원 등이 선출되는 경우가 많다는 점에서, 객관성을 담보로 하는 시민단체 등의 선거운동 참여는 필요할 것으로 본다. 하지만 의결된 선거법 제87조에서 "단체는 사단·재단 기타 명칭의 여하를 불문하고 선거기간 중에 그 명의 또는 그 대표의 명의로 특정 정당이나 후보자를 지지·반대하거나 지지·반대할 것을 권유하는 행위를 할 수 없다"라고 규정하고 있는 것이다. 즉, 선거법 제87조는 현실을 제대로 반영하지 못하고 있는 정책산출물로서, 세계에서도 그 유례를 찾아볼 수 없는 규정이었던 것이다(양승일·신범순, 2006: 267-268).

마지막으로, 집행오차(implementation error)와 관련하여 체계적인 선행연구는 부재하다는 점에서, 전술한 Taylor & Russell의 결정오차 틀을 확대하여 개념[20]을 살펴보면 다음과 같다. 즉, 적격자에게 적격집행을 하는 것은 사실긍정, 적격자에게 부적격집행을 하는 것은 거짓부정이라고 할 수 있으며, 부적격자에게 적격집행을 하는 것은 거짓긍정, 부적격자에게 부적격집행을 하는 것은 사실부정이라고 할 수 있다. 이에 따라 현실과 집행 사이에 오차가 발생하는 것은 역시 거짓부정과 거짓긍정이라고 할 수 있는 것이다. 이렇게 볼 때, 집행오차는 거짓부정형과 거짓긍정형으로 대별할 수 있다.

마찬가지로, 이를 근거로 본 연구에서 다룰 집행오차의 개념을 조명해 보면, 문제시되는 현실에 정책산출물의 실행이 사실로 대응할 경우, 거짓으로 접근하는 경우 등 2가지가 있는데, 이 중 집행오차는 후자가 되는 것이다. 한편, 본 연구에서 정책오차의 한 세부개념으로서 집행오차를 제시한 이유는 결정오

---

20) □ Taylor & Russell의 결정오차 틀을 근거로 한 집행오차 틀

구분		집행치	
		긍정	부정
진실치	사실	사실긍정	사실부정
	거짓	거짓긍정	거짓부정

차에서도 언급했듯이, 정책오차는 주로 과정 간 오차를 말하고 있고, 이에 따라 집행오차는 더욱 더 간과되기 쉽다. 따라서 집행과정의 오차를 조명함으로써 과정 간 오차, 결정오차와 함께 입체적 분석을 높일 수 있고, 차후 정책사각지대를 세밀하게 수정하는데 참고가 될 수 있는 것이다. 한편, 본 세부개념에 대해서도 좀 더 이해를 제고하고자 사례를 제시하고자 한다. 일례로, 공직선거법 제264조(당선인의 선거범죄로 인한 당선무효)를 근거로 집행되는 사례를 들 수 있다. 현실적으로 부정선거로 인해 민의가 왜곡되어 당선되는 후보들이 많은 실정이다. 이에 선거법 제264조에 근거하여 100만원 이상 벌금형의 선고를 받은 때에는 그 당선은 무효로 한다는 규정이 돈선거, 타락선거 등 문제시되는 현실에 제대로 집행되어야 함에도 불구하고, 1심에서 국회의원 자격상실이 이루어지는 형을 선고받고도 대법원에 가서 벌금 100만원 미만으로 감경되는 경우가 빈번하게 나타나고 있다. 실제로, 15대 국회에서 대상의원 18명 중 대법원 확정판결로 의원직을 잃은 사람은 7명뿐이고, 벌금 100만원 이하의 형이 확정돼 의원직이 유지된 당선자는 11명이었다(양승일·신범순, 2006: 268-269).

이러한 3가지 세부개념을 근거로 본 연구에서 다룰 정책오차의 개념정의를 살펴보면, 정책결정과정과 정책집행과정 사이에, 정책산출물이 예상했던 집행이 되지 않는 상황에서, 동시에 각 과정에서 각각 문제시되는 현실에 제대로 대응하지 못하는 정책산출물 또는 정책실행이 발생하는 것이라고 할 수 있는 것이다. 한편, 이를 세분화하여 유형화해보면 다음과 같이 정리할 수 있다.

2) 정책오차의 유형

전술한 바와 같이, 가장 일반적으로 통용되는 과정 간 오차를 근거로 결정오차와 집행오차를 더해, 정책오차의 유형을 조작해보면, 결정오차형, 집행오차형, 그리고 정책오차형으로 구분할 수 있다.

■ 결정오차형

결정오차형(decision error type)은 정책결정과정에서 정책산출물이 문제시되는 현실상황에 제대로 대응하지 못하는 결정오차가 나타나는 상황에서, 산출된 정책이 정책집행과정에서 다르게 집행되거나 집행이 되지 않는 과정 간 오차를 보이고, 이에 따라 정책실행이 문제시되는 현실상황에 제대로 대응하는 집행일치를 보이는 유형이다(<그림 3-6> 참조).

그림 3-6 결정오차형의 개념틀

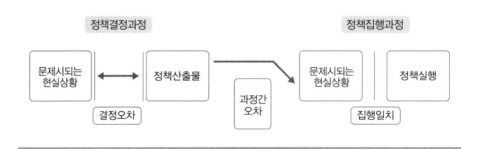

■ 집행오차형

집행오차형(implementation error type)은 정책결정과정에서 정책산출물이 문제시되는 현실상황에 제대로 대응하는 결정일치가 나타나는 상황에서, 산출된 정책이 정책집행과정에서 다르게 집행되거나 집행이 되지 않는 과정 간 오차를 보이고, 이에 따라 정책실행이 문제시되는 현실상황에 제대로 대응하지 못하는 집행오차를 보이는 유형이다(<그림 3-7> 참조).

그림 3-7 집행오차형의 개념틀

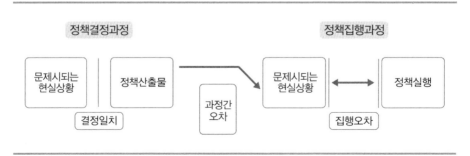

■ 정책오차형

정책오차형(policy error type)은 정책결정과정에서 정책산출물이 문제시되는 현실상황에 제대로 대응하지 못하는 결정오차가 나타나는 상황에서, 산출된 정책이 정책집행과정에서 다르게 집행되거나 집행이 되지 않는 과정 간 오차를 보이지만, 역시 정책실행이 문제시되는 현실상황에 제대로 대응하지 못하는 집행오차를 보이는 유형이다. 즉, 모든 정책과정에서 오차가 나타나는 유형이다 (<그림 3-8> 참조).

그림 3-8 정책오차형의 개념틀

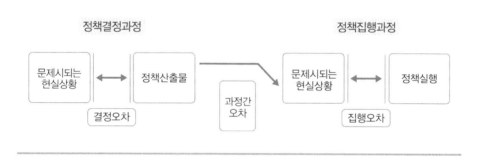

(2) 정책오차의 요인

정책오차의 요인에 대한 논의는 다양하게 전개되고 있다. 즉, 전반적으로 관할권 문제로 인한 정책결정조직과 정책집행조직 등 정책주체조직 간 갈등상황, 정책대상조직의 개입으로 인한 갈등상황, 불확실성으로 인한 확률적 지식에 의존할 수밖에 없는 상황, 정책문제라고 인식한 상태가 실제로 나타나지 않는 상황, 정책결정조직과 정책집행조직의 무능력적 상황, 모호한 정책대안의 상황, 그리고 정책과정에 있어서 불충분한 자원의 상황 등으로 정리할 수 있다 (Siffin, 1980; 김영평, 1995).

이를 근거로 본 연구에서는 정책오차의 요인을 정책결정조직·정책집행조직 등 정책주체조직과 정책대상조직의 영향력에 초점을 맞춰 접근하고자 한다. 과거에 정책은 정책결정조직의 의지에 따라 좌우되며, 정책집행조직은 이를 대체로 순응하는 행태를 띠었고, 정책대상조직은 정책의 공간에서 배제된 것이 주지의 사실이었다. 하지만, 현대 다원주의시대를 맞이하여 정책집행조직은 더 이상 순응의 위치에만 있지 않고 제 목소리를 내는 적극적 존재로 부각되기 시작했다. 실제로 Pressman & Wildavsky(1984)는 정책집행과정에 대해 결정된 정책대안이 '진흙탕을 뚫고 나가는 것(mudding through)'이라고 비유하여 험난한 과정으로 표현했다. 이는 결정된 정책대안이 어떤 효과를 산출할 것인가는 정책집행과정의 해석과 대응방식에 따라 달라질 수 있는 유동적인 문제라는 것으로 정책집행조직의 중요성을 나타내고 있는 것이다. 아울러, 과거와는 달리 이익집단 등 정책대상조직도 정책공간에서 배제되지 않고, 정책에 중요한 변수로 작용하고 있다는 점에서, 정책주체조직과 정책대상조직 간 상호작용은 그 어느 때 보다도 역동성과 중요성을 갖게 된 것이다.

이에 따라 본 연구에서는 이러한 정책조직들의 영향력 수준에 초점을 맞춰 이를 유형화하여, 정책오차에 미치는 요인을 조명하고자 한다. 즉, 정책결정과정에 있어서는 정책결정조직과 정책대상조직으로 대별하여 각각의 영향력에 따라 4가지로 유형화하고, 정책집행과정 역시 정책집행조직과 정책대상조직으로 구분하여 4가지로 유형화할 수 있는 것이다.

한편, 여기서 영향력(influence)은 정책조직들이 제 전략을 사용하여 자신들의 주장을 정책산출물 또는 정책실행에 반영시키는 수준을 의미하는 것이다. 즉, 자신의 의지대로 반영되는 경우 영향력은 높은 수준이 되고, 반대의 경우는 낮은 수준이 되는 것이다.

아울러, 영향력을 정책오차의 요인으로 조작화한 정당성에 대해서 조명해 보면 다음과 같다. 즉, 과거 권위주의체제에서는 주로 정책결정조직에 높은 수준의 영향력이 집중되어, 그 범위가 좁았고 이에 따라 정책오차에 별 다른 영향을 미치지 못했다. 하지만, 현대 다원주의체제에서는 정책결정조직뿐만 아니라 정책대상조직과 정책집행조직의 영향력도 높아졌다는 점에서, 그 범위가 넓어졌고, 이에 따라 상대적으로 정책오차에 중요한 변수로 작용하고 있는 것이 주지의 사실이다. 다시 말하면, 과거 단편적인 영향력이 입체적인 영향력으로 변동되었다는 점에서, 정책오차에 미치는 수준이 과거보다 높아졌고, 이에 따라 현 시점에서 요인변수로 선정한 것은 일정부분 의미가 있는 것이다.

마지막으로, 본 연구에 있어서 정책결정조직은 입법을 담당하는 열린우리당, 한나라당, 민주노동당 등 국회로 한정하며, 정책집행조직은 실행을 담당하는 교육인적자원부 등 노무현정부로 설정한다. 아울러, 정책대상조직은 정책의 타겟(target)이 되는 사학수호국민운동본부 등 사학법인측이 된다.

(3) 정책오차 관련 선행연구

정책오차 관련 선행연구를 비교적 최근시기인 2000년대 이후 시기부터, 상대적으로 논리적 체계를 갖춘 국내문헌 위주로 살펴보면 다음과 같다.

먼저, 심준섭(2004)은 신용카드사 규제정책을 중심으로 불확실성과 정책오차의 이중성을 연구했는데, 인과인식을 기반으로 하는 정책의 예측체계는 불확실성으로부터 완전히 자유로울 수 없으며 불확실성 하의 정책은 오차를 수반할 수밖에 없다는 것이다. 정책오차의 크기는 거짓긍정과 거짓부정의 합으로 나타나는데, 정책실패로 평가되는 오차의 이중성문제는 보건, 복지, 교육, 규제 등 이분법적인 선택을 필요로 하는 여러 정책분야에서 심각한 문제가 되고 있다고 가정하였다. 이에 근거해 Taylor-Russell의 분석틀은 불확실성 차원에서 정책의 거짓긍정과 거짓부정 오차의 상호의존적 관계를 설명함으로써, 정책연구자들에게 정책오차의 이중성을 분석할 수 있는 개념적 틀을 제공하고 있다고 주장한다. 따라서 본 틀을 적용하여 정책오차의 조작적 개념화를 시도하면서, 신용카드 규제정책 사례분석을 통해 불확실성이 일정한 상황에서 한 가지 정책오차를 줄이려는 오차수정의 시도는 또 다른 오차의 비례적 증가를 초래하게 됨을 지적하였다. 결국, 불확실성 하에서 두 정책오차를 동시에 감소시키는 유일한 방법은 정책예측체계의 정확도를 높이는 것이라고 분석했다.

그리고 양승일·신범순(2006)은 보조연기자(extra)에 대한 사회보험제도를 중심으로 정책과정과 현실 사이의 정책오차를 분석했는데, 사회보험정책과 현실 사이에 나타나는 정책오차를 복지사각지대에 노출되어 있는 보조연기자에게 적용하여 그 심각성을 조명하고, 이에 대한 시사점을 조명한 것이다. 즉, 정책은 불확실성으로 인해, 현실과는 괴리된 정책오차가 발생하게 되는데, 이를 유형화하면 설계오차의 순응형, 설계오차의 불응형, 그리고 집행오차형 등으로 분류할 수 있다는 것이다. 분석결과 사회보험제도, 즉 고용보험, 산재보험, 국민연금, 건강보험이 보조연기자에게 제대로 적용되는지 여부를 정책오차를 통해 분석한 결과, 모두 설계오차의 순응형을 나타냈다. 이는 보조연기자의 복지 사각지대에 대한 안전장치가 전무하다는 것으로, 이로 인해 이들의 인권은 지속적으로 악화되고 있다는 것을 암시하고 있는 것이다. 따라서 보조연기자에 대한 4대 사회보험의 정책결정과정에 있어서 적용기준을 법규에 명시하고 정책집행과정에 있어서는 모니터링 시스템을 강화하는 것이 정책오차를 줄이는 해법이 될 수 있다는 것이다.

또한 김정수(2007)는 문예진흥기금의 지원심의방식에 대한 역발상을 중심으로 결정오차를 연구했는데, 보다 나은 품질의 결정을 위해서는 철저한 계산과 엄정한 심의를 거쳐야 한다는 것이 일반적인 통념이라는 것이다. 그러나 엄격하고 공정한 심의에 대한 기대는 환상적인 결정방식을 낳는 것이 아니라 오히려 환상에 불과할 수 있다는 것이다. 즉, 심의절차를 엄격하고 까다롭게 하면 공정한 판정시스템을 구축할 수 있으리라는 기대, 그리고 엄정한 심의과정을 거치면 합리적인 결정이 나오리라는 기대는 모두 환상에 불과할 수 있다는 것이다. 따라서 결정과정을 더욱 엄격하고 까다롭게 만드는 것보다 차라리 단순화시키는 편이 더 나을 수 있다는 것인데, 문예진흥기금의 지원심의와 같이 고도의 불확실성을 가진 결정상황에서는 비합리적으로 보이는 제비뽑기가 역설적으로 보다 현명한 결정방식이 될 수 있다는 것이다.

전술한 선행연구를 조명해 보면, 전반적으로 정책오차를 인지하고 이를 수정하려는 대안제시에 초점을 맞추는 연구경향을 보이고 있으며, 다음과 같은 주요 분석결과가 도출되었다. 첫째, 불확실성 하에서 여러 정책오차를 동시에 감소시키는 유일한 방법은 정책예측체계의 정확도를 제고하는 것이다. 둘째, 정책오차의 유형을 설계오차의 순응형, 설계오차의 불응형, 그리고 집행오차형 등으로 분류하여 이를 통해 오차를 인지하고, 수정해법으로서 정책결정과정과 정책집행과정에서 법규명시와 모니터닝시스템 강화를 통해 정책오차를 최소화

할 수 있다는 점이다. 셋째, 결정오차를 수반할 수밖에 없는 상황에서는 비합리적 수단인 제비뽑기가 오히려 현명한 결정방식이 될 수 있다는 것 등이 그것이다.

이와 같이 기존 선행연구는 정책오차에 있어서 나름대로 의미 있는 기여를 하고 있지만, 요인측면보다는 오차인지를 통한 처방적 해법에 초점을 맞추고 있다는 점에서, 특히 다원주의시대를 맞이하여 더욱 더 중요성을 띠고 있는 정책집행조직이나 정책대상조직 등 정책조직을 활용하여 정책오차의 요인을 탐색하려는 본 연구는 기존 선행연구와 일정부분 차별성을 갖고 있는 것이다.

(4) 연구의 분석틀

정책오차의 유형을 근거로, 사학정책의 개방형이사제를 둘러싸고 발생하는 과정 간 오차, 결정오차, 그리고 집행오차를 분석해 보고, 이러한 오차형성에 영향을 미치는 변수를 정책조직의 영향력 유형측면에서 조명하고자 한다.

즉, 사학정책결정과정에 있어서는 정책결정조직과 정책대상조직으로 구성되며, 개방형이사제 도입에 따른 영향력의 수준에 따라 M-1형, M-2형, M-3형, M-4형으로 나눈다. 사학정책집행과정 역시 유사한 맥락으로 정책집행조직과 정책대상조직으로 구성되며, 영향력의 수준에 따라 I-1형, I-2형, I-3형, I-4형으로 구분한다. 결국, 정책과정별로 가장 설득력 있는 유형을 도출하여, 그 유형이 정책오차에 어떠한 영향을 미치고 있는지를 조명하고자 하는 것이다 (<그림 3-9> 참조).

그림 3-9 분석틀의 구성[21]

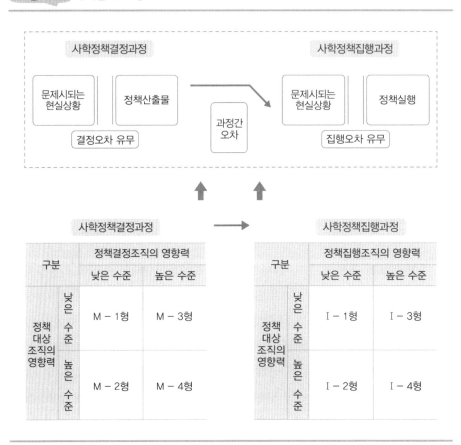

한편, 본 연구에서 사학정책결정과정은 2004년 10월 20일 열린우리당 복기왕의원이 개방형이사제 도입을 주요 내용으로 하는 개정안을 대표발의한 시점부터 2005년 12월 29일 공포시점까지이며, 사학정책집행과정은 공포시점부터 사립학교법이 재개정되어 안정화국면으로 진입하게 되는 2007년 7월 19일까지로 한정한다.

---

21) 정책과정별 세부유형 중 M은 policy Making process의 약칭이고, I는 policy Implementation process의 축약어이다. 한편, 영향력에 근거한 유형에 있어 높은 수준과 낮은 수준은 상대적 개념에 근거한 것이다.

3. 개방형이사제의 정책오차 분석

(1) 개방형이사제의 의의

1) 개방형이사제의 추진경과

사립학교정책에 있어 개방형이사제(recommended director system)는 폐쇄형 이사 등으로 구성되어 있는 현 법인이사회체제에, 학부모, 교원, 지역인사 등으로 구성되어 있는 학교운영위원회나 대학평의원회에서 추천한 인사들을 일정 부분 이사로 포함시켜 학교정책결정의 민주성과 투명성을 확보하고자 하는 제도로서, 노무현정부시기에 처음 도입되었다. 기본적으로 개방형이사제를 둘러싼 정책문제에 있어서 열린우리당, 노무현정부 등 정책결정집행조직은 사학의 공유재산권을 강조하며 지지하는 반면, 사학수호국민운동본부 등 정책대상조직은 사유재산권을 강조하며 반대하는 입장을 나타나게 된다.

한편, 개방형이사제의 추진경과를 간략히 살펴보면 다음과 같다(<표 3-10> 참조).

표 3-10 개방형이사제의 추진경과

일자	주요내용
2004.10.20	열린우리당 복기왕의원, 개방형이사제 도입을 주요내용으로 하는 사립학교법 개정안 대표발의
2004.12.28	열린우리당·민주노동당 교육위원회 위원, 김원기 국회의장에게 본회의 직권상정 요청, 의장은 유보
2005.06.28	국회의장, 개정안의 심사기간을 9월 16일로 지정, 여야 사학법 협상기구 구성
2005.10.19	여야, 사학법 협상 실패
2005.11.30	국회의장, 중재안 제시하고 정기국회 회기 내 처리 천명
2005.12.07	우리당·민주당·민노당, 국회의장 중재안 사실상 수용
2005.12.09	우리당·민주당·민노당, 한나라당 실력저지 속에 개정안 본회의 가결
2005.12.29	노무현대통령, 사립학교법 제7802호로 개정공포
2006.02.24	한나라당 이재오의원, 개방형이사제 철회를 주요내용으로 하는 사립학교법 재개정안 대표발의

2006.04.24	여야, 사학법 재개정 협상 결렬
2007.06.29	한나라당·열린우리당, 6월 임시국회에서 개방형이사제를 타결하기로 합의
2007.07.03	한나라당·열린우리당, 재개정안 국회 본회의 가결
2007.07.19	노무현대통령, 사립학교법 제8529호로 개정공포

[출처] 연합뉴스(http://www.yonhapnews.co.kr), 조선일보(http://www.chosun.com), 한겨레신문(http://www.hani.co.kr) 을 근거로 구성.

먼저, 2004년 10월 20일 열린우리당 복기왕의원이 개방형이사제 도입을 주요내용으로 하는 사립학교법 개정안을 대표발의하자, 이를 둘러싸고 본격적인 게임의 장이 시작되게 된다. 즉, 한나라당 등이 강하게 반발하자 열린우리당·민주노동당의 교육위원회 위원들은 김원기 국회의장에게 사립학교법을 본회의에 직권상정할 것을 요청하게 되지만 의장은 대화가 필요하다며 일단 유보입장을 나타내게 된다. 하지만 계속해서 여야 간에 힘겨루기가 지속되자 의장은 개정안의 심사기간을 2005년 9월 16일로 지정하는 한편, 여야 사학법 협상기구를 구성시키기에 이른다. 그럼에도 불구하고 협상에 실패하자, 의장은 이사정수의 1/4 이상에 대해 학교운영위 또는 대학평의원회가 2배수를 추천하면 이 중 절반을 법인 측에서 임명하는 중재안을 제시하고 정기국회 내 처리를 천명하게 된다.

결국, 우리당·민주당·민노당은 국회의장의 중재안을 수용하게 되고, 한나라당의 실력저지 속에 개정안을 본회의에서 가결하여 집행시키기에 이른다. 하지만 한나라당 이재오의원이 개방형이사제 철회를 주요내용으로 하는 사립학교법 재개정안을 대표발의하자 또 다시 이를 둘러싸고 치열한 상호작용이 나타나게 된다. 이러한 재개정안에 대해 여야는 자신들의 입장만 피력한 채 협상은 결렬되게 되지만, 사학수호국민운동본부 등 사학법인 측의 강렬한 반발 등으로 인해, 양당은 2007년 6월 임시국회에서 개방형이사제를 타결하기로 합의하게 된다. 결국, 개방이사추천위원회에 학교운영위·대학평의원회와 법인에서 각각 과반수를 구성하고 그 비율에 따라 2배수를 추천하면 이 중 절반을 법인에서 임명하는 재개정안을 국회본회에서 가결하게 되고, 2007년 7월 19일 노무현대통령이 공포하자 새로운 개방형이사제의 내용이 다시 공식화되기에 이른다.

2) 개방형이사제 관련 선행연구

개방형이사제는 정책오차라는 이론적 틀에 적용할 사례로서, 비교적 최근에 분석되고 체계적으로 접근한 국내 선행연구를 중심으로 조명해 보면 다음과 같다.

먼저, 손희권(2006)은 개방형이사제의 헌법적합성 여부를 검토하였는데, 분석결과, 개방형이사제는 이사회의 구성방식에 관한 것이고 출연재산의 변동을 초래하지 않으므로 학교법인의 재산권을 침해하지 않는다는 논리를 제시하였다. 그리고 종립학교의 건학이념 구현에 장애가 되지 않기 때문에 학교법인의 종교의 자유를 침해하지 않고, 본 제도가 모든 사립학교에 적용되므로 종교적 중립성을 근간으로 하는 정교분리의 원칙에 위반되지 않는다는 것이다. 또한 학교구성원의 참여와 자치를 고취시키기 때문에 교육의 자주성 및 대학의 자율성에 위반되지 않는다는 점도 밝혔다.

그리고 김병주·김은아·우석구(2008)는 개방형이사제 등 제35차 사립학교법의 개정에 대한 의견조사를 실시하여, 사립학교법인의 자주성과 공공성 의식이 사립학교법에 대한 인식에 어떠한 영향을 주었는가를 연구하였다. 분석결과, 자주성과 공공성 대한 인식이 다를 경우, 사립학교법에 대하여 강조하는 부분에 있어서 분명한 차이를 보여 주었다는 것이다. 즉, 사립학교의 자주성과 공공성에 대한 인식은 일반적으로 대립되고 있었다는 것인데, 따라서 관계를 상쇄할 수 있는 특별한 연구나 협의 없이 어느 한 쪽의 일방적인 주장이나 견해에 근거한 사립학교정책은 바람직하지 않다는 점이다. 결국, 과거와는 다른 다원화된 미래 사회의 인재양성이라는 측면에서 볼 때, 개방형이사제 등에 있어서 사립학교의 자율성에 근거한 정책이 모색되어야 한다는 결론을 제시하였다.

또한 박찬주(2009)는 사립학교법 개정 논의의 주요 쟁점에 해당되는 핵심적인 내용을 교육의 자주성과 공공성을 바탕으로 분석했다. 분석결과, 사학의 투명성과 공공성 확보 차원에서 도입된 개방이사제가 논쟁의 핵심에 자리 잡고 있다고 가정하면서, 현행 사립학교법 시행에 따른 지속적인 갈등을 원만히 해결하기 위해서는 공교육의 질 개선에 관심을 두고 교육의 공공성과 자율성이 조화를 이루는 접점을 찾아야 한다는 것이다. 이러한 시각에서 사학 관련 법규

체제의 정비도 뒤따라야 한다는 점을 강조하였다.

개방형이사제 관련 선행연구를 살펴보면, 전반적인 연구경향이 찬·반 등 가치판단적인 흐름을 보이고 있으며, 다음과 같은 분석결과를 도출하고 있다.

첫째, 개방형이사제는 출연 재산의 변동을 초래하지 않는다는 점, 종립학교의 건학이념 구현에 장애가 되지 않는다는 점, 학교구성원의 참여를 고취시킨다는 점 등에서 헌법적으로 적합하다는 것이다. 둘째, 사립학교의 자주성과 공공성에 대한 인식은 자주성에 초점에 맞추고 있다는 점에서 사립학교의 자율성에 근거한 정책이 탐색되어야 한다는 점이다. 셋째, 개방형이사제를 둘러싼 갈등을 원만하게 해결하기 위해서는 공공성과 자율성의 절충을 찾아야 한다는 것이다.

이러한 연구결과는 본 분야에 나름대로 의미 있는 기여를 하고 있지만 별다른 이론적 배경 없이 가치판단적인 분석에만 머물러 있다는 점에서, 정책오차를 활용하여 개방형이사제의 문제점을 분석하고 그 요인을 탐색하는 본 연구와는 차별성을 갖는 것이다.

이에 근거해서 개방형이사제가 과연 어떤 유형의 정책오차를 나타내고 있는지 조명해 보면 다음과 같다.

(2) 개방형이사제의 정책오차 유형 분석

2004년 10월 열린우리당 복기왕의원이 사립학교법 개정안을 대표발의하면서, 개방형이사제를 둘러싸고 국회 등 정책결정조직과 사학법인 등 정책대상조직의 상호작용은 본격화 된다. 그 결과, 이사정수의 1/4 이상에 대해 학교운영위원회 또는 대학평의원회가 2배수를 추천하면 이 중 절반을 법인 측에서 임명하는 개방형이사제가 국회에서 가결되어 공포(2005.12.29)하게 된다.

기본적으로 전술한 내용은 사학법인의 부정부패 등 문제시되는 현실상황에 적절하게 대응하는 정책산출물로 분석된다. 실제로, 교육인적자원부가 1999년에서 2005년 7월까지 7년에 걸쳐 전체 318개 사립대 가운데 51개교에 대해 감사를 실시한 결과, 사립대 5곳 중 1곳이 대학당국에 의해서 횡령 또는 부당운영을 하고 있는 것으로 나타났다. 이는 전체 20% 정도에서 문제의 소지가 있을 수 있다는 예측을 가능하게 하는 것이다(교육인적자원부<http://www.moe.go.kr>; 양승일·한종희, 2008: 10).

　이러한 현실에 여러 이해당사자들로 구성되어 있는 학교운영위원회 또는 대학평의원회에서 추천한 개방형이사가 법인이사회에 참여하게 된 것은, 최소한 제도적 측면에서 볼 때, 현실을 반영한 것으로 보이며, 따라서 결정오차는 발생되지 않은 것으로 분석된다. 이러한 정책산출물은 정책집행과정으로 이어지게 되는데, 노무현정부 등 정책집행조직과 사학법인 등 정책대상조직 간 상호작용 속에 산출물은 집행으로 이어지는데 있어서 한계를 노출하게 되고 당초 목표로 했던 결과는 제대로 나타나지 않게 되어 과정 간 오차를 보이게 된다. 실제로, 집행과정을 거쳐 사립학교법이 재개정될 때까지 단 한 곳도 개방형이사제를 도입하지 않았다는 점이 이를 반영시켜주고 있는 것이다(연합뉴스<www.yonhapnews.co.kr>).[22] 이에 따라 사학정책집행과정에 있어서 사학법인의 부정부패 등 문제시되는 현실에 개방형이사제가 지양됨으로써, 현실을 제대로 반영하지 못하는 집행오차가 나타나게 된 것이다.

　이러한 근거는 집행과정을 거쳐 나타난 재개정(2007.07.19)을 통해 알 수 있다. 즉, 재개정으로 만들어진 개방이사추천위원회를 통해 2배수로 추천된 개방형이사를 법인에서 임명하게 된 점이다. 다시 말해서, 개방이사추천위원회는 5인 이상의 홀수로 구성되는데, 일반사학의 경우 학교정관에서 위원회의 정수를 11명으로 규정한다면, 학교운영위·대학평의원회는 추천위원이 6명, 법인은 5명이 되지만, 종교사학의 경우는 학교운영위·대학평의원회가 5명, 법인은 6명이 되는 것이다. 결과적으로, 개방이사추천위원회의 학교운영위·대학평의원회와 법인에서 각각 과반수를 구성하고 그 비율에 따라 2배수를 추천하면 이 중에서 절반을 법인이 임명하는 내용으로 재개정되어, 실질적으로 개방형이사제가 형식화되는 도입 이전수준으로 회귀하게 된 것이다.

　이렇게 볼 때, 사학정책결정과정에서 개방형이사제가 부정부패 등 문제시

---

22) 사립학교법 재개정으로 인해 상당부분 개방형이사제가 형식화된 시점(2009.09.09)에서도, 주요대학을 포함한 33개 대가 개방형이사를 단 한명도 선임하지 않았으며, 16개 대는 대학평의원회도 설치하지 않았다(연합뉴스<www.yonhapnews.co.kr>).

되는 현실상황에 제대로 대응하는 결정일치가 나타나지만, 산출된 정책이 정책집행과정에서 제대로 집행이 되지 않는 과정 간 오차를 보이게 되고, 이에 따라 정책집행과정에서 문제시되는 현실상황에 제대로 대응하지 못하는 집행오차를 나타내고 있는 것이다. 결국, 개방형이사제의 정책오차 유형은 집행오차형으로 분석된다(<그림 3-10> 참조).

그림 3-10 개방형이사제의 정책오차 유형

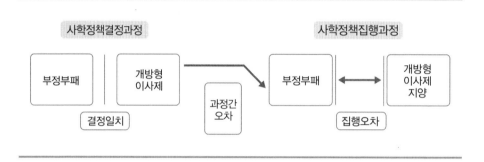

(3) 정책오차의 유형에 대한 요인유형 분석

1) 정책결정과정 측면의 요인유형 분석

■ 정책결정조직 및 정책대상조직의 영향력 유형 분석

2004년 10월 20일 다수여당인 열린우리당 복기왕의원이 개방형이사제를 근간으로 하는 사립학교법을 당론으로 대표발의하면서, 열린우리당 등 정책결정조직과 한국사학법인연합회 등 정책대상조직 간에 게임의 장이 펼쳐지게 된다. 기본적으로, 개정안에서 담고 있는 개방형이사제는 사학법인에 대한 권한 축소의 내용 등을 담고 있다는 점에서, 사학법인 관련 단체는 제 전략을 활용하여 반박을 하게 된다. 먼저, 한국사학법인연합회는 사립학교법 개악저지 전국교육자대회(2004.11.07)를 통해 개방형이사제의 도입은 사립학교의 사유재산권을 침해하는 조항이라며 즉각 철회할 것을 주문하였고, 대한사립중고등학교장회 역시 사립학교법 개정 반대를 위한 집회(2004.11.07)를 통해 사학법이 개정될 경우 학교폐쇄도 불사하겠다는 입장을 피력하게 된다. 또한 한국사립초등

학교장회는 사학법 반대 가정통신문(2004.11.29)을 통해 교육의 내실강화를 위해서는 개방형이사의 진입은 불가하다며 개정안 반대에 동참하겠다는 입장을 보였고, 한국사립대학총장협의회 역시 사립학교법 개정철회를 위한 성명서를 발표(2004.12.15)하면서 사회적 합의 없는 개방형이사제 도입을 반대한다며 반박을 하게 된다.

　　이러한 상황에도 불구하고 열린우리당을 중심으로 하는 개정론자들은 사학도 공유재산이라는 점에서, 투명성 확보를 위해 개방형이사제의 도입은 필수적이라는데 강력한 의지를 대내외에 천명하고, 사학법인연합회 등 정책대상조직의 반박을 무관심으로 일관하며, 제도권인 국회에서 공식적 절차를 밟게 된다. 즉, 열린우리당은 안을 국회 교육위원회에 상정하여 전체회의(2004.12.07)를 주도하고, 바로 법안심사소위원회에 상정시켜 심의(2004.12.15~23)하게 하는 등 적극적인 모습을 보이게 된다. 다수여당으로 구성되어 있는 열린우리당의 입장에서는 해당 상임위원회에서 힘을 바탕으로 개방형이사제 도입을 위한 적극적인 모습을 보였던 것이다. 이러한 상황에서 사학법인에 동조적 행태를 보이고 있는 한나라당 역시 개방형이사제 항목이 빠져 있는 사립학교법 개정안을 김영숙의원이 당론으로 대표발의(2004.12.22)하게 된다. 즉, 사립학교의 자율성 차원에서 개방형이사제 도입은 불가하다는 것이다. 이러한 한나라당 안을 법안심사소위에 상정하여 심의(2004.12.24~25)하게 되지만, 열린우리당의 반대에 막혀 합의에 실패하게 되고, 더 나아가 열린우리당 일부 의원은 개방형이사제 도입을 위한 240시간 연속 의원총회(2004.12.22~31)를 개최하는 등 사학법인 측의 반박에 상관없이 유례없는 강력한 전략을 펼치게 된다. 이러한 전략은 건전 사학지원법 입법지원(2005.02.03) 추진 발표로 이어지게 된다.

　　한편, 기존의 양당 안을 다시 국회 교육위 전체회의(2005.02.22) 및 법안심사소위(2005.06.15~21)의 절차를 밟으면서, 열린우리당은 개방형이사제 관철을 강력하게 주도하게 되지만 제1야당인 한나라당의 반대로 일단 합의에는 실패하게 된다. 이러한 국면에서 한국종교지도자협의회는 한나라당 등에 종교계 지도자의 격려의 말씀(2005.06.28)을 통해 사학법 개정은 국가백년대계를 포기하는 것이며, 더 나아가 자유민주주의에 역행하는 것이라며, 지원을 아끼지 않겠다는 입장을 표명하면서 힘을 실어주는 행태를 보이게 된다.

한편, 열린우리당 소속으로 의장이 되면서 법에 따라 자연탈당을 한 김원기 국회의장은 여야 간에 타협이 되지 않는 답보상태를 감안하여, 심사기간 지정(2005.06.28)을 9월 16일까지로 정하게 된다. 하지만, 또 다시 합의가 되지 않자 국회의장, 열린우리당·한나라당 원내대표 3인은 여야 협의기구를 구성하고, 2차 심사기간을 10월 19일로 다시 정하는데 합의(2005.09.20)하게 된다. 그러나 재지정된 10월 19일까지도 양당은 이분법적 시각만 노출한 채, 절충에 이르지 못하자, 2005년 11월 30일 국회의장은 기존 열린우리당 당론인 학교운영위원회 또는 대학평의원회가 이사정수의 1/4 이상에 대해 모두 개방형이사를 추천하는 안 대신, 학교운영위원회 또는 대학평의원회가 2배수를 추천하면 이 중 절반을 법인 측에서 임명하는 중재안을 제시하게 된다. 아울러, 12월 5일까지 본 중재안에 대해 타협하지 않을 경우 12월 9일 본회의에서 표결처리할 것을 천명하게 된다.

이에 대해 한나라당은 법인 측에 동조하며 의장의 중재안을 받아들일 수 없다는 입장을 발표(2005.12.02)하게 되지만, 열린우리당뿐만 아니라 민주당, 민주노동당 등 야당에서도 중재안을 받아들이겠다며 입법에 합의(2005.12.08)하게 된다.

결국, 국회의장의 중재안에 대해 합의가 되지 않자 2005년 12월 9일 국회 본회의를 열어, 한나라당의 반대 속에 재석 154명, 찬성 140명, 반대 4명, 기권 10명으로 중재안은 가결되게 된다. 이에 대해 사학법인연합회는 대통령의 거부권 행사요청에 대한 청원(2005.12.14)을 통해 사학법의 국회가결은 개악이며, 대통령은 반드시 재의요구[23]를 해야 한다는 협조입장을 피력했고, 한국사립대학학장협의회 역시 사학법 개정안 철회를 촉구하는 긴급 학장회의를 통해 학교 폐쇄도 불사하겠다는 결의(2005.12.21)를 하는 등 반박하게 된다(<표 3-11> 참조).

---

23) 하지만 2005년 12월 29일 노무현대통령은 재의요구 대신 국회에서 가결된 안을 원안대로 공포하게 된다.

| 표 3-11 | 정책결정과정의 정책조직간 전략과 상호작용[24] |

정책결정조직				정책대상조직			
조직명	일시	전략명	상호작용 행태	조직명	일시	전략명	상호작용 행태
열린우리당 복기왕의원	2004. 10.20	당론발의 전략	촉발 행태	한국사학 법인연합회	2004. 11.07	교육자 대회전략	반박 행태
국회 교육위원회	2004. 12,07	전체회의 전략	무관심 행태	대한사립 중고등 학교장회	2004. 11.07	집회 전략	반박 행태
법안심사 소위원회	2004.12. 15-23	심의 전략	무관심 행태	한국사립 초등 학교장회	2004. 11.29	가정 통신문 전략	반박 행태
한나라당 김영숙의원	2004. 12.22	당론발의 전략	동조 행태	한국사립 대학총장 협의회	2004. 12.15	성명서 전략	반박 행태
법안심사 소위원회	2004.12. 24-25	심의 전략	무관심 행태	-	-	-	-
열린우리당 일부 의원	2004.12. 22-31	의원총회 전략	무관심 행태	-	-	-	-
열린우리당	2005. 02.03	입법지원 전략	무관심 행태	-	-	-	-
국회 교육위원회	2005. 02.22	전체회의 전략	무관심 행태	-	-	-	-
법안심사 소위원회	2005.06. 15-21	심의 전략	무관심 행태	한국종교 지도자 협의회	2005. 06.28	격려 전략	지원 행태
국회의장	2005. 06.28	심사기간 지정전략	무관심 행태	-	-	-	-

24) 상호작용행태에서 촉발행태는 각 과정의 상호작용을 본격적으로 시작하게 하는 사건을 의미하고, 반박행태는 상대방조직의 전략에 대해 반대하는 것이며, 동조행태는 찬성하는 것을 말한다. 그리고 지원행태는 자신들의 주장을 관철시키기 위해 같은 입장의 조직을 지원하는 것을 의미하고, 무관심행태는 상대방조직의 존재여부에 신경 쓰지 않고 자신들의 전략만 추구하는 것을 말하며, 협조행태는 정책중개자 등의 조직에게 부탁하는 것을 의미한다. 이러한 상호작용의 행태는 정책집행과정에서도 활용된다.

국회의장, 열린우리당, 한나라당	2005. 09.20	협의기구 구성전략, 심사기간 지정전략	무관심행태 동조행태	-	-	-	-
열린우리당, 한나라당	2005. 10.19	이분법적 전략	무관심행태 동조행태	-	-	-	-
국회의장	2005. 11.30	중재 전략	무관심 행태	-	-	-	-
한나라당	2005. 12.02	발표 전략	동조 행태	-	-	-	-
열린우리당, 민주당, 민주노동당	2005. 12.08	입법합의 전략	무관심 행태	-	-	-	-
국회 본회의	2005. 12.09	입법가결 전략	무관심 행태	한국사학 법인연합회	2005. 12.14	청와대 청원전략	협조 행태
-	-	-	-	한국사립 전문대학 학장협의회	2005. 12.21	의결 전략	반박 행태

[출처] 연합뉴스〈http://www.yonhapnews.co.kr〉, 조선일보〈http://www.chosun.com〉, 한겨레신문〈http://www.hani.co.kr〉을 근거로 구성.

전술한 바와 같이, 전략을 사용한 상호작용 결과, 각 조직의 영향력에 있어서 열린우리당 등 정책결정조직은 자신들의 의지를 전반적으로 반영했다는 점에서 높은 수준을 나타냈고, 한국사학법인연합회 등 정책대상조직은 자신들의 의지를 제대로 반영시키지 못했다는 점에서 낮은 수준을 보여, M-3형으로 분석된다.[25]

즉, 다수여당의 힘을 앞세운 열린우리당은 개방형이사제를 도입히여 시립학교의 공유재산권을 강조했고, 이에 따라 투명성을 제고하여야 한다는 의지가 그 어느 때보다도 강했다. 다시 말해서, 창당(2003.11.11) 직후 시점에서 개혁을

---

25) 본 내용은 결과분석을 기술한 것으로서, 이를 설명하는 과정적 요인분석은 정책결정과정의 정책조직 간 전략과 상호작용을 나타내는 표의 내용이다. 즉, 표에서 설명하는 전략 등을 통하여 결과론적 기술을 설명하고 있는 것이다. 이는 이후 정책집행과정 측면의 요인 분석에서도 동일하게 적용된다.

이루어야 한다는 의지가 높은 수준으로 작용하여, 사학법인 등의 전략에 무관심으로 일관하며 신속하게 입법전략 등을 추진하였던 것이다. 반면, 열린우리당 등에 맞서 정책대상조직도 나름대로 집회전략 등 반박행태를 보였지만, 전에 없었던 개방형이사제의 실제도입에 대한 의구심, 본 과정이 정책결정과정이라는 측면에 당장 피부로는 느끼지 않는다는 점 등에서 소극적인 모습을 보였다.

결국, 이러한 행태는 학교운영위원회 또는 대학평의원회가 2배수를 추천하면 이 중 절반을 법인 측에서 임명하는 개방형이사제로 이어졌다. 이는 열린우리당 등 정책결정조직의 의지대로 사실상 반영되었고, 정책대상조직의 뜻과는 거리가 있었던 것이다.

■ 정책오차에 미치는 요인유형 분석

개방형이사제를 둘러싼 정책결정과정 관련 조직의 영향력 유형을 분석한 결과, M−3형으로 나타났는데, 이러한 유형이 사립학교정책의 오차에 어떠한 영향을 미쳤는지 살펴보면 다음과 같다.

기본적으로 정책오차는 정책결정과정에서 결정일치, 정책집행과정에서 집행오차, 그리고 과정 간 오차를 나타내고 있다. 이에 대해 M−3형이 정책결정과정에서 나타나는 상호작용이고, 개방형이사제를 정책대안으로 채택하려는 열린우리당 등 정책결정조직의 영향력이 높은 수준인 반면, 이를 저지하려는 한국사학법인연합회 등 정책집행조직의 영향력은 낮은 수준을 나타내고 있다는 점에서, 부정부패 등 문제시되는 사학현실에 개방형이사제가 정책산출물로 채택되는 결정일치에 가장 큰 영향을 미친 것으로 분석된다. 하지만, 열린우리당 등이 사학법인연합회 등을 무관심으로 일관하고 철저하게 제도권에서 배제하면서 신속하게 처리했다는 점에서, 채택된 개방형이사제가 정책집행과정에서는 높은 수준의 신념체계로 새롭게 정비된 사학수호국민운동본부 등에 의해 제대로 실행되지 않는 과정 간 오차에도 영향을 주었다. 이에 따라 집행과정에서 부정부패 등 문제시되는 사학현실에 개방형이사제가 제대로 대응하지 못하는 집행오차에도 영향을 미친 행태가 수반된 것이다.

결국, M-3형은 결정일치에 가장 큰 영향을 미쳤고, 다음은 과정 간 오차, 그리고 이에 수반되는 집행오차에 다음 영향을 주었던 것이다.

2) 정책집행과정 측면의 요인유형 분석
■ 정책집행조직 및 정책대상조직의 영향력 유형 분석

2005년 12월 29일 개방형이사제를 주요 내용으로 하는 사립학교법이 공포되자, 정책집행과정의 대표적인 정책대상조직인 사학수호국민운동본부[26]가 출범하게 된다. 본 국민운동본부는 개방형이사제 집행과정에서 노무현정부에 맞서 적극적인 전략을 펼치게 된다. 이러한 상황에서 제주도에 소재한 5개 사립고가 개방형이사제의 공포에 반박하며, 신입생 배정명단에 대한 수령을 거부(2006.01.05)하는 초유의 사건이 발생하게 된다. 이에 대해 교육인적자원부는 신입생 배정거부에 대해 도저히 있을 수 없는 일이라며 강경대응입장을 기자회견(2006.01.05)을 통해 밝히게 되고, 청와대 역시 기자회견(2006.01.07)을 통해 신입생 배정거부는 헌법질서를 정면으로 도전하는 일이라며 반박하게 된다. 더 나아가 국무총리는 관계장관회의(2006.01.08)를 통해 사학비리에 대한 합동감사를 실시하기로 한다. 이에 따라 감사원은 사립학교를 대상으로 특별감사(2006.01.22)를 실시하기에 이른다.

이러한 정부의 움직임에 신입생 배정명단을 거부했던 해당사립고는 방침을 철회했지만, 개방형이사제에 대해 재개정을 요구하는 정책대상조직의 전략은 높은 수준으로 이어지게 된다. 실제로, 2006년 1월 9일 국민운동본부는 사학수호를 위한 목회자 구국기도회를 통해 개방형이사제 도입 등 사학법 개정은 자유민주주의와 시장경제원리에 역행하는 내용이라면서, 이를 백지화하는 재개정을 요구하였다. 그리고 사학법 반대 1000만인 서명운동(2006.01.10~)을 통해 사유재산권을 침해하는 개방형이사제는 반드시 철회되어야 하며, 이를 재개정하지 않을 경우에는 서명운동을 지속할 것이라고 천명하였다. 아울러, 사학법 재개정 촉구 범국민대회(2006.02.11)를 통해, 일부 사학에 국한되어 있는 부

---

26) 본 조직은 한국기독교총연합회, 사학법인연합회, 뉴라이트전국연합 등 400여개 단체로 구성된 최대 규모의 사학법인 관련 정책대상조직이다.

정부패에 대해 전체 사학을 매도하여 개방형이사제 등을 도입하는 것은 문제라며, 재개정될 때까지 국민저항운동을 지속할 것이라는 강력한 메시지를 보이기까지 했다. 또한 사학법 재개정 촉구를 위한 성명서(2006.04.19)를 통해 개방형이사제는 즉시 철폐되어야 하며 재개정이 될 때까지 1000만인 서명운동을 지속할 것이라는 입장을 나타냈다.

이렇게 사학수호국민운동본부 등이 조직적으로 개방형이사제에 대해 다양한 전략으로 반박을 해오자 노무현대통령은 이들에 대해 동조하며, 개방형이사제를 일정부분 양보할 것을 열린우리당에 권고(2006.04.29)하게 된다. 하지만, 열린우리당과 한나라당은 개방형이사제에 대한 실체 인정과 부정이라는 이분법적 접근으로 인해 국회마저 열지 못하게 되자, 국민운동본부는 사학법 재개정 촉구 비상대책회의(2006.06.12)를 통해 개방형이사제의 재개정 촉구를 다시 한번 확인하게 된다. 그리고 기자회견(2006.06.12)을 통해 현 개방형이사제는 위헌소지가 있으므로 불복종운동을 하겠다는 강경입장을 피력하게 된다. 한편, 한국기독교총연합회도 사학수호국민운동본부차원에서 뿐만 아니라 같이 병행하여 개정사학법에 대한 불복종운동을 전개하겠다는 선언(2006.06.12)을 하게 된다. 이에 보조를 맞춰 국민운동본부 역시 기자회견(2006.06.20)을 통해 개방형이사제에 대한 재개정의지를 더욱 더 피력하게 된다. 이러한 상황에서 감사원은 사학비리 특별감사를 발표하게 되는데, 비리가 의심되는 124개 사립학교를 대상으로 감사를 실시한 결과, 대학 7곳과 중고교 15곳 등 모두 22개 학교에서 48명의 범죄 혐의를 적발했다고 발표(2006.06.22)하게 된다.

이러한 발표에 대해 국민운동본부 등 정책대상조직은 다소 위기감을 느끼기도 했으나, 다양한 전략으로 더욱 더 반박을 하게 된다. 먼저, 국민운동본부는 사학법 재개정 촉구청원(2006.06.26)을 국회에 제출하면서 우리나라 교육의 토대를 마련했던 사학에 대한 이 같은 행위는 도저히 용납할 수 없다며 재개정을 협조요청하게 된다. 또한 재개정을 촉구하는 긴급대책 연석회의(2006.07.07)를 통해 대규모 집회 개최 및 참여, 재개정시까지 학교법인의 정관개정 유보, 그리고 기존 정관에 따른 건학이념 구현 등을 의결하는 등 강력한 행동방침을 정하게 된다. 아울러, 대한민국을 위한 비상구국기도회(2006.09.02)를 통해 개방형이사제의 재개정 촉구와 종교교육의 말살 중단을 강력하게 요구하였고, 개정사학법 반대 집회(2006.12.14)를 통해 사유재산권 등 위헌성이 높은 개방형이사제는 반드시 재개정되어야 한다는 입장을 밝히게 된다.

　이와 같이, 사학수호국민운동본부 등 정책대상조직의 입체적이고 조직적이며 체계적인 전략 속에서 2006년 12월 29일 한나라당은 노무현대통령에게 사학법인 등의 불만이 높은 수준이라며, 개방형이사제에 대한 시행을 유보해 주면, 대통령이 추진하고 있는 타 법안에 대해 적극 협조하겠다는 요청을 하게 되고, 이에 대해 긍정적으로 검토하겠다는 입장을 밝히게 된다. 더 나아가 노무현대통령은 강재섭 한나라당 대표와의 회견에서 개방형이사제를 빠른 시일 내에 재개정하겠다는 데에 합의(2007.02.09)하게 된다. 결국, 학교운영위·대학평의원회와 학교법인이 동등하게 참여하는 개방이사추천위원회에서 2배수의 개방형이사를 추천하면 법인에서 임명하는 내용의 재개정안을 민주노동당 등 일부의원의 실력저지 속에 재석 186명, 찬성 143명, 반대 26명, 기권 17명으로 국회에서 가결하게 되고, 대통령은 2007년 7월 19일 가결한대로 공포하게 된다(<표 3-12> 참조).

표 3-12 정책집행과정의 정책조직 간 전략과 상호작용

정책집행조직				정책대상조직			
조직명	일시	전략명	상호작용 행태	조직명	일시	전략명	상호작용행태
-	-	-	-	사학수호 국민운동본부	2005. 12.29	발족 전략	촉발 행태
교육인적 지원부	2006. 01.05	기자회견 전략	반박 행태	세주 5개 사립고	2006. 01.05	신입생거부 전략	반박 행태
청와대	2006. 01.07	기자회견 전략	반박 행태	사학수호 국민운동본부	2006. 01.09	구국기도회 전략	반박 행태
국무총리	2006. 01.08	관계장관 회의전략	반박 행태	사학수호 국민운동본부	2006. 01.10-	서명운동 전략	반박 행태
감사원	2006. 01.22	특별감사 전략	반박 행태	사학수호 국민운동본부	2006. 02.11	범국민대회 전략	반박 행태

노무현 대통령	2006. 04.29	권고 전략	동조 행태	사학수호 국민운동본부	2006. 04.19	성명서 전략	반박 행태
–	–	–	–	사학수호 국민운동본부	2006. 06.12	대책회의 전략	반박 행태
–	–	–	–	사학수호 국민운동본부	2006. 06.12	기자회견 전략	반박 행태
–	–	–	–	한국기독교 총연합회	2006. 06.12	선언 전략	반박 행태
감사원	2006. 06.22	발표 전략	반박 행태	사학수호 국민운동본부	2006. 06.20	기자회견 전략	반박 행태
–	–	–	–	사학수호 국민운동본부	2006. 06.26	청원 전략	협조 행태
–	–	–	–	사학수호 국민운동본부	2006. 07.07	연석회의 전략	반박 행태
–	–	–	–	사학수호 국민운동본부	2006. 09.02	구국기도회 전략	반박 행태
노무현 대통령	2006. 12.29	경청 전략	동조 행태	사학수호 국민운동본부	2006. 12.14	집회 전략	반박 행태
노무현 대통령	2007. 02.09	합의 전략	동조 행태	–	–	–	–
노무현 대통령	2007. 07.19	공포 전략	동조 행태	–	–	–	–

[출처] 연합뉴스(http://www.yonhapnews.co.kr), 조선일보(http://www.chosun.com), 한겨레신문(http://www.hani.co.kr) 을 근거로 구성.

전술한 바와 같이, 전략을 사용한 상호작용 결과, 각 조직의 영향력을 살펴보면, 노무현정부 등 정책집행조직은 자신들의 의지를 제대로 반영시키지 못했다는 점에서 낮은 수준을 보였고, 사학수호국민운동본부 등 정책대상조직은 자신들의 의지를 전반적으로 반영했다는 점에서 높은 수준을 보여, I−2형으로 나타났다.

즉, 노무현대통령 등 정책집행조직은 신입생거부전략 등에 맞서 나름대로 반박을 하는 등 전략을 펼쳤지만, 개방형이사제가 실제 집행되는 과정이라는 점에서 이에 위기감이 팽배해진 정책대상조직의 조직적인 전략에 일정부분 동조하며, 전체적으로는 게임의 장에서 밀린 형국을 나타냈다. 반면, 국민운동본부 등 정책대상조직은 개방형이사제가 집행되어 높은 수준의 위기를 인식했다는 점에서, 정책결정과정에 있어서 분산적이고 소극적으로 대처했던 상황이 집행과정에서는 조직적이고 보다 다양한 전략을 활용한 적극성을 보였다.

결국, 이러한 행태는 학교운영위 또는 대학평의원회가 2배수를 추천하면 이 중 절반을 법인 측에서 임명하는 개방형이사제에서 학교운영위·대학평의원회와 학교법인이 동등하게 참여하는 개방이사추천위원회를 통해 2배수를 추천하면 법인에서 임명하는 내용으로 이어졌다. 이는 정책집행조직의 의지와는 거리가 있고, 정책대상조직의 주장과는 전반적으로 일치하고 있는 것이다.

■ 정책오차에 미치는 요인유형 분석

정책집행과정 관련 조직의 영향력 유형을 분석한 결과, I−2형으로 나타났는데, 이러한 유형이 사립학교정책의 오차에 어떠한 영향을 주었는지 조명해 보면 다음과 같다.

전술한 바와 같이, 사학정책의 오차는 정책결정과정에서 결정일치, 정책집행과정에서 집행오차, 그리고 과정 간 오차를 나타내고 있는데, I−2형이 정책결정과정 이후의 정책집행과정에서 나타나는 상호작용이라는 점에서, 정책결정과정에서 나타나는 결정일치에는 거의 영향을 미치지 않는 것으로 분석된다. 하지만 정책집행과정에서 개방형이사제를 실행하려는 노무현대통령 등 정책집행조직의 영향력은 낮은 수준인 반면, 이를 저지하려는 사학수호국민운동본부 등 정책대상조직의 영향력은 높은 수준을 나타내고 있어, 개정된 개방형이사제는 제대로 집행이 되지 않고 정책목표에 부합하지 않았다. 따라서 과정 간 오차에 가장 큰 영향을 미친 것으로 분석되었고, 이에 따라 수반되는 부정부패 등 문제시되는 사학현실에 개방형이사제가 제대로 대응하지 못하는 집행오차에도 영향을 미친 것이다.

결국, I−2형은 과정 간 오차에 가장 큰 영향을 미쳤고, 이에 수반되는 집행오차에도 영향을 주었던 것이다.

4. 결론

지금까지 사립학교정책과정에 있어서 개방형이사제에서 나타나는 정책오
차의 요인유형을 분석한 결과를 정리하면 다음과 같다.

먼저, 개방형이사제는 정책결정과정에서 결정일치, 정책집행과정에서는 집
행오차, 그리고 과정 간 오차가 발생하는 집행오차형을 나타냈다. 한편, 이에
영향을 미치는 정책조직 간 영향력 유형을 조명한 결과, 정책결정과정에 있어
서 정책결정조직은 높은 수준을 나타낸 반면, 정책대상조직은 낮은 수준을 보
이는 M-3형으로 분석됐고, 정책집행과정에서 정책집행조직은 낮은 수준을 보
인 반면, 정책대상조직은 높은 수준을 보이는 I-2형으로 분석됐다. 이를 근거
로 정책오차에 미치는 영향요인을 살펴본 결과, M-3형은 결정일치, 과정 간
오차, 집행오차 모두에 영향을 주었으며, 특히 결정일치에 가장 큰 영향을 미쳤
다. 그리고 I-2형은 과정 간 오차, 집행오차에 영향을 주었으며, 특히 과정 간
오차에 가장 큰 영향을 미친 것으로 분석됐다.

이를 근거로, 본 연구에서는 다음과 같은 시사점을 도출할 수 있다.

첫째, 정책오차는 필연적이라는 것이다.

개방형이사제를 둘러싼 정책과정에서도 보듯이, 과정 간 오차, 집행오차가
발생했는데, 이는 불완전한 인간의 속성을 보여주는 것으로서, 당연한 현상으
로 분석된다. 즉, 정도의 차이만 있을 뿐 대부분의 정책산출물은 정책집행과정
에서 100% 실행되지 못하고, 의도했던 정책목표와도 괴리가 발생할 수 있다는
점이다. 따라서, 정책과정에서는 정책오차를 완벽하게 수정하는 것에 초점을
기울이기보다는 최소화하는 방향으로 접근하는 것이 좀 더 현실적일 것이다.

둘째, 정책대상조직의 높아진 영향력이다.

정책의 역동성 차원에서 살펴보면, 과거의 정책과정은 정책결정조직에 의
해 점유되어 정책대상조직은 미미한 존재에 지나지 않았다. 하지만, 현대 다원
주의체제를 맞이하여 사학수호국민운동본부와 같이 그들에게 불리한 정책상황
이 전개되는 경우 그들의 목소리는 매우 높은 수준으로 이어지고 있는 것이 주
지의 사실이다. 특히, 당장 피부에 닿지 않는 정책결정과정보다는 현실로 진입

하여 이해관계가 명확해지는 정책집행과정에 있어서 좀 더 역동성을 보이며 영향력을 발휘하고 있는 것이다.

셋째, 상호작용의 환경변화에 따라 이해당사자 간 관계 역시 어렵지 않게 변화가 올 수 있다는 점이다.

정책대상조직의 영향력이 과정별로 다르게 나타나자, 적대적이었던 관계가 호의적으로 바뀔 수 있다는 것이다. 즉, 정책결정과정에서 비교적 낮은 수준의 영향력을 나타냈던 대상조직으로 인해, 열린우리당은 이를 대변했던 한나라당과 적대적 관계를 유지했으나, 정책집행과정에서 대상조직이 높은 수준으로 전략을 행사하여 국론분열의 위기가 오자 열린우리당은 한나라당과 협조적 관계로 전환하여 절충점을 찾았던 것이다.

마지막으로, 본 연구는 개방형이사제의 정책오차에 영향을 주는 요인으로 각 정책과정에 참여하는 정책결정조직, 집행조직, 그리고 대상조직으로 선택했는데, 이는 정책과정에서 나타나는 조직의 정체성을 좀 더 명확히 조명하기 위한 것이었다. 하지만, 이로 인해 요인을 다양하게 제시하지 못했다는 점에서 객관성에 어느 정도 한계가 있었다고 판단된다.

제3절 행정유형과 행정사례의 결합 C: 참여반영성의 3×2 유형론을 활용한 정권별 로스쿨제도 관련 자문위원회 분석[27]

1. 서론

나날이 민주주의가 심화되어 가고, 다원성이 강화되고 있는 요즈음 긱종 행정현상들은 점차 복잡 다양해지고 있다. 이러한 행정현상을 가급적 객관화시키려면 정부기구에 시민단체, 이익집단, 민간전문가 등으로 대표되는 민간부문을 적정 수준으로 참여시켜 그들의 의사를 반영시키려는 노력이 전제되어야 할

---

27) 본 분석은 양승일·유홍림(2012)을 근거로 재구성한 것이다.

것이다. 이러한 시도는 분명 제도 또는 정책에 대한 시민의 수용성을 제고시킬 뿐만 아니라 최소한 장기적인 차원에 있어서는 민주성은 물론 정당성(또는 정통성)과 효율성 측면에서도 바람직하다고 하겠다.

그러나 민주주의 국가라고 분류되고 있는 나라들 가운데 상당수의 국가들 조차도, 정부기구에 대한 민간부문의 참여반영성은 여전히 성숙되어 있지 못한 실정이라고 할 수 있다. 더욱이 우리나라의 경우, 지식정보화 시대의 심화, 지방화 경향의 확대, 제3섹터의 증대 및 민간부문의 역량강화 추세 등과 같은 최근의 상황변화에 비추어 볼 때, 민간부문의 참여와 반영은 보다 활성화되어야 할 규범적·현실적 필요성이 절실함에도 불구하고 아직 성숙 궤도에는 이르지 못하고 있다(박천오, 2002: 1-3). 한 마디로, 오늘날의 사회적 환경은 정부의 정책형성에 광범위하고도 효과적인 민간참여가 요구되고 있지만, 정부가 이에 제대로 대응하지 못한 나머지 기존의 정부제도와 관행들이 여전히 영향력을 발휘하고 있다는 것이다.

이 같은 당위성과 현실에 근거하여 본 연구에서는 적정수준에서 정부기구에 대한 민간부문의 참여와 반영이 이루어져야 한다는 판단아래, '문민정부'로부터 시작하여 '국민의 정부'를 거쳐 '참여정부'에 이르기까지 존재하였던 6개의 로스쿨 관련 자문위원회에 대한 민간부문의 참여반영성을 조명해 보고자 한다. 최근까지 우리나라의 법조인 양성제도의 기본 골격은 법대 → 사법시험 → 사법연수원 → 판·검사 임용 → 변호사 개업으로 이루어져 있었는데, 이러한 골격에 배어 있는 법조계의 배타적 독점성 등을 근절·완화하기 위한 조치의 하나가 로스쿨 제도의 도입인데, 본 제도의 도입과정에 있어서 적지 않은 역할을 한 것이 방금 전에 언급한 자문위원회들이라고 할 수 있다.

한편, 본 연구에서 로스쿨 관련 자문위원회를 분석대상으로 선정한 이유는 특정 정권에서 일시적으로 설치된 다른 자문위원회(정부혁신지방분권위원회 등)들과는 달리 본 위원회들은 동일한 주제를 가지고 여러 정권에 걸쳐 운영되어 왔었기에 정부별로 참여반영성의 정체성을 차별적으로 구분해내는데 유용하리라는 판단 때문이다. 또한 위원회의 구성이 정부부문과 민간부문으로부터 비교적 균형적으로 이루어졌음은 물론 출신부문별 위원들 간의 상호작용 역시 비교적 적극적이고 역동적으로 펼쳐졌다는 점도 함께 고려되었다. 그리고 분석 대상 시기를 문민정부에서 참여정부로 제한한 까닭은 로스쿨제도의 논의가 문민정부에서부터 시작되어 참여정부에서 마무리되었기 때문이다.

요약하면 본 연구는 다음과 같은 연구목적을 가지고 있다. 첫째, 정부기구에 대한 민간부문의 참여반영성 유형을 조작화한 뒤, 이를 3개 정권에 걸친 로스쿨 관련 6개의 자문위원회에 각각 적용하여, 그 유형을 도출한 후 각 위원회별로 정체성을 밝히고자 한다. 둘째, 입법화를 위해 만들어진 자문위원회의 의결이 실질적으로 법규 제정으로 이어지는지의 여부 등 다양한 시사점들을 도출함으로써 연구의 유용성을 제고하고자 한다. 아울러, 본 연구는 질적 분석방법을 주로 활용하겠지만, 가급적 객관성의 수준을 높이기 위하여 전화를 통한 심층면접조사 등 양적 분석방법도 병행하고자 한다.

2. 이론적 배경 및 분석틀

(1) 참여반영성의 개념

참여반영성(participative reflection)의 개념은, 비록 명확히 합의되어 있는 상태는 아니지만, 일찍부터 여러 학자들에 의해 다양하게 제시되어 왔다. 이 분야 주요 학자들 대부분은 정부기구에 대한 시민단체의 참여에 초점을 맞추고 있으면서, 각자 아래와 같은 특징적 주장을 하고 있다.

먼저, Arnstein(1969)은 시민단체의 참여를 영향력 크기에 따라 크게는 3단계, 세부적으로는 8단계로 구분한 바 있다. 즉, 조작(manipulation)·심리적 치유(therapy)는 실질적 비참여, 정보제공(informing)·상담(consultation)·회유(placation)는 상징적 참여, 그리고 농업자관계(partnership)·권력위임(delegated power)·시민통제(citizen control)는 실질적 참여로 나누어 개념을 소개하고 있다.

McNair(1983)는 정부관료제와 시민단체 간 상호성 수준을 측정할 수 있는 지표로서 역할기대, 자원배정, 독립적 멤버십의 선택·유지, 의사결정과정에의 관여, 정기적 만남의 빈도, 그리고 고위층에의 접근성을 제시하면서, 이들을 근거로 시민단체와 더불어 정책을 추진하려는 정부관료제의 의지수준을 파악할 수 있다고 주장하였다.

Koontz(1999)는 시민단체의 참여를 권장·유도하려는 정부관료제의 노력을 공청회 개최, 실무추진기구 운영, 우편물 발송, 그리고 기타의 네 가지로 구분한 뒤, 이들 각각에 대해 부연 설명을 한 바 있다. 예를 들어, 시민단체들 상호 간 그리고 정부관료제와 시민단체 간에 대면적 의사소통 기회를 제공할 수 있는 공청회의 개최 횟수가 많을수록 시민단체의 참여 제고를 위한 정부관료제의 노력이 크다고 평가할 수 있다는 것이다. 또한 시민단체를 구성원으로 포함시켜 실무추진기구를 구성·운영하며, 이를 빈번히 그리고 광범위하게 활용할수록 시민단체의 참여를 위한 정부의 노력을 높게 평가할 수 있다는 것이다.

Freidson(2001)의 경우, 참여반영성의 유형을 정부기구가 주로 정부관료들로 구성·운영되고 있는 행태, 전문가단체 등 민간부문의 참여가 비교적 광범위하게 허용되는 행태, 그리고 정부관료가 민간부문 등을 통제하면서 그들이 정책에 적극적으로 관여하는 행태와 정부관료가 정책공간에 있어서 낮은 수준의 관여만하는 행태 등으로 분류하고 있다.

King & Stivers(2001)는 정부관료제의 시민단체 참여수용성에 대해 시민투입의 당위성과 가치를 인정하고 정책과정에 시민의 선호와 아이디어를 수용하려는 정부의 인식과 태도라고 정의하고 있으며, 그 수준이 바로 시민참여에 대한 정부의 기본적 시각을 반영하는 것이라고 주장하고 있다.

한편, 국내에서도, 비록 많은 수의 연구가 수행된 것은 아니지만, 나름대로 참여반영성에 대한 개념정의가 시도되고 있다. 예를 들어, 박천오(2002)는 정부기구에 대한 시민단체의 참여와 반영을 조명하면서, 시민단체의 참여란 정부관료제의 정책과정에 스스로의 이익을 반영시키거나 영향을 미치기 위한 시민단체의 다양한 활동과 행위를 의미한다고 비교적 광의적으로 정의하면서, 이를 통해 시민들은 공공문제에 대한 자신의 견해와 입장을 정책과정을 통해 투입할 수 있다고 하였다.

이상의 논의를 토대로, 본 연구에서는 참여반영성의 개념을 다음과 같이 다소 한정적으로 정의하여 사용하고자 한다. 즉, 참여반영성이란 정부위원회라는 제도적 공간에 대해 민간부문이 참여하여 그들의 주장을 정책에 반영시키는 것이다. 그러나 정부위원회에 참여하고 자신들의 입장과 의견을 반영시키려고 노력하는 주체를 시민단체 및 이익집단뿐만 아니라 민간전문가(예, 대학교수) 등 정부부문을 제외한 당사자들로 크게 확대시키고자 한다. 이는 정부위원회에 속해 있는 민간부문에 대한 연구들의 일반화를 제고시키기 위함이다.

(2) 참여반영성의 3×2 유형론

지금부터는 Freidson(2001)의 참여반영성유형론을 중심으로 정부관료제에 대한 민간부문 참여반영성의 3×2 유형론을 조명해 보고자 한다. 왜냐하면 그의 유형론은 정부관료제에 대한 민간부문의 참여반영성을 체계적으로 접근하고 있다는 평가와 함께 가장 빈번히 그리고 다양하게 인용되고 있기 때문이다.

먼저, Freidson은 정부부문과 민간부문의 관계를 유형화하기 위하여 가로축에는 '정책기구의 특성'이라는 기준을 위계적(Hierarchical)·통합적(Coordinate) 행태로 나누었으며, 세로축에는 '정책성향'이라는 기준을 주도적(Active)·반응적(Reactive) 행태를 나누어 배치하였다. 여기서 위계적이란 민간부문이 배제된 채 주로 정부관료들에 의해 채워져 있는 공간에서 행해지는 권위적 행태를 의미하며, 통합적이란 전문가단체 등 민간부문의 참여가 비교적 광범위하게 허용되는 민주적 행태를 말한다. 그리고 주도적이란 정부관료가 민간부문 등을 통제하면서 정책에 적극 개입하는 행태이며, 반응적이란 정부관료가 정책공간에 있어서 최소한의 관여만하고, 주로 민간부문에 의해 자율적으로 운영되며 그들의 의견이 주로 반영되는 행태를 의미한다.

이를 근거로 Freidson의 유형론은 위계적-주도적 유형, 위계적-반응적 유형, 통합적-주도적 유형, 그리고 통합적-반응적 유형으로 구성되어 있다. 먼저, 위계적-주도적 유형은 주로 정부관료들이 정책과정에 존재하며, 그들의 주장이 정책에 비중 있게 반영되는 유형으로서 민간부문의 참여반영이 철저히 배제된 권위주의적 행태를 보인다. 위계적-반응적 유형은 주로 정부관료가 정책과정에 존재하지만, 민간부문의 주장들이 대변되며, 그들의 주장이 정책에 상당부분 반영되는 유형을 말한다. 본 유형에서는 민간부문의 참여는 배제되지만 그들의 주장은 반영된다는 점에서, 민간부문에 대한 정부관료의 후견적 행태가 찾아진다. 통합적－주도적 유형은 민간부문의 정책과정에의 광범위한 참여는 허용되지만, 정책에 주로 정부관료의 주장이 반영되는 유형을 말하므로, 여기에서의 민간부문의 참여는 형식적 수준에 그치고 있을 뿐이다. 마지막으로 통합적－반응적 유형은 민간부문의 광범위한 참여가 허용될 뿐만 아니라 그들의 주장 대부분이 정책에 반영되는 유형을 의미한다. 본 유형에 있어서 민간부문이 높은 수준으로 참여하고 그들의 의견이 상당부분 반영되는 식의 방임적 모습이 발견된다(<표 3-13> 참조).

표 3-13 Freidson의 참여반영성유형론

구분		정책기구의 특성	
		위계적(Hierarchical) 행태	통합적(Coordinate) 행태
정책 성향	주도적(Active) 행태	위계적-주도적 유형 (Hierarchical-Active type)	통합적-주도적 유형 (Coordinate-Active type)
	반응적(Reactive) 행태	위계적-반응적 유형 (Hierarchical-Reactive type)	통합적-반응적 유형 (Coordinate-Reactive type)

[출처] Freidson(2001)을 근거로 재구성

　이러한 Freidson의 유형론은 4가지(2×2) 유형만을 제시하고 있기에, 정부관료와 민간부문의 구성 비율 등 복잡한 정부관료제에 대한 민간부문의 참여반영성 특징 모두를 대변하기에는 한계가 있다고 여겨진다. 또한 그의 유형론은 민간부문의 참여에 해당하는 정책기구의 특성과 반영에 해당하는 정책성향에 있어서 구체적인 분류기준 없이 위계적·통합적 행태, 주도적·반응적 행태로 나누고 있다는 문제를 가지고 있다.

　이러한 한계를 부분적으로나마 극복하기 위하여 본 연구에서는 분류기준을 세분화하고 구체화하여 복잡한 참여반영성 행태들을 보다 논리적으로 유형화함으로써, 각 유형의 정체성과 객관성을 제고하고자 한다. 즉, 민간부문의 참여구성을 각각 낮은 구성, 동등 구성, 높은 구성으로 구분하고, 반영여부를 반영, 미반영으로 구분함으로써 6가지의 참여반영성 유형을 도출하였다(<표 3-14> 참조).

표 3-14 참여반영성의 3×2 유형론

구분		참여구성		
		낮은 구성 (low composition)	동등 구성 (equal composition)	높은 구성 (high composition)
반영여부	반영 (reflection)	낮은 구성-반영 유형 (low composition- reflection type)	동등 구성-반영 유형 (equal composition- reflection type)	높은 구성-반영 유형 (high composition- reflection type)
	미반영 (non reflection)	낮은 구성-미반영 유형 (low composition- non reflection type)	동등 구성-미반영 유형 (equal composition- non reflection type)	높은 구성-미반영 유형 (high composition- non reflection type)

　　본 연구의 분석대상인 정부위원회를 사례로 들어 분류기준과 그 기준에 의해 도출된 유형들을 순서대로 설명한다면 다음과 같다. 우선, 낮은 구성이란 위원회를 구성하고 있는 민간위원의 수가 정부위원의 수보다 적은 경우를 의미하고, 동등 구성은 동수를, 높은 구성은 민간위원의 수가 정부위원의 수보다 많은 경우를 말한다. 그리고 반영여부에 있어서 반영은 민간위원들의 의견이 위원회의 최종산출물로 채택되는 것을 의미하고, 미반영은 민간부문의 의견이 채택되지 않는 것을 말한다.

　　이처럼 정부관료제에 대한 민간부문의 참여반영성을 보다 세분화하고 구체화하여 정체성과 객관성을 제고시킴으로써 위에서 언급한 Freidson 유형론의 한계점들을 극복해 보려고 노력해 보았지만, 필자들도 이러한 시도들이 완벽하게 성공하였다고는 여기지 않는다. 왜냐하면 정부위원회 소속 개별 위원들의 영향력 내지 적극성 등의 수준을 객관적으로 증명할 수 있는 자료의 획득이 불가능한 상황에서, 참여구성은 출신별 참여위원의 수만을 기준으로 분류하였으며, 반영여부는 제한된 당시의 언론보도 내용 및 관련 정부문서, 그리고 참여관료들을 대상으로 한 인터뷰 내용 등을 바탕으로 하였기에 보다 역동적이고 객관적인 질적 분석을 할 수 없었기 때문이다. 그럼에도 불구하고 관련 학계에서 주요 모형으로 광범위하게 수용되고 자주 인용되는 Freidson 유형론의 한계점 상당 부분들을 개선한 것은 분명하다고 판단된다.

이어서 6가지 유형에 대한 설명과 각 유형들에 대한 간단한 사례들을 살펴보면 다음과 같다(국가기록원<http://www.archives.go.kr>).

먼저, 낮은 구성－반영 유형(low composition-reflection type)의 경우, 민간위원의 참여는 정부위원에 비해 낮은 구성이지만 그들의 의견이 위원회의 최종산출물로 채택되는 유형으로서, 이후 모든 유형의 민간위원 의견은 정부위원의 주장과 동일할 수도 있고 상이할 수도 있다. 본 유형의 정당성을 확보하기 위한 사례로는 대통령직속 자문기구인 국가건축정책위원회이다. 본 위원회는 민간위원의 참여가 정부위원보다 낮은 구성 상황에서, 2011년 민간위원의 의견인 국토환경디자인시범사업을 정부위원과 함께 공동으로 추진하여 위원회에서 채택하기에 이른다.

낮은 구성－미반영 유형(low composition-non reflection type)의 경우, 민간위원의 참여는 정부위원에 비해 낮은 구성이지만 그들의 의견이 위원회의 최종산출물에 채택되지 않는 유형으로서, 본 유형의 대표적 사례로는 국무총리 직속기구인 외국인정책위원회이다. 본 위원회는 민간위원의 참여가 정부위원에 비해 낮은 구성 상황에서, 2006년 민간위원의 의견인 초·중등교육의 다문화교육 강화 등을 위한 별도의 다문화지원기구의 필요성을 내세웠으나, 정부위원이 예산상의 문제 등을 내세우며 당장 전면적인 시행은 어렵다는 입장을 피력하여 위원회 채택은 무산되기에 이른다.

동등 구성－반영 유형(equal composition-reflection type)의 경우, 민간위원의 참여는 정부위원과 동수이지만, 그들의 의견이 위원회의 최종산출물에 채택되는 유형으로서, 본 유형의 사례로는 대통령직속 자문기구인 지속가능발전위원회이다. 본 위원회는 민간위원과 정부위원이 동수로 구성되어 있는 상황에서, 2007년 민간위원의 의견인 우리나라의 공적개발원조(ODA) 확대에 대해 정부위원들이 동의하여 위원회 채택을 하기에 이른다.

동등 구성－미반영 유형(equal composition-non reflection type)의 경우, 민간위원의 참여는 정부위원과 동수이지만, 그들의 의견이 위원회의 최종산출물에 채택되지 않는 유형으로서, 본 유형의 사례로는 대통령직속 자문기구인 노사정위원회이다. 본 위원회는 민간위원과 정부위원이 동수로 구성되어 있는 상황에서, 2009년 민간위원의 의견인 정규직전환 인센티브제도를 채택하려 했으나, 정부위원이 재원확보상의 문제를 들어 강력히 반대함으로써 채택에 실패하고 말았다.

높은 구성－반영 유형(high composition-reflection type)의 경우, 민간위원의 참여는 정부위원에 비해 높은 구성인 상황에서 그들의 의견이 위원회의 최종산출물에 채택되는 유형이다. 본 유형의 사례로는 대통령직속 자문기구인 지역발전위원회이다. 본 위원회는 민간위원이 정부위원보다 높은 구성을 차지하고 있는 상황에서, 2011년 민간위원의 의견인 제주광역권 연계협력사업에 코스메틱 클러스터(Cosmetic Cluster)사업을 정부위원과 함께 공동으로 추진하여 위원회 채택을 하기에 이른다.

높은 구성－미반영 유형(high composition-non reflection type)의 경우, 민간위원의 참여는 정부위원에 비해 높은 구성이지만, 그들의 의견이 위원회의 최종산출물에 채택되지 않는 유형이다. 본 유형의 사례로는 대통령직속 자문기구인 정부혁신지방분권위원회의 정책홍보자문위원회이다. 본 위원회는 민간위원이 정부위원보다 높은 구성을 차지하고 있는 상황에서, 2004년 민간위원들이 정책홍보 관련 전국조직망을 추진하려고 했으나 예산상의 문제, 정치적 오해 등을 명분으로 내세운 정부위원에 의해 위원회 채택이 무산되고 말았다.

지금까지 Freidson의 유형론(2×2)을 소개한 뒤, 이를 비판적 시각에서 검토·발전시켜 실제 복잡한 양상의 참여반영성을 보다 객관적이면서도 보다 높은 정체성을 지닌 6가지 유형(3×2)들로 구성된 새로운 모형을 제시해 보았다. 나아가 그 각각의 유형에 대해 간략한 설명과 함께 정당성을 보여줄 수 있는 적절한 정부위원회 사례들을 발굴·소개해 보았다. 이제부터는 이러한 논의를 토대로 하여 선행연구를 통해 본 연구의 차별성을 부각해보고, 분석틀을 조명한 후 본 연구의 분석대상 사례인 정부별 로스쿨제도 관련 자문위원회에 대한 민간부문의 참여반영성의 정체성을 밝혀 나가려 한다.

(3) 참여반영성 관련 선행연구

참여반영성을 다룬 주요 선행연구들을 고찰해보면 다음과 같다. 먼저, Arnstein(1969)은 정책의 형성과 집행 과정을 중심으로 주민참여의 유형을 분류해내려고 시도를 하였는데, 이를 통해 적극적인 주민참여가 정책의 객관성을 제고한다는 분석결과를 밝힌 바 있다.

Rosener(1978)는 시민참여의 목적을 중시하였는데, 시민참여는 정책과정을 개방하고 시민정신을 함양시키려는 본래적 가치를 지니고 있으므로 정부가 양질의 정책대안 발굴과 같은 기능을 기대한다면 그 기대를 충족시킬 수 있도록 시민참여를 적극적으로 유도하여야 한다는 결론을 도출하였다.

Thomas(1993)는 정책과정에 있어서 시민의 수용성과 정통성이 크게 요구될 때는 광범위한 시민참여가 필요하지만, 정책과정에 있어서 의사결정의 질과 기술적 적합성이 요구될 때는 시민참여의 수준을 어느 정도 제한하는 것이 오히려 바람직하다는 주장을 폈다. 다시 말해서, 상황에 따라 시민참여의 범위를 확대 또는 축소할 수 있다는 입장을 나타낸 것이다.

Dunn(1994)은 이슈의 성격에 따른 효과적인 참여방식을 제시하고 있다. 예를 들면, 갈등의 수준이 높은 이슈의 경우는 정책과정의 초기 단계에서부터 워크숍 등 (장기적인 관점에서) 합의 도출에 유리한 시민참여 방식을 적극 활용하여야 한다는 것이다. 또한 이해당사자들이 소수 집단들로 조직화되어 있는 경우라면 이들 집단의 리더들을 중심으로 한 인터뷰, 워크숍, 자문위원회 등이 효과적인 참여방식이 될 수 있는 반면, 이해당사자들이 조직화되어 있지 않고 광범위하게 분산되어 있는 경우라면 여론조사나 공청회와 같이 이해당사자들과 보다 직접적으로 접촉할 수 있는 참여방식이 채택되어야 한다는 함의를 시사했다.

Timney(1996)는 시민 영향력의 수준을 기준으로 세 가지 참여유형을 제시하였다. 첫째, 시민들이 정책과정에 있어 주도권을 가지며 정부는 상담자로 봉사하는 적극적 참여, 둘째, 정부가 정책과정의 주도권을 가지며 시민참여는 형식에 그치는 소극적 참여, 셋째, 시민이 정부와 정책과정에의 영향력을 공유하고는 있지만, 그 영향력이 상대적으로 약한 전환적 참여이다. 그는 이 3가지 모형 가운데 적극적 참여모델을 선호하는 입장을 취하였다.

한편, 국내 학자로서 박천오(2002)는 한국 공무원의 인식을 중심으로 정부관료제의 시민참여수용성을 분석하였다. 즉, 한국에서 시민참여가 활성화되려면 정책과정의 실질적 주체인 정부관료제의 시민참여에 대한 수용성이 높아야 한다는 전제아래, 450여명의 중앙 및 지방 공무원들을 대상으로 한 실증적 조사를 통해 정부관료제의 시민참여수용성이 현재 어떤 수준에 있는지를 진단함으로써, 향후 시민참여의 활성화 가능성을 전망하려는 데 그 목적을 두고 있었다. 조사결과, 설문당시 공무원들에게서 시민참여의 당위성과 필요성에 대한 공감대가 어느 정도 형성되기 시작하려는 움직임을 찾을 수 있었다고 하였다. 그리고 이러한 수준의 공무원들의 의식상태는 한국사회의 정치사회적 상황변화 속도에 미치지 못하는 미흡한 수준임은 분명하지만, 향후에는 공무원들로 인하여 내실 있는 시민참여가 제약되는 일은 점차 감소될 것이라는 기대를 표명한 바 있다.

지금까지 살펴본 주요 선행연구들의 전반적인 연구경향은 정부관료제에의 시민참여가 필요한지에 대한 가치판단에 주된 초점을 맞추고 있었다. 기껏해야, 그것도 몇몇 선행연구들만이 만약 시민들을 참여시켜야 한다면 어떤 경로를 통해야 하며, 참여를 제한해야 한다면 어떤 상황에서 이루어져야 하는지에 대해서 논하고 있을 뿐이다. 이에 비해 본 연구는 정부위원회에 대한 민간부문의 참여필요성 여부에 대한 단순 판단에 그치는 것이 아니라, 참여의 결과라 할 수 있는 반영의 수준에 대한 가치판단을 시도하려고 한다. 나아가 참여반영성을 6가지 유형으로 세분화함으로써 가 유형별 행태의 정제성과 객관성 등을 보다 명백하게 밝히려 한다. 이러한 점에서, 본 연구는 기존의 선행연구들과는 의미 있는 차별성을 지니고 있다고 하겠다.

(4) 연구의 분석틀

이미 서론에서 밝혔지만, 본 연구는 로스쿨제도 관련 정부 자문위원회에 대한 민간부문의 참여 및 반영을 정부별 자문위원회에 각각 적용시켜 6개 위원

회에 대한 참여반영성의 유형을 각각 도출한 후, 이를 근거로 하여 나름의 시
사점을 찾아보려는 목적을 가지고 있다. 이러한 연구목적을 달성하기 위한 절
차와 수단을 도식화하면 〈그림 3－11〉과 같다.

그림 3-11 분석틀의 구성

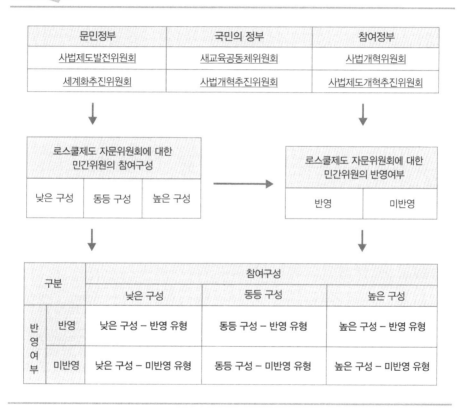

문민정부	국민의 정부	참여정부
사법제도발전위원회	새교육공동체위원회	사법개혁위원회
세계화추진위원회	사법개혁추진위원회	사법제도개혁추진위원회

로스쿨제도 자문위원회에 대한 민간위원의 참여구성

| 낮은 구성 | 동등 구성 | 높은 구성 |

로스쿨제도 자문위원회에 대한 민간위원의 반영여부

| 반영 | 미반영 |

구분		참여구성		
		낮은 구성	동등 구성	높은 구성
반영여부	반영	낮은 구성 – 반영 유형	동등 구성 – 반영 유형	높은 구성 – 반영 유형
	미반영	낮은 구성 – 미반영 유형	동등 구성 – 미반영 유형	높은 구성 – 미반영 유형

이러한 분석틀에 대해, 비록 이전의 '참여반영성의 유형론' 부분에서 일부
언급은 있었지만, 간략한 설명을 하고자 한다. 먼저, 로스쿨제도 자문위원회에
대한 민간부문의 참여구성에 있어서, 낮은 구성은 민간위원의 수가 정부위원보
다 적은 경우이고, 동등 구성은 동수이며, 높은 구성은 민간위원이 더 많이 참
여한 경우를 의미한다. 그리고 반영여부에 있어서 반영은 민간위원의 의견이
위원회에서 채택된 것이고, 미반영은 채택되지 않은 것을 말한다.

3. 정부별 로스쿨제도 자문위원회에 대한 민간부문의 참여반영성 분석

(1) 로스쿨제도의 의의

1) 로스쿨제도의 추진경과

로스쿨(Law School)은 미국에서 유래된 법률가 양성학교로서 법학전문대학원을 의미한다. 우리나라에서도 다양한 전공 소유자들의 법조계 진출을 용이하게 함으로써 법조계 인력구성에 다양성 등을 꾀할 수 있을 것이라는 기대를 가지고 학부와 분리된 3년제 전문대학원을 설치하였지만, 제도의 도입을 전후로 하여 심각한 사회적 충격과 갈등을 겪어 왔으며, 아직도 완전히 치유되었다고 보긴 어려운 실정이다.

이러한 로스쿨제도의 주요 추진경과를 매스컴의 기사 제목을 중심으로 살펴보면 〈표 3-15〉와 같다. 우선, 문민정부에서는 윤관 대법원장이 1993년 11월 3일 로스쿨제도 등에 대한 논의를 시작하기 위해 대법원에 사법제도발전위원회를 설치하였으나 별 다른 성과를 내지 못하였고, 국민의 정부 역시 대통령 자문으로 사법개혁추진위원회 등을 설치하여 이전보다 활발한 논의를 진행하려 했으나 법조계 등의 반대에 부딪쳐 무산에 이른다.

표 3-15 로스쿨제도의 추진경과[28]

일자	주요내용
1993. 11. 03	대법원장, 사법제도발전위원회 설치
1999. 05. 07	대통령, 사법개혁추진위원회 설치
2003. 06. 10	청와대, 법학전문대학원(루스쿨) 설치 검토
2003. 07. 03	교육인적자원부, 로스쿨 도입 추진 발표
2004. 10. 05	대법원 사법개혁위원회, 로스쿨 2008년 시행 최종 확정

---

28) 본 연구의 범위를 문민정부부터 규정했음에도 불구하고 추진경과를 참여정부 위주로 기술한 것은 이전 정부의 로스쿨제도 관련 위원회들은 이해당사자들 간 상호작용 등 역동성이 낮은 수준이라는 판단 때문이다. 반면, 참여정부부터 본격적인 전담위원회들이 만들어졌고, 상대적으로 높은 수준의 역동성을 보였기 때문이다.

2005. 05. 17	대통령자문 사법제도개혁추진위원회, 법학전문대학원 설치·운영에 관한 법률안 마련
2005. 05. 18	변호사협회, 사개추위 로스쿨 법안 전면수정 요구
2006. 06. 30	교육인적자원부, 로스쿨 도입 2009년 3월로 연기 발표
2007. 04. 23	법대학장들, 로스쿨법안 지연에 따른 항의 단식농성
2007. 07. 03	국회, 6월 임시국회 본회의 로스쿨법안 통과
2009. 03. 01	법학전문대학원 개원

[출처] 연합뉴스〈http://www.yonhapnews.co.kr〉, 조선일보〈http://www.chosun.com〉, 한겨레신문〈http://www.hani.co.kr〉
을 근거로 구성.

　　본격적으로 로스쿨제도를 논의했던 시기는 참여정부시기이다. 참여정부시절인 2003년 6월 10일에 청와대는 법학전문대학원 설치를 본격적으로 다시 검토하기 시작했으며, 이에 따라 교육인적자원부는 로스쿨 도입을 추진하겠다는 발표를 하기에 이른다. 이에 발맞춰 대법원 사법개혁위원회에서는 로스쿨을 2008년에 시행하기로 최종 확정하기에 이른다. 이어서 설치된 대통령자문 사법제도개혁추진위원회(이하 사개추위)에서는 법학전문대학원 설치·운영에 관한 법률안을 마련하기에 이른다. 하지만, 변호사협회는 사회적 충격 등을 고려해서 사개추위가 마련한 로스쿨 법안을 전면 수정할 것을 요구하는 등의 반발에 직면한 교육인적자원부는 로스쿨 도입을 2009년 3월로 연기한다는 발표를 하게 된다. 이에 대해 전국 법대학장들은 법조 인력의 다양화 등을 위해 빠른 시일 내에 로스쿨제도가 도입되어야 한다며 로스쿨법안의 원안 실시를 촉구하는 단식농성을 하기에 이른다. 결국, 이러한 첨예한 갈등 구조 속에서 참여정부 말기인 2007년 7월 3일 임시국회에서 로스쿨법안이 통과되었으며, 2009년 3월 법학전문대학원이 개원하게 된다.

　　한편, 이 같은 로스쿨제도의 역동적인 도입과정을 제대로 이해하기 위해서는 직간접적으로 적지 않은 영향력을 행사하였던 참여정부는 물론 문민정부와 국민의 정부 시절에 설치·운영되었던 관련 자문위원회들도 개략적으로나마 살펴볼 필요가 있다.

2) 정권별 로스쿨제도 관련 자문위원회의 개요

로스쿨제도와 관련하여 자문역할을 담당했던 정부위원회들은 '문민정부'의 사법제도발전위원회·세계화추진위원회, '국민의 정부'의 새교육공동체위원회·사법개혁추진위원회, 그리고 '참여정부'의 사법개혁위원회·사법제도개혁추진위원회 등 총 6개이다.

먼저, 사법제도발전위원회는 윤관 대법원장의 취임 직후인 1993년 11월 대법원에 설치한 자문위원회로서, 로스쿨 등 사법개혁에 관한 논의를 시작한 기구이다. 하지만 로스쿨제도와 관련하여 별다른 소득을 거두지 못하자 본 위원회는 활동을 종료하고, 제도에 관련된 논의는 세계화추진위원회로 넘어가게 된다. 1995년 1월에 출범한 범행정부적 성격의 세계화추진위원회는 법률서비스 및 법학 교육의 세계화를 주요 추진과제의 하나로 선정하였으며, 로스쿨 관련 논의는 세부위원회인 사법개혁위원회가 맡았었다.

새교육공동체위원회는 1998년 11월에 설치된 대통령자문위원회로서, 로스쿨 관련 논의는 세부위원회인 법학교육제도개선위원회가 맡았다. 그러나 본 위원회 역시 로스쿨과 관련해서는 별 다른 성과물을 내지 못하자, 보다 본격적인 논의를 위하여 별도의 위원회를 설치하기에 이른다. 이 위원회가 바로 1999년 5월에 설치된 대통령자문 사법개혁추진위원회인데, 여기에서 로스쿨이 포함된 종합적인 사법개혁방안들이 집중적으로 논의되었다.

참여정부 시절의 사법개혁위원회는 2003년 10월 대법원 산하에 설치된 자문위원회로서, 2003년 8월 대통령과 대법원장이 사법개혁의 공동추진에 합의하면서 만들어진 기구이다. 즉, 사법개혁의 기본방향은 사법부가 주축이 되어 설정하되, 구체적인 추진은 대통령을 중심으로 하는 행정부가 담당하는 사법개혁의 형태를 갖추게 된 것이다. 그리고 사법제도개혁추진위원회는 전술한 사법개혁위원회에서 건의한 사항들을 체계적으로 실현하기 위해 만들어진 대통령자문기구로서 2005년 1월에 설치되었으며, 로스쿨제도를 도입하는 데 중요한 역할을 담당하게 된다(네이버 블로그<http://blog.naver.com>).

3) 로스쿨제도 관련 선행연구

로스쿨제도 관련 선행연구들에 대한 검토는 우리나라의 현실을 비교적 체계적으로 분석했다고 판단되는 최근의 연구들을 중심으로 이루어졌는데, 그 핵심적 내용은 다음과 같다.

먼저, 유중원(2004)은 변호사 대량 증원론의 허구성과 로스쿨제도 도입의 문제점을 집중 조명하면서 로스쿨제도의 도입은 재고되어야 한다는 입장을 피력하였다. 이러한 그의 주장은 로스쿨 도입 당위성 및 필요성부터 우리나라 법조 실상을 무시하고 왜곡하고 있다는 것으로부터 시작되는데, 당시의 로스쿨 도입 주장 근거는 다음과 같았다. 우리나라는 법조인구, 특히 변호사 수가 턱없이 부족하여 법률서비스의 질은 낮은 반면 변호사 보수는 다른 선진국과 비교하여 턱없이 높으며, 현행 사법시험과 사법연수원제도 하에서는 법학교육이 파행적으로 운영될 수밖에 없으므로 이를 일거에 해결하기 위해서는 로스쿨을 도입하여 변호사의 수를 대폭적으로 늘려야 한다.

최윤철(2007)은 로스쿨 관련 법제에 대한 입법평가[29]를 통해 개선방안을 제시했다. 그에 따르면, 법학전문대학원 설치 및 운영에 관한 법률을 기존에 알려져 있는 입법평가의 기법에 따라 해당 법률이 최적의 법률인지, 또한 해당 법률을 근거로 실시되는 새로운 제도가 최적의 효과를 가져 올 수 있는지 등을 분석해 보는 것은 매우 큰 의미가 있으며, 나아가 동 법률의 긍정적·부정적 효과 등에 대한 사전 예측과 검토는 향후 동 법률의 성공여부를 결정하는 중요 지표가 될 수 있다는 것이다. 한 마디로 로스쿨제도 도입 이후 일정한 시점에서 사후적 입법평가를 실시하여 동 법률을 통한 입법목표의 실현 정도 및 수범자들의 법률에 대한 수용 정도 등을 면밀히 검토하여 향후 법률의 개선을 통한 제도의 개선이 이루어 질 수 있도록 하여야 한다는 주장을 하고 있다.

황해봉(2007)은 미국과 일본의 로스쿨 관련 법제를 비교하면서, 사법제도

---

29) 입법평가란 법률안에 대한 결과의 예측과 평가를 통하여 해당 법률의 개선 또는 법률 제정의 불가피성을 판단하여 최적의 법률안을 발견하고자 하는 방법으로서, 법률의 제정과정에 따라 각각 사전적 입법평가, 병행적 입법평가, 사후적 입법평가로 나누어지는데, 각 단계별로 평가요소 및 기준은 물론 평가목표가 다르게 설정되어 있다(김수용, 2011).

개혁추진위원회의 법률안과 이후 제정된 로스쿨법의 주요 쟁점을 검토하여 우리나라 로스쿨법의 문제점을 분석하였다. 그 결과, 사법제도개혁추진위원회의 법률안이 바람직한 방향으로 수정되었지만, 앞으로 로스쿨이 제대로 정착하기 위해서는 많은 정책적 문제들이 해결되어야 할 뿐만 아니라 로스쿨법상 법적 문제의 소지가 있는 이슈들[30]을 보완해 나가야 할 것이라고 주장하였다. 이러한 문제해결의 출발점이자 종착점은 충실한 법학교육이 이루어지도록 하고 복잡한 법적 분쟁을 전문적·효율적으로 예방하고 해결하는 능력을 갖춘 법조인을 양성하여 국민의 다양한 기대와 요청에 부응할 수 있는 법률서비스를 제공하자는 로스쿨의 도입취지를 살려나가야 한다는 결론을 도출했다.

염형국(2008)은 로스쿨에서의 공익인권법 교육 활성화 방안에 초점을 맞추고 있는데, 이를 위해서는 공익법 활동 프로그램에 최소 한 명 이상의 전담자를 두고, 공익인권법 강의가 가능한 적절한 교원을 확보하며, 연구센터를 중심으로 전체적인 교과과정과 프로그램을 운영하는 것이 필요하다는 것이다. 또한, 법학전문대학원협의회 등이 나서서 공익인권법 교육프로그램의 체계적 정리, 모델의 개발 등을 수행하여야 하며, 각 대학의 실정에 맞게 다양한 공익인권법 프로그램을 진행시켜 나가면서 보다 적절하고 구체화된 모델들을 개발해야 할 것이라는 분석결과를 내놓았다.

최완진(2008)은 로스쿨 체제 하에서의 교수방법에 관해 고찰을 하였다. 먼저 로스쿨제도의 도입은 기존의 학부제 법학교육과 사법시험을 중심으로 하는 법률가 양성제도로부터 대학원차원의 법학전문교육과 변호사 자격시험을 기초로 하는 새로운 법률가 양성제도로의 전면적인 전환을 의미한다는 것이라며, 이러한 취지에 맞게 기존의 법학교육이 추구하던 것과는 다른 비전과 복표를 가진 로스쿨제도에 상응하는 교육과정 및 교수법을 마련하는 것이 시급하다는 것이다. 로스쿨제도는 대학원 교육체제로서 그 교육기간이 현행 4년에서 3년으로 1년이 줄어들 뿐만 아니라 현재 2년 과정인 사법연수원의 실무연수와 관련

---

30) 주요 이슈들로는 로스쿨의 구체적인 인가기준, 로스쿨의 총정원, 다양한 교원 확보, 법학전공자와 자교출신자에 대한 입학제한, 대한변호사협회 산하에 설치되는 평가위원회의 역할과 기능 등이 제시될 수 있다.

된 일부 기능도 담당하도록 설계되어 있다는 점에서 보다 체계적이고 효율적인 교육과정 및 교육법의 개발은 매우 긴요한 과제라는 결론을 내놓았다.

지금까지 살펴본 로스쿨제도 관련 선행연구들은 전반적으로 로스쿨제도를 다양한 각도에서 평가하고, 문제점을 인지한 후 미래지향적으로 나아가야할 방향을 제시하는 연구경향을 보였다는 점에서, 관련 분야에 나름대로 의미 있는 기여를 하고 있다. 그러나 본 연구에서 분석하고자 하는 로스쿨 관련 자문위원회에 대한 민간부문의 참여반영성 등은 전혀 다루고 있지 않다는 점에서, 본 연구는 선행연구에 비해 뚜렷한 차별성을 가지고 있다고 하겠다. 이러한 차별성을 본격적으로 분석해 보면 다음과 같다.

(2) 정부별 로스쿨제도 자문위원회에 대한 민간부문의 참여반영성 분석

1) 문민정부의 참여반영성 분석

■ 사법제도발전위원회

① 참여구성 분석

우리나라 최초로 로스쿨 관련 사항에 대한 논의를 시작했던 자문기구인 사법제도발전위원회는 전술한 바와 같이 대법원에 설치되었으며, 법조계 등의 정부위원뿐만 아니라 시민단체 등의 민간위원들도 포진되어 있었다.

사법제도발전위원회의 참여를 민간위원과 정부위원의 구성 현황[31]을 통해 살펴보면, 민간위원은 건국대 이사장, 변호사, 교수, '정의로운 사회를 위한 시민운동협의회(정사협)' 집행위원장, 신문편집인회장, 중앙일보 논설위원, MBC 해설위원 등 18명으로 구성되었으며, 정부위원은 법원행정처 차장, 국회의원, 서울고등법원장, 법무부 차관, 경제기획원 차관, 서울고검 검사장, 총무처 차관,

---

31) 정부위원은 행정부·입법부·사법부의 정부관료를 의미하며, 민간위원에는 시민단체·이익집단·대학과 같은 민간부문의 관련 인사를 포함시켰다. 단, 국공립대학 소속의 전문가들은 신분과는 달리 실질적 특성을 감안해 민간위원으로 분류했다. 한편, 위원의 성명은 본 연구에 큰 의미를 갖지 않는다는 점과 개인의 프라이버시 보호 차원에서 생략했다. 이러한 구성 현황은 위원회 설치 초기를 기준으로 작성한 것이지만, 그 이후에도 민간위원과 정부위원의 구성비는 달라지지 않았다. 이러한 설명은 이후 자문위원회에도 동일하게 적용된다.

법원공무원 교육원장 등 12명으로 구성되었다(<표 3-16> 참조).

결국, 민간위원이 정부위원보다 더 많은 참여를 하고 있다는 점에서, 사법
제도발전위원회에 대한 민간부문의 참여구성은 높은 구성이라고 할 수 있다.[32]

표 3-16 사법제도발전위원회의 민간위원과 정부위원의 구성 현황[33]

민간위원(18명)		정부위원(12명)	
직위	직업	직위	직업
위원장	건국대 이사장	주무위원	법원행정처 차장
부위원장	변호사	위원	국회의원 2명
위원	서울대 행정대학원 원장	위원	서울고등법원장
위원	서울지방변호사회 회장	위원	법무부 차관
위원	교수 3명	위원	경제기획원 차관
위원	정의로운 사회를 위한 시민운동협의회(정사협) 집행위원장	위원	서울고검 검사장
위원	신문편집인 회장	위원	판사 3명
위원	중앙일보 논설위원	위원	총무처 차관
위원	이화여대 총장	위원	법원공무원 교육원장
위원	MBC 해설위원		
위원	변호사 3명		
위원	동아일보 논설위원		
위원	한국일보 심의실장		
위원	KBS 보도본부장		

[출처] 국가기록원〈http://www.archives.go.kr〉을 근거로 재구성

---

32) 이와 같이, 민간부문의 참여구성은 정부부문 대비 참여 수에 따라, 낮은 구성, 동등 구
성, 높은 구성으로 분류할 수 있다. 한편, 단순한 참여 수뿐만 아니라 이들의 영향력
등도 분석해야 함에도 불구하고, 측정상의 어려움 등으로 인해 본 연구에서는 이를 제
외시켰다.
33) 본 연구에서는 정부위원을 행정부에 국한시키지 않고, 입법부와 사법부까지 확대하여
넓은 의미의 정부개념으로 접근하였다. 이를 통해 민간부문의 정체성을 높이고, 정부부
문에 대한 민간부문의 참여반영성을 명확히 하고자 하는 것이다. 이에 따라 국회의원도
정부위원으로 분류했으며, 이는 국가기록원에서도 같은 입장을 취했다.

② 반영여부 분석

사법제도발전위원회는 1993년 11월에 설치되어 1994년 2월까지 로스쿨제도 도입을 포함한 사법제도개혁법안을 논의하였다. 회의결과를 종합적으로 분석해 보면, 로스쿨제도 도입과 관련해서 민간위원의 경우 서울지방변호사회 회장 등 변호사 5명을 제외한 13명이 지지하였다는 점에서 전반적으로 찬성입장을 피력한 반면, 정부위원의 경우 경제기획원 차관, 총무처 차관 등 2명을 제외한 10명이 지지하지 않아 전반적으로 반대입장을 분명히 했다.

즉, 법대교수 등 민간위원들은 로스쿨제도 도입이 법조 인력의 다양화, 변호사 수임료의 전반적인 하락 등 국민들에게 긍정적인 측면이 많다며 도입 주장을 하였으나, 판사 등 정부위원들은 법학전문대학원 과정만으로 변호사 자격증을 부여하는 것은 법조인력의 질을 저하시킬 뿐만 아니라 갑작스럽게 도입할 경우 법조시장에 혼란을 초래할 수 있다는 논리 등을 피력하며 강하게 반대하게 된다.

결국, 로스쿨제도 도입은 시기상조라는 정부위원의 주장 속에 민간위원의 주장은 전혀 받아들여지지 않았고, 법원 내부의 개혁에 중점을 둔 구속영장실질심사제도 등의 인권보호개선안, 시군 법원과 고등법원 지부 창설 등의 국민편익 증진을 위한 제도 도입안, 서울민형사지방법원 통합 등의 사법의 공정성 확보를 위한 개선안 등만이 1994년 2월 16일에 채택되는데 그친다(국가기록원 <http://www.archives.go.kr>).

이러한 결과에 대한 객관성을 좀 더 높이기 위해, 사법제도발전위원회에 배석하였던 5급 이상 5명의 관료를 대상으로 2011년 7월 23~31일에 걸쳐 전화심층면접조사를 실시해 보았다.[34] 참고적으로 위원들을 직접적인 조사대상으로 삼지 않은 이유는 해당 당사자라는 점에서 객관성에 문제가 있을 수 있다는 판단 때문이었으며, 이들은 (배석 당시 기준으로) 4급 3명·5급 2명이고, 남자 4명·여자 1명이며, 40대 2명·50대 3명으로 구성되어 있었다.

이들에게 제시한 질문은 "사법제도발전위원회에서 민간위원의 로스쿨제도

---

34) 배석한 관료들의 인적 사항 및 연락처 등의 정보는 현역 A국회의원실의 도움으로 이루어졌다.

도입 주장이 최종적으로 얼마나 반영되었다고 생각하십니까?"이었으며, 선택 가능한 응답 항목은 반영과 미반영이다. 응답 결과, 5명 모두 미반영에 응답을 함으로써, 민간부문의 반영이 전혀 이루어지지 않았다는 사실을 보충적으로 증명해 주고 있는 것이다. 이렇게 민간부문의 주장이 전혀 반영되지 않은 것은 법조계 및 출신위원들이 그들의 기득권을 지키기 위해 논의 자체를 백지화하려는 등 적극적인 공세 때문이라는 것이 면접대상 관료들의 한결같은 논리였다.

결국, 로스쿨제도와 관련하여 정부위원의 강력한 반대 속에 민간위원의 주장은 최종적으로 위원회의 최종 결정에 거의 반영되지 않았다는 점에서, 사법제도발전위원회에 대한 민간부문의 반영여부는 미반영이라고 할 수 있다.[35]

■ 세계화추진위원회
① 참여구성 분석

문민정부의 세계화추진위원회는 전반적인 행정기능을 포괄하는 기구로서, 로스쿨 관련 사항은 세부위원회인 사법개혁위원회가 맡아 논의하였다.

사법개혁위원회의 참여를 민간위원과 정부위원의 구성 현황을 통해 고찰해 보면, 민간위원은 전 경실련 사무총장, 교수 등 2명으로 구성되었으며, 정부위원은 행정쇄신위원장, 교육개혁위원장, 부패방지대책위원장 등 3명으로 구성되었다(<표 3-17> 참조).

결국, 민간위원이 정부위원보다 수치상 다소 적은 참여를 보였고, 위원장역시 정부위원이 맡고 있다는 점에서, 사법개혁위원회에 대한 민간부문의 참여구성은 낮은 구성이라고 할 수 있다.

---

35) 이와 같이, 민간부문의 반영여부는 이들 주장의 위원회 내 채택여부, 면접조사결과 등으로 분석한 것이다.

표 3-17 세계화추진위원회(사법개혁위원회)의 민간위원과 정부위원의 구성 현황

민간위원(2명)		정부위원(3명)	
직위	직업	직위	직업
위원	전 경실련 사무총장	위원장	행정쇄신위원장
위원	교수	위원	교육개혁위원장
		위원	부패방지대책위원장

[출처] 국가기록원〈http://www.archives.go.kr〉을 근거로 재구성

② 반영여부 분석

1995년 1월에 출범한 세계화추진위원회(사법개혁위원회)는 법조인 수(사법시험 합격자 수) 확대, 변호사 보수의 적정화, 공공변호사 제도 도입 등을 위주로 하여 로스쿨제도 도입방안을 주요 의제로 논의하였다. 로스쿨과 관련된 회의결과를 종합적으로 조명해 보면, 민간위원뿐만 아니라 대통령의 도입의지를 반영하려는 정부위원들 역시 제도 도입에 대해 찬성입장을 보였다. 즉, 민간위원과 정부위원 모두 고객지향적 입장에서 다양한 국민이 로스쿨에 진입하여 변호사가 될 수 있고, 수임료도 낮출 수 있다는 논리를 내세운 것이다. 이에 따라 로스쿨제도의 도입은 기정사실화되는 것처럼 보였다(국가기록원〈http://www.archives.go.kr〉).

그러나 법조계 등 외부의 강력한 저항으로 민간위원들의 주장이 채택되지 못하게 된 것이다. 실제로, 위원회 외곽에서 로스쿨제도 도입을 주도했던 박세일 대통령비서실 정책기획수석은 "로스쿨제도 도입이 대통령의 특명사항이었지만 청와대 안에서도 법조출신인 민정수석이 반대했고, 후에 대법원장은 직을 걸고 반대하기에 이르렀다. 또한 법조계는 비법조인들이 개혁을 좌우한다며 정면으로 반발하였고, 법조계 출신이 다수인 국회 법제사법위원회 역시 여야를 가리지 않고 강력하게 반대했다"고 당시의 상황을 말해주고 있다. 결국, 세계화추진위원회(사법개혁위원회)와 대법원의 합동 논의 결과, 로스쿨제도 도입이 채택되지 못하였고, 사법시험 합격자 수를 1996년 300명에서 500명으로 증원하고 매년 100명씩 증원하여 1,000명까지 증원하는 선에서 의결되기에 이른다(네이버 블로그〈http://blog.naver.com〉).

한편, 이러한 결과에 대해 좀 더 객관성을 높인다는 차원에서, 본 위원회에 배석한 5급 이상 4명의 관료를 대상으로 전화심층면접조사를 실시한 결과, 4명 모두 미반영에 답변을 함으로써, 민간부문의 반영이 전혀 이루어지지 않았다는 것을 보여주고 있다.[36] 아울러, 민간부문의 주장 등이 제대로 반영되지 않은 이유는 위원회 외곽에 있는 사법시험 출신의 법조계 등이 그들의 기득권을 보호하기 위해 입체적이고 강력한 반대입장 때문이라는 것이 면접대상 관료들의 동일한 논리였다. 더 나아가 강한 반발에 대해 민간위원은 거부반응을 보였지만, 정부위원은 찬성입장에서 반대입장으로 선회하여 위원회 불채택이 더욱 가중되었다는 것이다.

결국, 로스쿨제도와 관련하여 외곽 법조계 등의 강력한 반대 속에 민간위원의 주장은 결국 위원회의 최종 결정에 전혀 반영되지 않았다는 점에서, 본 위원회에 대한 민간부문의 반영여부는 미반영이라고 할 수 있다.

2) 국민의 정부의 참여반영성 분석
■ 새교육공동체위원회
① 참여구성 분석

새교육공동체위원회는 21세기 정보화·세계화 사회에서 필요한 인재육성의 추진전략 및 정책을 개발하기 위해 대통령직속 자문기구로서 출범했으며, 로스쿨 관련 사항을 논의했던 세부위원회는 법학교육제도개선위원회이었다.

법학교육제도개선위원회의 참여를 민간위원과 정부위원의 구성 현황을 통해 조명해 보면, 민간위원은 교수 등 8명으로 구성되었으나, 정부위원은 전무하였다(<표 3-18> 참조).

결국, 민간위원으로만 구성되어 있는 사법개혁위원회에 대한 민간부문의 참여구성은 높은 구성이라고 할 수 있다.

---

36) 본 면접조사는 세계화추진위원회(사법개혁위원회)에 배석해 온 위원 아닌 5급 이상 4명의 행정부 관료를 대상으로 이루어졌다. 이들은 4급 2명·5급 2명이고, 남자 3명·여자 1명이며, 30대 1명·40대 2명·50대 1명으로 구성되었다.

표 3-18	새교육공동체위원회(법학교육제도개선위원회)의 민간위원과 정부위원의 구성 현황

민간위원(8명)		정부위원(0명)	
직위	직업	직위	직업
위원장	교수		
위원	연세대 법대학장		
위원	한양대 법대학장		
위원	교수 5명		

[출처] 국가기록원〈http://www.archives.go.kr〉을 근거로 재구성.

② 반영여부 분석

새교육공동체위원회(법학교육제도개선위원회)는 1998년 11월에 출범하여, 로스쿨제도 도입에 관해 본격적인 논의를 하였다. 로스쿨제도 도입에 관련된 의제는 문민정부의 사법제도발전위원회에서는 여러 일반안건 중 하나에 지나지 않았으며, 세계화추진위원회(사법개혁위원회)는 몇몇 주요안건 중 하나로 취급되었다. 하지만 '국민의 정부'의 새교육공동체위원회에서는 로스쿨제도만을 주요안건으로 다루었다는 점에서, 이전 위원회에 비해서는 보다 심층적인 논의를 했었다고 여겨진다. 이와 관련하여 회의결과를 종합적으로 고찰해 보면, 민간위원은 찬성입장을 보인 반면, 정부위원의 참여는 배제되었기에, 이들의 입장에 대해 기술할 여건은 되지 않았다.

기본적으로 민간위원은 로스쿨제도에 대해 다양한 분야의 직무경험이 있는 법무인력을 양성할 수 있고, 많은 변호사를 양성해 양질의 법률서비스를 제공할 수 있으며, 사법고시 준비로 묶여있는 고급 인재들을 활성화 시킬 수 있다는 등의 논리를 내세웠다. 이러한 논리 등을 근거로 새교육공동체위원회(법학교육제도개선위원회)는 1999년 8월 법학교육제도개선 연구(연구용역), 즉 학사 후 법학교육의 도입을 의결하게 된다. 이는 학부전공자(학사학위 소지자)를 대상으로 한 3년제의 로스쿨제도를 도입하자는 것이었다.

하지만, 본 위원회에서 채택된 로스쿨제도 도입 방안은 대통령에게 건의하자마자 무산되기에 이른다. 이는 이전의 위원회 경우처럼 법조계의 강력한 저항이 있었기 때문이다. 즉, 법무인력으로서 갖추어야 할 최소한의 능력이 3년 안에 양성될지 의문이고, 과도한 수학 비용으로 인한 사회계층 간의 위화감 조성이 우려된다는 것 등이 반대의 논리였다. 결국, 본 위원회에서 채택된 로스쿨제도 도입안은 입법으로 연계되는 데는 한계가 있었던 것이다(국가기록원<http://www.archives.go.kr>).

한편, 이러한 결과에 대해 좀 더 객관성을 제고한다는 차원에서, 본 위원회에 배석했던 5급 이상 4명의 관료들을 대상으로 전화심층면접조사를 실시한 결과, 4명 모두 반영에 답변을 하였다. 이에 따라 민간부문의 의견이 반영되었다는 것을 나타내주고 있는 것이다.[37) 아울러, 민간부문의 주장이 반영된 것은 법조계 등 정부위원이 부재하여 견제세력이 없었기 때문이라는 것이 면접대상 공무원들의 유사한 논리였다.

결국, 로스쿨제도와 관련하여 민간위원의 주장이 최종적으로 위원회에 반영되었다는 점에서, 최소한 본 위원회의 최종 결정에 대한 민간부문의 반영여부는 반영이라고 할 수 있는 것이다.

■ 사법개혁추진위원회
① 참여구성 분석
사법개혁추진위원회는 인권의 신장과 권리침해에 대한 신속한 구제 등 사회정의를 실현하고, 사법제도 개혁방안 등을 추진하기 위해 설립된 대통령자문기구이다.

본 위원회의 참여를 민간위원과 정부위원의 구성 현황을 통해 고찰해 보면, 민간위원은 변호사, 교수, 방송기자클럽회장, 전 행자부차관, 조선일보 논설위원, 소비자문제연구시민의 모임회장 등 15명이고, 정부위원은 대검찰청 차장검사, 서울지법 수석부장판사, 대법원 선임재판연구관, 법무부 검찰국장, 여성특별위원회 사무처장 등 5명으로 구성되어 있었다(<표 3-19> 참조).

---

37) 본 면접조사는 새교육공동체위원회(법학교육제도개선위원회)에 배석했던 위원 아닌 5급 이상 4명의 행정부 관료를 대상으로 이루어졌다. 이들은 4급 1명·5급 3명이고, 남자 2명·여자 2명이며, 40대 2명·50대 2명으로 구성되었다.

결국, 민간위원이 정부위원보다 더 많은 수의 참여를 하고 있다는 점에서, 사법개혁추진위원회에 대한 민간부문의 참여구성은 높은 구성이라고 할 수 있다.

표 3-19 사법개혁추진위원회의 민간위원과 정부위원의 구성 현황

민간위원(15명)		정부위원(5명)	
직위	직업	직위	직업
위원장	변호사	위원	대검찰청 차장검사
위원	교수 3명	위원	서울지법 수석부장판사
위원	변호사 4명	위원	대법원 선임재판연구관
위원	방송기자클럽 회장	위원	법무부 검찰국장
위원	전 행자부차관	위원	여성특별위원회 사무처장
위원	조선일보 논설위원		
위원	성공회대 총장		
위원	여수대 총장		
위원	소비자문제연구시민의 모임 회장		
위원	메디슨 대표		

[출처] 국가기록원〈http://www.archives.go.kr〉을 근거로 재구성.

② 반영여부 분석

사법개혁추진위원회는 법무부 산하의 자문위원회로서 1999년 5월에 설치되었다. 본 위원회에서는 로스쿨제도 도입에 직접 관련된 법조인 양성제도의 개선뿐만 아니라 신속한 권리구제제도, 법률서비스의 질적 향상, 법조인 합리화·전문화, 법조비리 근절, 세계화 조류에의 대응 등 6가지 주제에 대해 논의를 하였다.

기본적으로 회의결과를 종합적으로 분석해 보면, 로스쿨제도 도입과 관련하여 민간위원의 경우, 변호사 4명을 제외한 11명이 지지를 하여 전반적으로 찬성입장을 나타냈고, 정부위원의 경우는 여성특별위원회 사무처장을 제외한 4

명이 부정적 입장을 보여 전반적으로 반대 입장을 보였다.

즉, 법대교수 등 민간위원은 로스쿨제도 도입의 취지는 다양한 전공을 가진 학생을 선발해 체계적인 교육을 통해 경쟁력 있는 법률가를 양성하기 위한 것인 만큼 기존의 시험대신 교육을 통한 변호사 양성시스템으로 바뀌어야 한다는 주장 등을 피력하였다. 반면, 법조계 등 정부위원은 로스쿨 이외의 공인된 법학교육기관이 있는데도 변호사시험 응시자격을 로스쿨 졸업생만으로 제한하는 것은 비합리적이라고 주장하였고, 로스쿨 입학정원을 제한해 놓는다면 법조인 직업의 세습화와 부의 고착화를 초래할 수 있다는 의견을 피력하였다. 뿐만 아니라 경제적 사정으로 로스쿨에 진학하지 못하거나 법학과를 졸업하고 사회에서 이미 다양한 법적 지식과 경력을 쌓은 사람에게 변호사가 될 수 있는 길을 봉쇄하는 것은 직업선택의 자유, 공무담임권, 그리고 평등권을 침해하는 논리 등을 강력하고 지속적으로 펼치면서 반대입장을 명확히 했다.

결국, 본 위원회는 반대입장을 취했던 법무부가 주도를 했으며, 로스쿨제도 도입은 적절하지 않다는 정부위원들의 강력한 반대 주장 속에 민간위원의 도입 주장은 전혀 받아들여지지 않았던 것이다. 대신, 사법시험에 대해서만 장기적으로 절대 점수제인 자격시험으로 전환하되 정원제는 유지하고, 응시자격 및 회수를 제한하는 등의 선발시험제도의 개선과 선발 후 교육제도로서 한국사법대학원 도입 등을 2000년 5월 위원회 차원에서 채택하게 된다(국가기록원 <http://www.archives.go.kr>).

한편, 이러한 결과에 대해 좀 더 객관성을 높이기 위해 본 위원회에 배석한 5급 이상 5명의 관료를 중심으로 전화심층면접조사를 실시한 결과, 5명 모두 미반영에 답변을 했다. 이에 따라 민간부문의 의견이 전혀 반영되지 않았다는 것을 보여주고 있는 것이다.[38] 아울러, 민간부문의 주장이 전혀 받아들여지지 않았던 이유는 직전 위원회인 새교육공동체위원회(법학교육제도개선위원회)에서 법조계 등 정부위원이 참여하지 않아 로스쿨제도 도입이 위원회 차원에서 채택

---

38) 본 면접조사는 사법개혁추진위원회의 위원이 아닌 배석한 5급 이상 5명의 행정부 관료를 대상으로 이루어졌다. 이들은 4급 2명·5급 3명이고, 남자 4명·여자 1명이며, 40대 3명·50대 2명으로 구성되었다.

되었던 사실을 고려한 나머지, 이러한 상황이 재발되지 않도록 로스쿨 도입 방안을 채택 이전 단계에서 막아보겠다는 정부위원의 의지가 어느 때보다도 강했기 때문이라는 것이 면접대상 공무원들의 공통된 증언이었다.

결국, 로스쿨제도와 관련하여 민간위원의 주장이 최종적으로 위원회에 전혀 반영되지 않았다는 점에서, 본 위원회에 대한 민간부문의 반영여부는 미반영이라고 할 수 있다.

3) 참여정부의 참여반영성 분석
■ 사법개혁위원회
① 참여구성 분석

지금까지 살펴보았듯이 2개 정부에 걸쳐 로스쿨 관련 자문위원회가 4개나 존재하였으나, 법조계의 미온적인 태도 등으로 뚜렷한 성과물을 내지 못했다. 이러한 상황에서 2003년 2월 참여정부가 들어서고, 사법개혁에 대한 필요성이 다시 대두되기에 이른다. 이에 따라 2003년 8월 대통령과 대법원장이 사법개혁을 공동 추진키로 합의하게 되는데, 이를 근거로 설치된 것이 대법원 산하 자문위원회인 사법개혁위원회이다.

본 위원회의 참여를 민간위원과 정부위원의 구성 현황을 통해 조명해 보면, 민간위원은 변호사, 교수, 경실련 고문, 참여연대 고문, KBS 해설위원, 조선일보 판매국장, 금호아시아나그룹 회장, 한국가정법률상담소장 등 11명이고, 정부위원은 법원행정처차장, 판사, 법무부차관, 교육인적자원부차관, 국방부 법무관리관, 국회 법사위 수석전문위원, 헌법재판소 사무차장 등 10명으로 구성되었다(<표 3-20> 참조).

결국, 민간위원이 정부위원보다 1명이 많게 참여를 하고 있었고, 위원장도 민간위원이 맡고 있었다는 점에서, 사법개혁위원회에 대한 민간부문의 참여구성은 높은 구성이라고 할 수 있다.

| 표 3-20 | 사법개혁위원회의 민간위원과 정부위원의 구성 현황 |

민간위원(11명)		정부위원(10명)	
직위	직업	직위	직업
위원장	변호사	부위원장	법원행정처차장
위원	변호사 2명	위원	판사 2명
위원	교수 2명	위원	법무부차관
위원	경실련 고문	위원	법무부관리관
위원	참여연대 고문	위원	교육인적자원부차관
위원	KBS 해설위원	위원	국방부 법무관리관
위원	조선일보 판매국장	위원	국회 법사위 수석전문위원
위원	금호아시아나그룹 회장	위원	헌법재판소 사무차장
위원	한국가정법률상담소장	위원	노사정위원회 실무위원

[출처] 국가기록원〈http://www.archives.go.kr〉을 근거로 재구성.

② 반영여부 분석

전술한 바와 같이, 대통령과 대법원장은 사법개혁을 추진할 주체로서 2003년 10월 대법원 소속으로 사법개혁위원회를 구성하기로 합의하였는데, 본 위원회는 대법원장이 부의한 안건인 대법원의 기능과 구성, 법조 일원화와 법관임용방식의 개선, 국민의 사법참여, 사법서비스 및 형사사법제도 개선뿐만 아니라 법조인 양성 및 선발을 주요 안건으로 논의하였다.

기본적으로 본 위원회는 매월 2회의 전체회의를 개최하여 총 27회의 회의를 열었는데, 그 결과를 종합적으로 분석해 보면, 민간위원은 분명한 찬성입장을 표명했고, 정부위원 역시 판사 2명을 제외하고 대체적으로 찬성입장을 나타냈다. 즉, 다양한 분야의 경력자가 변호사에 진입할 수 있고, 사법시험보다는 로스쿨제도가 더 많은 국민들에게 혜택이 갈 수 있다는 것이 주도적인 의견이었다. 이렇게 정부위원마저도 갑자기 입장을 선회한 까닭은 2003년 8월 대법원 구성의 다양화라는 국민적 열망을 무시한 채 서열과 기수에만 얽매어 대법관을 제청함에 따라, 사시출신에 대한 국민의 불만이 높아졌고, 이와 관련하여 사법개혁의 요구가 국민뿐만 아니라 법원 내부에서도 강력하게 일어났기 때문이다.

결국, 2004년 12월 본 위원회는 최종건의문을 채택하여 대법원장에게 보고하게 되는데, 국민참여재판을 2007년부터 1단계로 실시하고 2012년부터 본격적으로 도입하도록 하는 것뿐만 아니라 로스쿨제도를 2008년부터 시행하도록 채택하게 된 것이다. 이에 따라 본 위원회는 로스쿨제도의 채택에 대한 입법화를 구체화시키기 위해 대통령자문기구인 사법제도개혁추진위원회에 본 사항을 넘기게 된다(국가기록원<http://www.archives.go.kr>).

한편, 이러한 결과에 대해 좀 더 객관성을 제고하기 위해 본 위원회에 배석한 5급 이상 5명의 관료를 대상으로 전화심층면접조사를 실시한 결과, 5명 모두 반영에 답변을 했다. 이에 따라 민간부문의 의견이 반영되었다는 것을 뒷받침하고 있는 것이다.[39] 아울러, 민간부문의 주장이 반영된 것은 참여정부에 들어 대법원 구성의 다양화라는 국민적 열망을 무시한 채 서열과 기수만으로 이들을 임명시킴에 따라 높아진 국민의 불만과 이에 따라 다양화를 지향하여야 한다는 분위기 때문이라는 것이 면접대상 공무원들의 일치된 논리였다.

결국, 로스쿨제도와 관련하여 민간위원의 주장이 최종적으로 위원회에 반영됐다는 점에서, 본 위원회에 대한 민간부문의 반영여부는 반영이라고 할 수 있다.

■ 사법제도개혁추진위원회

① 참여구성 분석

사법제도개혁추진위원회는 대법원 산하 사법개혁위원회가 건의한 개혁의 내용을 종합적이고 체계적으로 추진하기 위해 설치된 대통령자문기구이다.

본 위원회의 참여를 민간위원과 정부위원의 구성 현황을 통해 고찰해 보면, 민간위원은 한국외국어대 이사장, 리걸타임즈 고문, 신문발행인포럼 이사, 이화여대 총장, 금호아시아나그룹 회장, 대한변호사협회 회장 등 8명이고, 정부

---

39) 본 면접조사는 사법개혁위원회의 위원이 아닌 배석한 5급 이상 5명의 사법부 관료를 대상으로 이루어졌다. 이들은 4급 3명·5급 2명이고, 남자 3명·여자 2명이며, 40대 4명·50대 1명으로 구성되었다.

위원은 국무총리, 교육인적자원부장관, 법원행정처장, 법무부장관, 국방부장관, 행정자치부장관, 노동부장관, 기획예산처장관 등 12명으로 구성되었다(<표 3-21> 참조).

결국, 민간위원이 정부위원보다 더 적은 참여를 하고 있다는 점에서, 사법제도개혁추진위원회에 대한 민간부문의 참여수준은 낮은 구성이라고 할 수 있다.

표 3-21 사법제도개혁추진위원회의 민간위원과 정부위원의 구성 현황

민간위원(8명)		정부위원(12명)	
직위	직업	직위	직업
공동위원장	한국외국어대 이사장	공동위원장	국무총리
위원	리걸타임즈 고문	위원	교육인적자원부장관
위원	신문발행인포럼 이사	위원	법원행정처장
위원	이화여대 총장	위원	법무부장관
위원	교수	위원	국방부장관
위원	금호아시아나그룹 회장	위원	행정자치부장관
위원	고려대 법무대학원장	위원	노동부장관
위원	대한변호사협회 회장	위원	기획예산처장관
		위원	법제처장
		위원	국무조정실장
		위원	대통령비서실 민정수석비서관
		위원	노사정위원장

[출처] 국가기록원〈http://www.archives.go.kr〉을 근거로 재구성.

② 반영여부 분석

사법제도개혁추진위원회는 전술한 사법개혁위원회의 건의사항을 구체적으로 실현하기 위한 후속추진기구로서, 2005년 1월에 만들어졌다. 기본적으로 본 위원회는 채택된 로스쿨제도를 구체화하기 위한 기구라는 점에서, 민간위원뿐만 아니라 정부위원도 로스쿨제도의 도입에 분명한 찬성입장을 지녔다.

즉, 법률시장에 대한 국민의 상대적 진입완화, 다양한 경력을 가진 법조인력 양성 등을 통해 수임료 부담 경감과 양질의 법률서비스 제공 등을 주장하며, 로스쿨제도의 도입을 기정사실화했다. 이에 따라 본 위원회는 로스쿨제도를 구체화시키기 위해 입법 작업에 속도를 내게 되는데, 2005년 4월 21일 로스쿨제도 관련 법률안 제정을 위한 공청회 개최 등을 거쳐 2005년 5월 17일 법학전문대학원 설치·운영에 관한 법률안을 공식적으로 의결하는 것 등이 그것이다. 결국, 채택된 법률안은 대통령 보고를 거쳐 2005년 10월 27일 국회에 제출하게 된다. 이러한 상황에서 법대학장 등은 로스쿨법률안을 조속히 제정할 것을 촉구(2007.03.23)하는 반면, 변호사협회 등은 로스쿨법안의 철회를 요청하는 입법청원(2007.04.12)을 하는 등 격렬한 이분법적 상호작용이 벌어지게 된다. 하지만 법조인력의 다양화 제고라는 대통령의 의지와 일반 국민의 지지 등으로 인해 2007년 7월 3일 국회에서 로스쿨법안이 가결되게 되고, 2007년 7월 27일 공포되어, 2009년 3월 로스쿨 개원이 이루어지게 된다(국가기록원<http://www.archives.go.kr>).

한편, 사법제도개혁추진위원회는 대통령소속 자문기구이고 정부위원이 민간위원보다 높은 구성을 이루고 있다는 점에서, 독립성이 보장되어 있었다고는 볼 수 없으며, 이에 따라 어느 정도의 통제는 있었다고 할 수 있는 것이다. 이에 따라 대통령의 의지 등에 따른 로스쿨제도의 도입 확정은 정부위원에 대한 대통령의 영향력이 민간위원의 영향력보다 더 크게 행사된 부분에서 비롯되었다고 할 수 있는 것이다.

이러한 결과에 대해 좀 더 객관성을 높이기 위해 본 위원회에 배석한 5급 이상 5명의 관료들을[40] 대상으로 전화를 통한 심층면접조사를 실시한 결과, 5명 모두 민간부문의 의견이 반영되었다는 답변을 했다. 이에 따라 민간부문의 의견이 반영되었음이 확인되었다. 아울러, 민간부문의 주장이 반영된 것은 대통령, 국민, 그리고 정부위원의 지지 때문이라는 것이 면접대상 공무원들의 공

40) 본 면접조사는 사법제도개혁추진위원회에 배석한 위원 아닌 5급 이상 5명의 행정부관료를 대상으로 이루어졌다. 이들은 4급 4명·5급 1명이고, 남자 4명·여자 1명이며, 30대 1명·40대 3명·50대 1명으로 구성되었다.

통된 주장이었다.

결국, 로스쿨제도와 관련하여 민간위원의 주장이 최종적으로 위원회에 반영됐다는 점에서, 본 위원회에 대한 민간부문의 반영여부는 직전 위원회와 마찬가지로 반영이라고 할 수 있는 것이다.

(3) 분석의 종합

지금까지 지난 3개 정부별 로스쿨제도 자문위원회에 대한 민간부문의 참여 반영성을 분석한 결과 다음과 같은 내용들이 도출되었다(<표 3-22> 참조).

먼저, 문민정부의 사법제도발전위원회에 있어서 민간위원은 정부위원보다 참여구성이 높았지만 그들의 의견이 반영되지 않아 높은 구성－미반영 유형을 나타냈다. 로스쿨제도에 대한 도입 입장은 민간위원이 전반적으로 찬성을 나타낸 반면, 정부위원은 강력한 반대 입장을 보여 위원회 차원에서 로스쿨제도는 불채택되었으며, 이에 따라 입법화로도 연계되지 않았다. 그리고 세계화추진위원회(사법개혁위원회)는 참여구성이 낮은 구성이고 반영여부도 미반영으로 나타나 낮은 구성－미반영 유형으로 도출되었다. 제도도입입장에 대해 민간위원뿐만 아니라 정부위원도 찬성입장을 나타냈지만 외부 법조계 등의 강한 반발에 부딪쳐 위원회 채택은 불발되기에 이른다. 즉, 외부 법조계 등의 강한 반발에 대해 민간위원은 거부반응을 나타냈지만, 정부위원은 찬성 입장에서 반대 입장으로 선회함으로써 위원회 불채택을 더욱 가중시킨 것이다.

국민의 정부에 있어서 새교육공동체위원회(법학교육제도개선위원회)는 민간위원의 참여구성이 높은 구성이고 반영여부도 반영으로 나타났다는 점에서 높은 구성－반영 유형으로 나타났다. 로스쿨제도를 찬성하는 민간위원들만으로 구성이 되었고 정부위원들은 포함되지 않았다는 점에서, 제도도입은 별다른 저항 없이 채택되기에 이른다. 하지만 이후 건의과정에서 법조계 등의 강한 반대로 인해 입법화에는 실패하게 된다. 그리고 사법개혁추진위원회는 참여구성이 높은 구성이었지만 반영여부는 미반영이라는 점에서 높은 구성－미반영 유형으로 나타났다. 제도도입에 대해 민간위원은 전반적으로 찬성입장을 견지했지만 정부위원은 지속적인 반대 입장을 보여 채택까지는 이르지 못했다.

참여정부의 사법개혁위원회는 민간위원의 참여구성이 높은 구성이고 반영
여부는 반영이라는 점에서 높은 구성－반영 유형으로 나타났다. 제도도입에 있
어서 민간위원뿐만 아니라 정부위원도 찬성입장을 나타냈고, 결국 로스쿨제도
도입을 채택하여 대법원장에게 건의하게 된다. 이러한 내용은 사법제도개혁추
진위원회에 전달하여 과도적 입법화를 지향하게 된다. 그리고 사법개혁위원회
의 건의안을 구체화시키기 위한 사법제도개혁추진위원회는 참여구성이 낮은
구성이었지만 반영여부는 반영으로 나타났다는 점에서 낮은 구성－반영 유형
으로 나타났다. 법조 인력의 다양화라는 시대적 흐름에 맞춰 제도도입에 있어
민간위원뿐만 아니라 정부위원도 찬성입장을 나타냈고, 이에 따라 제도채택이
가능해 졌으며, 입법화까지 이어지게 된 것이다.

표 3-22 로스쿨제도 자문위원회에 대한 민간부문의 참여반영성 분석 결과

	구분	문민정부		국민의 정부		참여정부	
		사법제도 발전 위원회	세계화 추진 위원회	새교육 공동체 위원회	사법개혁 추진 위원회	사법 개혁 위원회	사법제도 개혁추진 위원회
	참여구성	높은 구성	낮은 구성	높은 구성	높은 구성	높은 구성	낮은 구성
	반영여부	미반영	미반영	반영	미반영	반영	반영
	유형	높은 구성-미반영 유형	낮은 구성-미반영 유형	높은 구성-반영 유형	높은 구성-미반영 유형	높은 구성-반영 유형	낮은 구성-반영 유형
자문위원회 내부	위원별 로스쿨제도 도입 입장	민간위원 도입찬성 : 정부위원 도입반대 :	민간위원 도입찬성 : 정부위원 도입찬성 : → 도입반대	민간위원 도입찬성 : 정부위원 기술불가 :	민간위원 도입찬성 : 정부위원 도입반대 :	민간위원 도입찬성 : 정부위원 도입찬성 :	민간위원 도입찬성 : 정부위원 도입찬성 :
	위원회의 로스쿨제도 채택여부	불채택	불채택	채택	불채택	채택	채택
외부	입법화 연계여부	불연계	불연계	불연계	불연계	과도적 연계	연계

4. 결론

정부별 로스쿨제도 자문위원회에 대한 민간부문의 참여반영성 분석과정에서는 다음과 같은 시사점이 도출되었다.

첫째, 위원회에 있어서 제도채택을 둘러싸고 민간위원과 정부위원 모두 찬성을 한다면, 제도채택은 기정사실화되는 것이 당연한 이치일 것이다. 하지만, 로스쿨제도를 둘러싼 위원회에서는 이러한 부분이 반드시 나타나지는 않았다. 즉, 세계화추진위원회(사법개혁위원회)의 경우 양쪽 위원이 로스쿨제도 도입에 찬성을 하였지만, 위원회 외곽에 위치해 있는 법조계의 강력한 반대로 인해 자문위원회 차원의 제도채택도 이루어지지 못했다. 따라서, 정부위원회는 내부위원이 아닌 외부의 인사로 인해 예측할 수 없는 역동적 행태를 보일 수 있다는 것이다.

둘째, 입법화를 위해 만들어진 자문위원회의 의결은 법규로 이어지는 경우가 많지만 당사자들의 이해관계에 따라 채택된 안이 입법으로 연계되지 못하는 경우도 있다는 점이다. 즉, 새교육공동체위원회(법학교육제도개선위원회)는 로스쿨제도 도입을 의결하여 채택했지만, 이후 입법으로 이어지는 과정에서 법조계 등 반대론자들의 지속적인 저항으로 인해 법규로 이어지지는 못했던 것이다. 따라서, 제도권인 정부위원회의 결정이 비제도권인 이해당사자들에게 포획당해 위원회 자체가 유명무실해 질 수도 있다는 것이다.

셋째, 다양한 참여자들의 역동적이고 복잡한 위원회 회의에 있어서도 행태적 정체성이 명확하게 나타난다는 것이다. 즉, 사법제도발전위원회는 높은 구성-미반영 유형, 세계화추진위원회는 낮은 구성-미반영 유형, 새교육공동체위원회는 높은 구성-반영 유형, 사법개혁추진위원회는 높은 구성-미반영 유형, 사법개혁위원회는 높은 구성-반영 유형, 그리고 사법제도개혁추진위원회는 낮은 구성-반영 유형으로 나타나는 것이 그것이다.

결론적으로, 본 연구는 민간부문의 참여반영성에 대해 좀 더 세분화되고 정체성 등을 제고시킬 수 있는 '참여반영성의 3×2 유형론'을 제시하였으며, 이 유형론의 정당성을 확보하려는 노력의 일환으로 6가지 유형들 각각에 대한 적합한 사례들을 발굴해 적용을 시도한 측면 등에서 나름의 학문적 기여를 하고 있다고 생각된다. 그러나 본 연구는 로스쿨제도라는 하나의 제한된 사례만을 가지고 민간부문의 참여반영성을 분석하였으며, 이를 근거로 하여 시사점을 도출했다. 그러나 이러한 과정에서 동원된 자료들의 대부분이 객관성 등을 충분히 담보할 수 있는 수준이 아니었기에 본 유형론의 일반화에는 일정부분 한계가 있음을 인정하는 바이다.

　　이 같은 자료상의 한계 등으로 인하여 본 연구의 유용성을 크게 높일 수 있었던 6가지 유형에 대한 거버넌스적 우선순위에 대한 판단은 물론 반영수준에 대한 사례분석에 있어서 민간부문과 정부부문 간 상호작용과정 등 역동성에 대한 조망과 같은 부분들은 차후의 과제들로 넘길 수밖에 없었다. 이러한 본 연구의 한계들과 학문적 아쉬움들을 극복하기 위해선 그에 상응하는 구체적이고 객관적인 자료들이 충분히 정리되어 있어야 할 것이다. 그러나 우리나라 국가기록원은 물론 국회도서관 등에서조차도 그러한 요건을 갖춘 관련 자료들을 거의 찾을 수 없었다는 점이 크게 아쉬웠다. 따라서 지금부터라도 서둘러 각종 기구에서 벌어지는 회의 내용들이 충실하게 정리될 수 있고 체계적으로 보관될 수 있으며, 그에 대한 접근이 용이한 시스템을 마련하여야 할 것이다.

참고
문헌

국내문헌

O **단행본**

강용기(2008), 「현대지방자치론」, 대영문화사.

김경동·이온죽(1998), 「사회조사연구방법」, 박영사.

김경우·양승일·강복화(2008), 「사회복지정책론」, 창지사.

김광웅(1981), 「사회과학연구방법론」, 박영사.

김병준(2002), 「한국지방자치론」, 법문사.

김영평(1995), 「불확실성과 정책의 정당성」, 고려대학교 출판부.

김해동(2000), 「조사방법론」, 법문사.

백완기(1997), 「한국의 행정문화」, 고려대학교출판부.

양승일(2014), 「사회복지행정론」, 양서원.

_____, 「정책변동론: 이론과 적용」, 박영사.

_____(2015), 「사회복지정책론」, 양서원.

유훈(1999), 「정책학원론」, 법문사.

이지훈(1993), 「사회과학의 메타분석방법론」, 충북대학교 출판부.

정병석 외(2009), 「법조인 양성체제의 개혁」, 교육과학기술부.

최병선(2000), 「징부규제론」, 법문사.

한석태(2017), 「정책학개론」, 대영문화사.

O **논문**

김병주·김은아·우석구(2008), "사립학교의 자주성과 공공성 의식이 제35차 개정 사
　　　립학교법 인식에 미친 영향", 교육행정학연구, 26(1).

김성준(2002), "규제연구의 정치경제학적 접근방법: 흡연에 대한 규제정책사례를 중심

으로", 규제연구, 11(2).

김수용(2011), "우리나라 입법과정의 문제점과 입법평가제도의 활용방안 검토", 공법
연구, 39(4).

김정수(2007), "불확실성, 결정오차, 그리고 제비뽑기의 역설: 문예진흥기금 지원심의
방식에 대한 역발상", 한국정책학회보, 16(1).

김화환·이태수·김종민·안태후(2015), "인구 및 사회경제적 특성을 반영한 소지역 분
류 및 유형화 연구", 국토지리학회지, 49(2).

김희경(2009), "정부규제기구 변화의 정치: 정치행위자의 영향을 중심으로", 성균관
대학교 박사학위논문.

박재창(2001), "국가유형과 NGO의 정책참여: 평가론적 관점에서", 시민사회포럼 발표
논문.

박찬주(2009), "사립학교법 개정 논의의 주요쟁점과 과제", 교육법학연구, 21(2).

박천오(2002), "정부관료제의 시민참여 수용성: 한국공무원의 인식을 중심으로", 행
정논총, 40(2).

손희권(2006), "개정 사학법상의 개방형이사제의 헌법적 검토", 교육행정학연구, 24(1).

심원미·이찬호(2008), "종합부동산세 세율의 적정성과 정책적 목적에 대한 인식 분
석", 한국콘텐츠학회논문지, 8(10).

심준섭(2004), "불확실성과 정책오차의 이중성: 신용카드사 규제정책을 중심으로", 한
국행정학보, 38(6).

안문석(1987), "우리나라에서의 정부규제강화요인에 관한 연구", 전경련 세미나.

양승일(2007), "복지정책형성과정에서 나타나는 참여수용성 분석: 건강보험통합정책
을 둘러싼 NIG(NGO-Interest Group)에 대한 정부의 참여수용성을 중심으
로", 사회복지정책, 30.

_____(2011), "부동산정책을 둘러싼 규제정치 분석: 종합부동산세정책에 대한 확 장
된 Wilson의 규제정치이론 적용", 정부학연구, 17(1).

_____(2012), "정책과정에서 나타나는 정책오차의 요인 분석: 사립학교정책의 개 방
형이사제를 중심으로", 한국정책학회보, 21(3).

양승일·신범순(2006), "정책과정과 현실사이의 정책오차 분석: 보조연기자에 대한 사
회보험제도를 중심으로", 정부학연구, 12(1).

양승일·유홍림(2012), "정부위원회 운영에 있어서 민간부문의 참여반영성 분석: 정권
별 로스쿨제도 관련 자문위원회를 중심으로", 행정논총, 50(3).

양승일·한종희(2008), "정책대상조직에 의한 교육복지정책의 변동 분석: 노무 현정부
의 사학정책을 중심으로", 한국조직학회보, 5(1).

양충모(2008), "지방자치제와 종합부동산세에 관한 연구", 한국지방자치연구, 10(2).

염형국(2008), "로스쿨에서의 공익인권법 교육 활성화 방안", 인권법평론, 2.

오을임·김구(2002), "불확실성 상황에서의 의사결정 양상에 관한 실증적 연구: 의사결정나무분석을 이용하여", 한국행정학보, 36(3).

우석진·전형힐(2009), "종합부동산세가 전세가격에 미치는 효과", 재정학연구, 2(2).

유중원(2004), "변호사 대량증원론의 허구성과 로스쿨제도 도입의 문제점", 인권과 정의, 337.

유태현·현성민(2005), "종합부동산세 과세권의 조정에 관한 연구", 재정정책논집, 7(2).

이민창(2010), "유인, 규범, 신뢰할 만한 공약과 정책갈등: 정책갈등 유형분류를 위한 시론", 행정논총, 48(4): 31-54.

이종범(1988), "다원화시대에 있어서 행정의식의 문제점", 전경련 세미나.

이찬호·심원미(2008), "종합부동산세제도의 정책적 목적달성에 관한 실증적 인식 분석", 상업교육연구, 19.

장우영(1975), "인터넷 규제의 정치: 내용규제 레짐의 고찰을 중심으로", 사회과학 연구, 14(1).

전영평·이곤수(2008), "유전자변형생명체(GMO) 규제의 정치: 규제삼각형과 옹호 연합모형의 결합을 통한 EU의 GMO 규제 역동성 분석", 행정논총, 46(1).

정봉주(2008), "사립학교법 개정사례에 나타난 교육정책결정과정 연구: 제17대 국회 1·2차 사립학교법 개정과정을 중심으로", 연세대학교 석사학위논문.

정정화(2003), "호나경규제권한 배분의 정치과정: 오염물질 배출업소 규제권한의 시·도 위임과정 비교분석", 한국지방자치학회보, 15(1).

정주용·조광래(2009), "정책오차 수정의 조건: 수도권 지방이전 사례를 중심으로", 한국정책학회보, 18(3).

최병선(2003), "규제문화의 연구: 정치문화이론의 적용가능성", 규제연구, 12(1).

최완진(2008), "로스쿨 체제하에서의 상사법분아의 개설과목과 교수방법에 관한 고찰", 법학논고, 28.

최윤철(2007), "로스쿨 법제에 대한 입법평가: 평가요소를 중심으로", 공법연구, 36(1).

홍성만(2000), "정부와 비정부조직의 정책경쟁", 고려대학교 박사학위논문.

황해봉(2007), "로스쿨법의 주요 쟁점과 과제", 공법연구, 36(1).

국외문헌

o 단행본

Almond, G. A. & Powell, G. B. Jr.(1978), *Comparative Politics: System, Process and Policy*, Boston: Little Brown and Company.

Barber, J. D.(1977), *Presidential Character*, Englewood Cliffs, New Jersey: Prentice −Hall.

Bentham, J.(1907), *An Introduction to the Principles of Morals and Legislation*, Oxford: Clarendon Press.

Blake, R. R. & Mouton, J. S.(1964), *The Managerial Grid*, Houston: Gulf Press.

Blau, P. M. & Scott, W. R.(1962), *Formal Organizations: A Comparative Approach*, San Francisco: Chandler.

Calabresi, G. & Bobbitt, P.(1978), *Tragic Choices*, New York: W. W. Norton.

Dunn, W. N.(1994), *Public Policy Analysis: An Introduction*, 2nd, Englewood Cliffs. N.J.: Prentice−Hall, Inc.

Easton, D.(1965), *A Framework for Political Analysis*, Englewood Cliffs, N. J.: Prentice Hall.

Esping−Andersen, G.(1990), *The Three World of Welfare Capitalism*, Princeton Univ. Press.

Etzioni, A.(1958), T*he Comparative Analysis of Complex Organization*, New York: John Wiley & Sons.

Freidson, E.(2001), *Professionalism: The Third Logic*, Cambridge: Polity Press.

Furniss, N. & Tilton, T.(1977), *The Case for the Welfare State: From Social Security to Social Equality*, Bloomington: Indiana University Press.

George, V. & Wilding, P.(1994), *Welfare and Ideology*, Hemel Hempstead: Harvester Wheatsheaf.

Hassenfeld, Y.(1983), *Human Service Organization*, Englewood Cliffs, NJ: Prentice −Hall.

Hempel, C. G.(1965), *Aspects of Scientific Explanation*, N.Y.: The Free Press.

Heywood, A.(2002), *Politics*, Palgrave Publishers Ltd.

Hogwood, B. & Peters, B. G.(1983), *Policy Dynamics*, New York: St. Mar−tin's Press.

Katz, D. & Kahn, R. L.(1966), *The Social Psychology of Organizations*, 2nd ed., New York: John Wiley and Sons.

King, C. S. & Stivers, C.(2001), *Reforming Public Administration: IncludingCitizens, in Kuotsai Tom Liou(eds.). Handbook of Public Management Practice and Reform*, New York: Marcel Dekker, Inc.

Kramer, R.(1981), *Voluntary Agencies in the Welfare State*, Berkeley: University of California Press.

Lasswell, H. D.(1951), *Politics: Who Gets What, When, How?*, The Free Press.

Litterer, J. A.(1973), *The Analysis of Organizations*, 2nd ed., New York: John Wiley &Sons.

Meier, K. J.(1985), *Regulation: Politics, Bureaucracy, and Economics*, New York: St. Mar−tin's Press.

Mintzberg, H.(1979), *The structure of Organization*, Englewood Cliffs, NJ: Prentice−Hall.

Mishra, R.(1990), *The welfare State in Capitalist State*, Harvester Wheatsheaf.

Mitchell, J. M. & Mitchell, W. C.(1969), *Political Analysis and Public Policy*, Chicago: Rand McNally.

Mitnick, B. M.(1980), *The Political Economy of Regulation*, New York: Columbia University Press.

Parsons, T.(1960), *Structure and Process in Modern Societies*, New York: Free Press.

Pressman, J. L. & Wildavsky, A.(1984), *Implementation*, 3rd ed, Berkeley: University of California Press.

Ripley, R. B. & Franklin, G. A.(1980), *Congress, the Bureaucracy and Public Policy*, Illinois: The Dorsey Press.

Savas, E. S.(1982), *Privatizing the Public Sector*, Chatham House Publishers, Chatham, NJ.

Siffin, W.(1980), *The Art of Problem Defining*, Bloomington: Indiana University Press.

Wilensky, H. L. & Lebeaux, C. N.(1975), *The Welfare State and Equality: Structual and Ideological Roots of Public Expenditure*, Berkeley: University of California Press.

Wilson, J. Q.(1980), *America Government: Institutions and Politics*, Lexington: D.C. Health and Co.

○ 논문

Allaire, Y. & Firsirotu, M. E.(1989), "Coping with Strategic Uncertainty", *Sloan Management Journal*, 3.

Arnstein, S.(1969), "A Ladder of Citizen Participation. Journal of the American", *Institute of Plammers*, 35(4).

Barton, A. H.(1955), "The concept of property—space in social research", in P.F. Lazarsfeld and M. Rosenberg (eds.), *The Language of Social Research*. Glencoe, Ill.: The Free Press.

Carlisle, H. M.(1987), "*Management Essentials: Concepts for Productivity and Innovation* (2ed ed.)", Chicago: Science research Association.

Duncan, R. B.(1972), "Characteristics of Organizational Environments and Perceived Environmental Uncertainty", *Administrative Science Quarterly*, 17.

Esping—Andersen, G.(1996), "After the Golden Age? Welfare State Dilemmas in a Global Economy in G. Esping—Andersen (ed)", *Welfare States inTransition. National Adaptations in Global Economies*, London: Sage.

Fredrickson, J. W. & Mitchell, T. R.(1984), "Strategic Decision Processes: Comprehensiveness and Performance in an Industry with an unstableEnvironment", *Academy of Management Journal*, 27.

Koontz, T. M.(1999), "Administration and Citizens: Measuring Agency Officials' Efforts to Foster and Use Public Input in Forest Policy", *Journal of Public Administration Research and Theory*, 9(2).

Lazarsfeld, P. E. & Barton, A. H.(1951), "Qualitative Measurement in the Social Sciences: Classification, Typologies and Indices", in D. Lerner and H. D. Lasswell(eds.), *The Policy Sciences*, 155—192, Stanford, CA: Stanford University Press.

_____(1955), "Some Function of Qualitative Analysis in Social Research", *The Bobbs—Merrill Reprinted Series in the Social Science*, S—336.

Lowi, T. J.(1964), "American Business, Public Policy, Case Studies and Political Studies", *World Politics*, July 1964.

Mckinney, J. C.(1967), "Constructive Typology: Explication of a Procedure", in J. T. Dobby (eds.), *An Introduction to Social Research*, N.Y.: Appleton—Century

Crofts.

_____, "Constructive Typology: Structure and Function", in J.T. Dobby (eds.), *An Introduction to Social Research*, N.Y.: Appleton—Century Crofts.

McNair, R. H.(1983), "Citizen Participants in Public Bureaucracies: Foul—weather Friends", *Administration and Society*, 14(4).

Percy, S. L.(1983), "Citizen Co—production: Prospects for Improving Service Deli Very", *Journal of Urban Affairs*, 5.

Rosener, J. B.(1978), "Citizen Participation: Can We Measure Its Effectiveness?", *Public Administration Review*, 38(5).

Salisbury, R. H. & Heinz, J.(1970), "A Theory of Policy Analysis and Some Preliminary Applications", in I. Sharkansky (eds.), *Policy Analysis in Political Science*, Chicago: Markham.

Salisbury, R. H.(1968), "The Analysis of Public Policy: A Search for Theory and Roles", in A. Ranney (eds.), *Political Science and Public Policy*, Chicago: Markham.

Smith, M.(1948), "Cautions Concerning the Use of Taylor—Russell Tables in Employee Selection", *Journal of Applied Psychology*, 32.

Taylor, H. C. & Russell, J. T.(1939), "The Relationship of Validity Coefficients to the Practical Effectiveness of Tests in Selection: Discussion and Tables", *Journal of Applied Psychology*, 23.

Thomas, J. C.(1993), "Public Involvement and Governmental Effectiveness: ADecision —Making Model for Public Managers", *Administration and Society*, 24(4).

Timney, M. M.(1996), "Overciming NIMBY: Using Citizen Participation Effectivel", *Paper Presented at the 57th National Conference of the American Society of PublicAdministration*, Atlanta. GA.

Web-Site

교육인적자원부 <http://www.moe.go.kr>
국가기록원 <http://www.archives.go.kr>
국립국어원 표준국어대사전 <http://stdweb2.korean.go.kr>
국세청 <http://www.nts.go.kr>
네이버 백과사전 <http://100.naver.com>
네이버 블로그 <http://blog.naver.com>
연합뉴스 <http://www.yonhapnews.co.kr>
조선일보 <http://www.chosun.com>
통계청 <http://kostat.go.kr>
한겨레신문 <http://www.hani.co.kr>
행정학전자사전 <http://www.kapa21.or.kr/data/kapa_dictionary2.php#>

기타문헌

홍석현·박은혜 외(2008), 『사회복지사 1급: 사회복지행정론』, 시대고시기획.

[ㄱ]

가족주의　　　102

강제적 행태　　　54

개방형이사제　　　163

개별적 – 소극형　　　97

개별적 – 적극형　　　97

개인기획　　　25

개인적 의사결정　　　27

결정오차　　　36

결정오차형　　　36, 155

경쟁조직의 성격을 기준으로 한 정책
　　갈등 유형　　　30

계급제　　　68

고객다원주의 정책네트워크　　　34

고객정치　　　43, 120, 121

공공전달체계유형론　　　88

공식적 의사소통　　　70

공익조직　　　53

공직유형론　　　68

과거지향적 행정문화유형　　　102

과업형　　　75

과정 간 오차　　　35

관리조직　　　62

관직이권주의　　　102

광역 – 광역지방정부 간 갈등유형　　　93

광역 – 기초지방정부 간 갈등유형　　　93

국가사무　　　91

국가유형론　　　98

국가주도 네트워크　　　34

국유화모형　　　87

권력　　　82

권위주의　　　102

권위형　　　39, 76

규범적 행태　　　55

규제강화기　　　137

규제도입기　　　131

규제완화기　　　141

규제완화정치　　　41

규제완화정치의 유형　　　121

규제정치　　　41, 117

규제정치의 유형　　　119

기계관료제조직　　　60

기관대립형　　　94

기관위임사무　　　92

기관통합형　　　94

기능별 유형　　　89

기업가정치　　　44, 120, 122

기업의 사회역할유형론　　　77

기초−기초지방정부 간 갈등유형　　　93

기회　　　81

기획예산　　　84

기획유형론　　　23

[ㄷ]

단순구조조직　　　60

단체위임사무　　　92

대등형　　　89

대중정치　　　43, 119, 121

대형지부조직　　　60

도덕적 행태　　　55

동반자모형　　　87

동반형　　　89

[ㄹ]

로스쿨제도　　　192

[ㅁ]

마르크스주의　　　107

모험주의　　　103

목표달성　　　62

목표성취　　　61

무기력형　　　74

물품　　　81

미래지향적 행정문화유형　　　103

민간주도모형　　　88

민영화모형　　　88

민주형　　　76

[ㅂ]

반복형　　　50

반집합주의　　　107

방임형　　　40

보상적 행태　　　54

복지정책의 급여유형론　　　79

부분종결형　　　50

분화된 복지국가　　　109

불응　　　65

불응형　　　50

비공식적 의사소통　　　70

비물질주의　　　103

비선형형　　　50

비정형적 의사결정　　　28

비제도적 참여자　　　31

[ㅅ]

사립학교정책　　　150

사무유형론　　　91

사법개혁위원회　　　207

사법개혁추진위원회　　　204

사법제도개혁추진위원회　　　209

사법제도발전위원회　　　197

사실정향주의　　　104

사업조직　　　52

사회민주주의적 복지국가　　　86

사회보장국가　　　106

사회복지국가　　　106

사회봉사주의　　　78

상대주의　　　104

상호작용행태에 따른 정책네트워크

　　유형론　　　34

새교육공동체위원회　　　202

생산우선주의　　　78

생산조직　　　61, 62

서비스　　　81

서비스별 유형　　89
서비스조직　　52
선형형　　50
성과주의예산　　84
성취주의　　104
세계화추진위원회　　200
소극적 긍정형　　73
소극적 부정형　　73
소극적 집합주의　　107
소외적 행태　　55
속성공간　　13
속성융합　　13
수동A형　　40
수동B형　　40
수직적 의사소통　　71
수평적 의사소통　　71
순기능 유지조직　　57
순응　　65
순응형　　50
시장국가　　100

[ㅇ]
압력다원주의 네트워크　　34
애드호크라시　　60
역기능 예방조직　　57
연고주의　　102
영기준예산　　84
예산모형유형론　　82
운명주의　　103
유인과 규범을 기준으로 한 정책갈등
　　유형　　30
유지조직　　62
유형유지　　62

유형유지조직　　61
유형정립　　11
윤리이상주의　　79
의사결정유형론　　26
의사결정의 구조화에 따른 유형　　28
의사결정의 주체에 따른 유형　　26
의사소통유형론　　70
의식주의　　103
이슈네트워크모형　　33
이익집단정치　　44, 120, 122
일반주의　　103

[ㅈ]
자원기획　　24
자유방임형　　77
자유주의적 복지국가　　86
자치사무　　91
잔여적 복지국가　　111
적극적 국가　　105
적극적 긍정형　　72
적극적 부정형　　73
적응　　61, 62
적응조직　　62
전문관료제조직　　60
절충형　　39, 95
점감형　　50
정보국가　　100
정부 간 갈등유형론　　92
정부주도모형　　87
정적 인간주의　　103
정책갈등의 3×3 유형론　　29
정책결정조직　　65
정책공동체모형　　33

정책네트워크유형론   32
정책대상조직   65
정책변동유형 간 관계   51
정책분할형   50
정책승계   50
정책오차   152
정책오차유형론   35
정책오차의 유형   155
정책오차형   38, 157
정책유지   49
정책종결   50
정책주체조직   65
정책집행조직   65
정책커튼모형   32
정책통합형   50
정책혁신   49
정치국가   99
정치조직   61
정형적 의사결정   28
제도적 복지국가   111
제도적 참여자   31
조합주의 네트워크   34
조합주의적 복지국가   86
종속형   89
종합부동산세정책   126
주도A형   40
주도B형   40
주주모형   77
주체별 유형   89
중도형   74
중립주의   104
중앙-광역지방정부 간 갈등유형   93
중앙-기초지방정부 간 갈등유형   93

중앙-중앙정부 간 갈등유형   93
증서   82
지방사무   91
지방정부유형론   94
직위분류제   69
진보주의   78
집단적 의사결정   26
집합적-소극형   97
집합적-적극형   97
집행오차   36
집행오차형   37, 156

[ㅊ]
참여반영성   182
참여반영성의 3×2 유형론   184
참여반영성의 3×3 유형론   39
참여수용성   46
참여정도에 따른 정책네트워크유형론
        32
창조형   50
체제유지   61

[ㅋ]
컨트리 클럽형   74
클라이언트 변화조직   57
클라이언트 업무처리조직   56
클라이언트 지지조직   56

[ㅌ]
타산적 행태   55
탈상품화   85
통합   61, 62
통합된 복지국가   109

통합조직   61
팀형   75

[ㅍ]
페이비언 사회주의   107
폭발형   50
품목별예산   84
프로젝트기획   24

[ㅎ]
하위정부모형   32
합리주의   104
행정국가   99
행정문화유형론   101
행정유형   5
현금   81
현금급여   79
현물급여   80
형식형   40
호혜조직   52
혼재   65
혼합적 참여자   31
혼합형   50
확장된 Wilson의 규제정치유형론   41,
    118
후견형   39

[기타]
9×2 조직유형론   65
Ⅰ조직(강제적-소외적 행태)   55
Ⅴ조직(보상적-타산적 행태)   55
Ⅸ조직(규범적-도덕적 행태)   55

[B]
Barber의 리더십유형론   72
Blake & Mouton의 리더십유형론   73
Blau & Scott의 조직유형론   52

[C]
C-A 유형   47
C-R 유형   47

[D]
Esping-Andersen의 탈상품화국가
    유형론   85
Etzioni의 조직유형론   54

[F]
Freidson의 참여반영성유형론   185
Freidson의 참여수용성유형론   46
Furniss & Tilton의 국가유형론   105

[G]
George & Wilding의 이데올로기
    유형론   106

[H]
H-A 유형   47
H-R 유형   47
Hassenfeld의 조직유형론   56
Hempel의 유형   8
Hogwood와 Peters의 정책변동
    유형론   49

[K]
Katz & Kahn의 1차적 조직유형론   62

Katz & Kahn의 2차적 조직유형론   63

Kramer의 역할분담유형론   87

[L]

Litterer의 조직유형론   53

[M]

Mckinney의 유형   9

Mintzberg의 조직유형론   58

Mishra의 복지국가유형론   108

[P]

Parsons의 AGIL 조직유형론   60

Percy의 시민공동생산유형론   96

[S]

Savas의 공공서비스공급유형론   63

[T]

Taylor & Russell의 결정오차 틀   153

[W]

Wilensky & Leveaux의 2분 유형론   110

저자소개

○ 구본충

서울시립대학교 행정학박사
시라큐스대학교 행정학석사
서울시립대학교 행정학사

행정유형론(박영사), 학술논문 다수

제23회 행정고시 합격
대통령 비서실 행정관
미(美) LA 영사관 영사
행정안전부 윤리복무관
충청남도 행정부지사
충남도립대학교 총장

○ 윤석환

충남대학교 행정학박사
충남대학교 행정학석사
충남대학교 행정학사

한국사회의 이슈와 정책(한국학술정보)
병역정책론(병무청)
지방정부혁신론(백산서당), 학술논문 다수

정보통신연구진흥원 선임연구원
행정자치부 지방행정혁신평가위원
충청남도 정책자문위원
충청남도의회·대전광역시의회·보령시의회
　　의정자문위원
(현)충남도립대학교 자치행정학과 교수

○ 양승일

고려대학교 행정학박사
고려대학교 행정학석사
한국외국어대학교 행정학사

정책변동론(박영사)
사회복지행정론(양서원)
분배정의와 의료보장(나눔의 집)
사회복지정책론(양서원), 학술논문 다수

대통령자문 정부혁신지방분권위원회 연구위원
서울특별시 의회사무처 전문위원
서강대학교 공공정책대학원 대우교수
장안대학교 사회복지행정계열 겸임교수
한국행정학회 행정학전자사전특별위원회
　　위원장
(현)충남도립대학교 자치행정학과 교수

행정유형론

초판발행   2018년 3월 2일

공저자   구본충·윤석환·양승일
펴낸이   안종만

편 집   김효선

기획/마케팅   이영조
표지디자인   김연서
제 작   우인도·고철민

펴낸곳   (주) 박영사
                서울특별시 종로구 새문안로3길 36, 1601
                등록 1959. 3. 11. 제300-1959-1호(倫)
전 화   02)733-6771
f a x   02)736-4818
e-mail   pys@pybook.co.kr
homepage   www.pybook.co.kr
ISBN   979-11-303-0471-7   93350